语文名家自选集

点亮生命灯火

于漪 著

商务印书馆
The Commercial Press

图书在版编目（CIP）数据

点亮生命灯火 / 于漪著. —北京：商务印书馆，2019
（2025.11 重印）
（语文名家自选集）
ISBN 978-7-100-17882-2

Ⅰ.①点… Ⅱ.①于… Ⅲ.①中学语文课—教学研究—文集 Ⅳ.① G633.302-53

中国版本图书馆 CIP 数据核字（2019）第 208956 号

权利保留，侵权必究。

语文名家自选集
点亮生命灯火
于漪 著

商 务 印 书 馆 出 版
（北京王府井大街 36 号 邮政编码 100710）
商 务 印 书 馆 发 行
北京市艺辉印刷有限公司印刷
ISBN 978 - 7 - 100 - 17882 - 2

2019 年 10 月第 1 版　　　开本 880×1230　1/32
2025 年 11 月北京第 14 次印刷　印张 14 1/8　插页 2
定价：56.00 元

于漪老师（2019 年 1 月摄）

于漪老师与学生(2009年9月摄)

于漪老师与青年教师(2010年10月摄)
前排左起:陈小英、王厥轩、于漪、陈军
后排左起:陆宏亮、孙宗良、黄荣华、谭轶斌

于漪老师（20世纪80年代摄）

开篇絮语

　　民师的神圣职责是点亮生命灯火，学生的以及自己的。

　　人的生命有灯火映耀，方能真正脱离蒙昧，心明眼亮，生机蓬勃，明辨方向，奋然前行。如若黑灯瞎火，只能在黑暗中摸索，东碰西撞，既难识人间况味，更难悟得人生真谛。且不说浑浑噩噩，年华虚度，弄得不好，还会误入歧途，后果堪忧。

　　学生从儿童时代始，生长为少年、青年，生命之火旺盛，展现的是中华民族生生不息的极其宝贵的财富。这是就人的躯体而言。但人所以为人，更有精神层面的成长。作为人，要知书达理，清醒地认识自然，认识社会，认识自我，肩挑责任与道义，认真建设有价值有意义的人生。而这些德性与智性非与生俱来，须依靠民育，通过民育，让精神与躯体同步生长和谐发展。民育的目的就是聚焦于学生的"人

出版前言

本馆自 1897 年创立以来，始终肩负中国新教育出版重任，以"昌明教育，开启民智"为宗旨，先后编辑出版中小学各科教科书、教学参考书、工具书、教师用书等，分类编纂，精益求精，深受教育界同人欢迎。

新中国成立后，国家重视发展教育事业。中小学教改实验百花齐放，高等院校教学法、课程论研究百家争鸣，全国各地涌现出许多教学、科研带头人。他们居敬好学，躬身实践，著书立说，逐渐在教学界产生影响，得到认可，成名成家。为了反映和记录当代语文教学研究成果，也为了给青年教师提供可资学习借鉴的参考资料，我们策划了"语文名家自选集"和"语文名师自选集"两套丛书。"名家"因其"自成一家"，"名师"因其"著名"；名家是中老年居多，名师是中青年居多。无论名师名家，抑或年轻年长，这两套丛书关注的主要是在以下几方面有所建树的作者：一、对语文教学的民族性、科学性有自觉认识；二、教学方法或研究方法植根于中国优秀语文教学传统，符合中国语文的特点，既有传承又有创新，能够科学有效地提高学生的语文素养；三、

出版前言

其教研成果具有较为广泛的影响力和积极的指导作用。

宋代学者程颢有言:"古者自天子达于庶人,必须师友以成就其德业,故舜禹文武之圣,亦皆有所从学。"希望这两套丛书的编辑出版,能够激励广大语文教师读者求其师友,持志问学。欢迎中小学语文教学界的专家、学者、老师支持指导我们,共同把这两套丛书出好。

商务印书馆编辑部

2019 年 1 月

目　录

开篇絮语 ………………………………………………………… 1

第一篇　先进教育理念的追寻与树立

初心浅述 ………………………………………………………… 7

奠基，"奠"怎样的"基"？ ………………………………… 14

树立精神风范，引领教育现代化 …………………………… 21

增强文化自觉，提升办学水平 ……………………………… 32

教书要为育人服务 …………………………………………… 39

培养一颗中国心 ……………………………………………… 43

教改是时代发展的必然
　　——与《上海教师》主编的对话 ……………………… 49

要使战略主题深入人心，自觉化为行动 …………………… 59

教育就是"仁而爱人" ……………………………………… 65

目 录

坚持走中国特色教育发展道路……………………………72
我们这支队伍，这些人………………………………………75
要建立自己的教育话语权……………………………………82
以教育自信创建自信的教育…………………………………89

第二篇　语文教育真谛的探究与反思

初心浅述………………………………………………………101
既教文，又教人………………………………………………109
谈谈语文教学研究中的几个问题……………………………113
兴趣是学习的推动力…………………………………………129
语文教学应以语言和思维训练为核心………………………138
弘扬人文　改革弊端
　　——关于语文教育性质观的反思………………………150
谈素质教育背景下的语文课堂教学改革……………………161
聚焦在文化认同上……………………………………………177
课要追求"三动"的境界……………………………………192
语文教学现状的思考…………………………………………207
解放思想，释放语文教学的活力……………………………227

第三篇　课堂教学实践的多彩与遗憾

初心浅述 …………………………………………… 235

《七根火柴》教案 ………………………………… 242

《驿路梨花》教案 ………………………………… 252

《周总理，你在哪里》教案 ……………………… 262

《出师表》教案 …………………………………… 271

《一面》教案 ……………………………………… 279

《最后一次的讲演》教案 ………………………… 289

《在马克思墓前的讲话》教案 …………………… 297

掌握知识宝库的钥匙

　　——人物传记习作讲评教案 ………………… 309

《少年中国说》教学实录 ………………………… 318

第四篇　师道修为的觉醒与坚守

初心浅述 …………………………………………… 357

难在自我塑造 ……………………………………… 364

奉献，教师的天职 ………………………………… 368

"给"永远比"拿"愉快 …………………………… 377

目 录

让生命与使命结伴同行 ··· 384
学会追求，学会拒绝 ··· 392
师德·责任·与时俱进 ··· 400
教师的使命 ·· 411
复旦精神谱就我生命的底色 ······································ 425
一辈子做教师，一辈子学做教师 ································ 429

开篇絮语

教师的神圣职责是点亮生命灯火，学生的以及自己的。

人的生命有灯火照耀，方能真正脱离蒙昧，心明眼亮，生机蓬勃，明辨方向，奋然前行。如若黑灯瞎火，只能在黑暗中摸索，东碰西撞，既难识人间况味，更难识得人生真谛。且不说浑浑噩噩，年华虚度，弄不好，还会误入歧途，后果堪忧。

学生从儿童时代始，生长为少年、青年，生命之火旺盛，展现的是中华民族生生不息的极其宝贵的财富。这是就人的躯体而言。但人所以为人，更有精神层面的成长。作为人，要知书达理，清醒地认识自然，认识社会，认识自我，肩挑责任与道义，认真建设有价值、有意义的人生。而这些德性与智性并非与生俱来，须依靠教育，通过教育，让精神与躯体同步生长，和谐发展。教育的目的就是聚焦于学生的"人之完成"。教师的职责在于怀着对每个学生生命敬畏的虔诚，手持火种，点燃他们精神成长的灯火，让他们懂得"我是谁？""我从哪里来？""我的根在哪里？""我为什么学习？""我应该学什么？""我应该做什么？""我要往哪里去？""我追求的目标是什么？"……唤醒他们对真、善、美的渴望，对祖国富强、人民幸福的追求。从小在心中点燃立民族精神之根、树爱国主义之魂的灯火，认识、理解、实践、体验、思考、追求，行进在健康茁壮成长的正道上，就能成为拥有中国心、怀有中国情，具有生存、发展、服务人民真本领的国家有用之才。

点亮生命灯火是心灵塑造的事，难度极大。精神成长是心灵的发育、充盈，美好的细活儿，每个学生又都是独一无二的生命体，各有其特征，各有其优势与不足。简单、浅表、粗糙，无济于事；须心贴心，心连心，熏陶感染，春风化雨，日积月累，坚持不懈，方能取得实效。为此，燃灯者自己心中首先要有一盏明灯。教师不是圣人，不可能时时事事先知先觉；但不能不知不觉，必须"知"必须"觉"。从教一个甲子以来，我不断叩问自己：教育是什么？基础教育是什么？在基础教育领域，教师担负着怎样的使命？我在做什么？我应该做什么？与应该达到的目标还有多大距离？在实现目标的过程中，须排除哪些干扰，主观的，客观的？……要正确解答这些问题，切实担当起传播知识、传播思想、传播真理的使命，担当起塑造灵魂、塑造生命、塑造新人的重任，并在教育实践中取得良好效果，必须有明灯指引。

理想信念是明灯，能使人心灵辉煌起来。人有了脊梁骨才能直立行走，人有了理想信念，就有了精神支柱，心灵就能辉煌起来，持久不断地努力，就能成为堂堂正正、通体透亮的人。如果太实际了，为物质生活所累，就没有超越职业训练的志向、旨趣、意志、韧劲、气度、胸怀，就很容易沉沦。教师从事的是以人育人的工作，心中有中华民族伟大复兴中国梦的宏伟目标，仰望天空，志在高远，又脚踏实地，坚忍不拔地奋斗，克服种种困难，创造工作业绩，方能真正对学生施以良好的为人、为学、处世的影响。"其身正，不令而行"（《论语·子路》），身教胜于言教，久久为功，学生自身就会生发出对远大理想的追求，积极主动地高擎生命的灯火。这是一种生命自觉。在当今价值多元、物欲膨胀、私利追逐的极其纷繁复杂的环境下，这种生命自觉是多么的难能可贵，又是多么的需要。我们培养的后代人的质量——德智体美劳全面发展的质量，关系到中国特色社会主义伟业的基石是否坚不可摧，关系到中华民族伟大复兴能否如期实现辉煌。为此，不能有也不允许有丝毫的闪失。

  数十年来，怀着为民育人、为国育才的理想，我用心用情用力，孜孜矻矻，探求学生成长的规律，探求学科育人的规律，勤于反省，不断修为，力求使自己的生命与教书育人的使命结伴同行，不辜负党的期望、人民的嘱托。然而，由于自身德、才、识、能所限，说到底就那么一点水平，因而，回顾往昔，心存愧疚，遗憾良多。真正是教师责任大如天，追求永无止境。

于漪

第一篇

先进教育理念的追寻与树立

初心浅述

一谈到基础教育，有三幅历史图景常不由自主地浮现脑际。

一幅是高中语文老师赵继武教辛弃疾词时激动不已的情景。特别是教到《南乡子·登京口北固亭有怀》的"年少万兜鍪，坐断东南战未休。天下英雄谁敌手？曹刘。生子当如孙仲谋"时，他会大声重复地说："生子当如孙仲谋，从小就要立大志，有宏图。一个民族要教好自己的后代！不把后代教好，这个民族就没有希望。"这些话响彻课堂，叩击着我们的心灵。

另一幅是"文革"时期有些学生参与打、砸、抢的情景。平时看来他们循规蹈矩，有的学习成绩优秀，在"气候"骤变的环境下，竟然翻脸不认人，肆无忌惮地损坏学校财产，砸玻璃窗，砸教室门，砸实验器材，火烧地板，用皮裤带抽打老师，抽打学校干部；更有甚者，人格上进行侮辱，把任课的女教师剪成阴阳头，让人无脸见人。我是亲历者，也是受害者，强烈地感到教育要办成育人的教育，要驱除兽性，彰显善良的人性。"文革"中从劳改队出来以后，我没有消极趴下，仍然精神振奋地带乱班、乱年级，倾心教育学生，就是出于对教书育人价值的信奉。

还有一幅图景是日本中小学义务教育阶段一些教学与管理的场景。那是 1978 年 12 月改革开放刚刚启动，我有幸参加全国妇女代表团访问日本。十多名成员中，教育界的只有我一个。我要求参观中小学，了解教育情况。每参观一所学校，他们都会自负地介绍自己是勒紧裤带办教育。义务教育质量的提高，劳动者的素质的提高，促进了日本经济建设的大发展、大繁荣。学校管理十分严谨、科学，人们各司其职。在一所小学竟然挂着我们 20 世纪 60 年代大庆油田创造的"三老四严"的横幅，上写"说老实话，做老实事，做老实人"。教学设备先进，多媒体在课堂教学中运用十分普遍。学生规则意识强，下了课走廊里悄无声息。特别重视体育锻炼，12 月的清晨飘着小雪，小学生（男孩）穿着短裤在操场上龙腾虎跃，玩得非常欢畅。学校一尘不染，教室里卫生工作全由学生负责。交通安全教育细致到班级学生来校走哪几条街，过哪些路口、哪几座桥，具体，翔实，毫不含糊。凡此种种，激起我对教育，尤其是基础教育的深入思考。那种认为中小学教育不过是小儿科，识识字、无文化的观念实在太落后了。我第一次具体深切地感受到基础教育与国民素质、与国家建设紧密相连，它的质量是全局性的影响。国家要强盛，教育非赶上去不可。基础教育是教育的基础，要花大力气把质量搞上去。参观访问打开了视野，也掀起了我思想上的波澜。他山之石，可以攻玉。这次访问大大增添了我从教的责任担当。80 年代中期，我任上海市第二师范学校校长，提出的办学校三个制高点——时代制高点、战略制高点、与基础教育先进国家竞争的制高点，就源于这些认识与追求。这不是争一所学校的意气，而是争民族的志气、民族的自尊，争在基层学校显示社会主义精神文明的威力。

今日的教育，就是明日的科技，就是后天的经济。教育在社会主义现代化建设中占有重要的战略地位，这已是不争的事实。但是，我们对基础教育是不是给予了足够的重视？是不是把它放在了应有的战略地位来认识对待？在80年代、90年代之时，还是很值得研究。谈教育，往往只与科技、人才、发明、创造、杰出贡献联系起来，因为看得见，摸得着。而中小学教育呢？似乎与这些距离甚远，因为不能马上见效果、出成绩。于是有意无意间认识天平的一端就往下滑。殊不知，基础教育是国民素质教育，义务教育更是面对生长在我们这块多情国土上的每一个孩子。教育无选择性，须教好每一个孩子，今天的教育素质就是明天的国民素质，基础教育就是为未来的国民素质奠基。为此，我不断撰文，为基础教育的价值和意义鼓与呼。

用怎样的教育理念办教育，影响到教育发展的方向，影响到培养怎样的人，影响到基础教育能否担负起立德树人的神圣使命。社会急遽转型，西方形形色色政治、经济、文化、教育、生活、娱乐等观念与做法进入，多元价值并存，多样文化激荡，信息传播与宣传铺天盖地，在如此纷繁复杂的环境下办教育，更要有清醒的头脑，更要有敏锐的判断力，更要有为国家民族育人育才的定力。重智轻德、重术轻人的观念弥漫，"应试教育"强势进入基础教育领域，干扰教育方针的全面贯彻，教育价值偏离，学生德智体美发展受很大影响。在这种情况下，我按捺不住内心的焦急，写了《奠基，"奠"怎样的"基"？》《教书要为育人服务》等文章，阐述教育的本质是增强人的精神力量，重"术"轻"人"，忽视心灵世界的滋养，学生就会缺少精神支柱的支撑，落入片面发展的桎梏。考试本是检测与选拔的手段，应试教育，以考定教，以考定学，是错把手段当目标。重智轻德轻体轻美，形成思想、道德、情操、体质上的养育缺失，又怎能健康发展、长足发展？青少年成长的黄金时代，良好素质培养的某一方面或某些方面的薄弱、不足乃至缺失，有时一辈子都难以弥补。

育分不育人，求学不读书，题江题海基本淹没了文化的传承，学校不闻书声琅琅，只见刷题如海洋。学校本是向教育对象传播中华优秀文化与人类进步文化的重要场所，学生求学期间，了解中国文化的"根"和"魂"，是要解决文化认同、文化自信问题，解决中国人就是中国人、中国人爱中国的问题。文化价值失落，人就找不到自己的精神家园，于国于民，都会发生危机。为此，我撰文阐述中华文化的基本精神，学校课内课外传播与创建优秀文化的必要性与重要性，《增强文化自觉，提升办学水平》《培养一颗中国心》《教育就是"仁而爱人"》等文均有所寄寓，期望这方面能引起高度重视。

有一个阶段，社会上刮起一阵风，认为中小学的老师都不好好上课，而是忙于课外补课赚钱。于是，批评、指责、讽刺，乃至谩骂，弄得大家灰心丧气，觉得教育工作没法干。教师是教育发展的第一资源，是办好学校的四梁八柱，建设好这支队伍是提高教育质量的关键之举，国家对此十分重视，采取诸多措施进行教育与培养。在市场经济运行多种诱惑涌来之时，有的人缺少定力与责任担当，被金钱欲望裹挟，并不足怪。但少量、局部，并不代表全体，不能因此把教师队伍抹得黑乎乎。对有损师德的应嗤之以鼻，对情节严重的应惩治，毫不姑息。这是纯洁队伍，弘扬正气。但不能好坏一锅煮，舆论的混乱挫伤教师的积极性，对教育发展极不利。为此，我写了《我们这支队伍，这些人》一文阐述我们这支队伍的基本情况与不懈追求。教师为了教好下一代，应自觉地自我修为，但社会、家长，也应多一份理解、尊重和支持。育人的事业很艰辛，需要形成合力，方能克服一个个困难。

形势在发展，时代在前进，教育面临许多新问题、新挑战。要弥补短板，加固底板，创设新板，就须深化改革。关于课程改革，从理念到内容，到方法，到保障体系，这是一个系统工程，实际上是学习、思考、借鉴、体验、实践的过程，是教师学习提高、开阔视野的过程。为此，我边学习边思考，也撰文谈了一点自己的认识。《教改是时代的必然——与〈上海教师〉主编的对话》就是这方面的认识与体会。认识虽肤浅，但表达了拥护改革、进行改革的强烈愿望。教育事业不断发展，课程改革永远在路上。

还有一阶段，一讲到教育改革、课程改革、课堂教学改革，铺天盖地都是西方外来的理念、术语，形成了浓浓淡淡的以西方教育理念改造落后的中国教育的气氛。言必称希腊，行必仿希腊，一时间成为教育时尚。有些能独立思考的教师心存不安，说："我们在为西方教育理论打工，再这样下去，不是教学内容、教学方法的问题，连思维方式都要改变了。"在这样的情况下，我写了《坚持走中国特色教育发展道路》《要建立自己的教育话语权》《以教育自信创建自信的教育》等文章。阐述学习外国，以他山之石，攻我教育之玉，绝对没错；但必须清楚，教育从来就是国家的、民族的事业。任何国家的教育都必须传承本民族的优秀文化传统，弘扬民族精神，培养为本民族、本国家、本地区建设服务的人才。办教育眼睛要"向外"，开阔视野，博采众长；但更要朝内，树立自信，走中国特色的道路。"向外"的目的是"强内"，不是盲目崇拜，鄙薄自己。任何教育理论的形成总有其特定的时代背景、历史文化土壤、社会需求、环境条件，并非放之四海而皆准。不深究这些理论、经验、做法的来龙去脉，不探究它们在哲学、人文、科学高度上经受怎样的检验，盲目搬运、移植，后果令人担忧。《中国震撼》一书的作者张维为说过这样一句话："一个只会用别人话语的民族在世界上是没有分量的，中国人要用自己的话语来解释中国和世界。中国崛起的过程也必然是一个中国话语崛起的过程。"教育何尝不是如此呢？建立我们自己的教育话语权是对我们国家民族的尊重，是对我们自己教育的敬畏与自信。我们教育的话语权有大量的教育实践做支撑，有教育硕果。如有普及义务教育的奇迹支撑，有各类教育跨越式发展的支撑，有以丹心与智慧浇铸而成的许许多多教书育人的精彩经验支撑……我们有不足，有短板，理论上须有建树，但不能因此而放弃、丢失教育自主的话语权。我们正在教育发展、教育现代化的路上奋然前行。

　　每个历史阶段，根据国家建设、社会发展、时代需求，国家相关部门总会制定和发布有关教育方面的文件，指明前行的方向。难在有些人对教育的大政方针不够重视，未能深入学习、贯彻落实，而是常常囿于办学、教学的具体事务之中。我撰写《要使战略主题深入人心，自觉化为行动》一文，意在提醒教育工作者须有大局意识、全局意识，更要鞭策自己不断端正教育理念，切实为中国基础教育做贡献。

  我虽是从事基础教育的一线教师，但历史风云、时代召唤、未来憧憬总在胸中激荡，急切地期盼教育能为民族复兴、国富民强提供高素质的人力资源，因而，常不揣浅陋，就教育的某些情况谈看法，说理由，是否正确，要接受实践检验。确实无甚高论，捧出的只是对祖国教育的一颗赤诚之心。

奠基，"奠"怎样的"基"？*

众所周知，基础教育在人的成长、成人、成才中起至关重要的奠基作用。

从一个人的成长过程来看，基础教育从事的是人的基本建设，给人的思想道德、行为习惯、科学文化打基础。根子扎得正，扎得实，懂得做人的基本准则，日后在社会风雨中锻炼，就能枝繁叶茂，果实累累。个人有发展后劲，对社会就能多做贡献。基础教育面广量大，仅从义务教育而言，我国学生就以"亿"计算，学生人口之多在世界上首屈一指。基础教育不是着眼于少数学生、部分学生的提高，而是面向全体学生，着力于全体学生素质的提高。今日的学生素质，就是明日的国民素质。在进行社会主义现代化建设的过程中，人的素质越高，建设所取得的成就越显著、越卓越。而全民族素质的提高，必须眼睛向下，从人的学生时代抓起，奠定良好的素质基础。

面向全体学生，全面贯彻教育方针，教育工作会议上提出的

---

* 本文发表于《上海师范大学学报》2004年第1期。

"两全"要求，可以说，教育工作者对此耳熟能详，但只要认真地考察实际，就可发现偏离准星，距离相当远。

首先，是"术"和"人"的问题。

教育，说到底是培养人。中国教育，不管是哪类学校，哪个学年段，都应聚焦在培养中国的合格公民上，为合格公民打基础。这不是口头说说、纸上写写就能实现的，而是要身体力行，下大功夫，下苦功夫的。这些年来，学校教育对"术"的重视，远远超过对"人"的重视。对知识和解题技能技巧的追求笼罩师生，实际上成了学校工作的中心，放在学校工作的首位。学校不是真空地带，学校的种种做法都离不开社会环境的影响。社会上急功近利、浮躁心理的浸染，学生家长浅层次教育价值观的期盼，选拔考试"指挥棒"的威力，众多因素形成拉力，把学校工作往"术"的路上拽。"术"的培养是具体的、实在的，"人"的培养重在口头，比较空泛。

学校教育无形中成为学生谋取进高一级学校的工具，成为谋求生存、获取高薪职位的垫脚石，育人的理想色彩、神圣内涵淡化了。考试是检测教与学的手段，是选拔的手段，其重要性不容贬低，但错把手段当目标，必然造成基础教育实施中不应有的损害。

撒什么种子开什么花，哪个地方着力哪个地方就见成效。放眼看全国，此次课程改革的前期工作，有一项是对学生、教师、家长、校长做了大量的调查研究。调研表明，学校课程在学生身上体现的情况和学校实际关注的目标都是基本知识和基本技能，批判性思考、责任感和道德、自主获取知识的能力、创新意识等均较差。而校长与教师都认为，学生应具有终身发展的素质，要具备这样的素质，首先是责任感和道德，其次是价值判断，然后是传统美德和创新精神。主观愿望和客观效果如此大相径庭，不得不令人反思。

现实生活中基本道德流失的情况已是见怪不怪。只要别人为自己服务，不肯为别人出一点力。祖辈父辈对孩子关怀备至，进学校起早摸黑，接，送，拎书包，精细地料理生活，而孩子不仅不体会，不尊重长辈，不感受亲情、恩情，还要颐指气使、动辄发怒。谈到公德心，有位校长痛心地说：学校刚修的新操场，借给人家开运动会，一天对绿化的破坏超过一年。学生吃零食落下的种种垃圾弄得学校满地狼藉，自己不断弯腰捡拾，学生却不屑一顾，无动于衷。有人认为这只是小事，无伤大雅。其实不然，三岁孩童映八十。从小无自律意识，不养成良好的行为习惯，缺乏责任心，不懂得尊重别人，将来又如何"大雅"得起来呢？人的奠基教育缺失了做人的基本准则，或基本准则不牢靠，培养出来的人就会思想道德上残缺，行为习惯上残疾，这样的人怎能健康发展、全面发展？更又怎能长足发展？

教育的本质是增强人的精神力量，真正的教育是引导人的灵魂、精神达到真实之境，知识、技能是帮助提升精神世界的阶梯。《大学》开宗明义指出"大学之道，在明明德，在亲民，在止于至善"。学习的目的，在于彰明内心美善的德性，在于使人自新，使人处于最美善的道德境界。古人如此，今人同样强调育人。陶行知的"千教万教，教人求真"，也就是追求人的精神世界的高尚。英国史学家汤因比和日本的池田大作在关于21世纪的对话中谈到当代教育时，认为教育的本质不应该以谋实利为动机，而是应寻求存在于宇宙背后的"精神存在"之间的心灵交流，开启人的心灵与富有的大脑（《展望21世纪——汤因比与池田大作对话录》第三章）。显然，古今中外研究教育的大家都认为教育的本质是完善人的精神世界。贯彻教育方针以德育为核心，姑且不去说时代的要求、社会发展的需要，仅以教育本质来审视，就有着丰厚的内涵和现实的意义。教育的本质呼唤基础教育必须对学生的健康成长负责。

知识的传授和技能的培养在基础教育中当然占有重要位置。基础教育阶段传授的知识，许多是知识的"核"，不因时间推移而老化，因而，这个时期学生学到的知识、培养的能力往往陪伴终身，一辈子都起作用。然而，知识与技能只是人的素养的一部分，不是人的全部。正好像手、足是人的"局部"，"局部"不是"整体"，"手""足"不是人的全部，也无法代替人的全部。重"术"轻"人"，忽视心灵世界的培养，学生就会缺少精神支柱的支撑，落入"技术主义"的桎梏。

其次，是"主渠道"与"点缀"的问题。

教育方针中说的德育、智育、体育应该是有机整体，既有各自的内涵，又相互渗透与交融，绝不是割裂开来，互不相干，各自为政。

全面贯彻教育方针、实施素质教育的主渠道是课堂。学生日复一日、月复一月、年复一年，进学校求学，每天好几节课，大量时间是在课堂里度过的。课堂教学是片面质量观主宰，还是全面质量观指导，育人的质量就会迥然有异。任何学科的教学都应发挥它特有的多重功能。比如语文学科，语文课当然要引导学生学习祖国的语言文字，如何正确理解，如何规范地使用，这是实用功能，因为它是人们最重要的交际工具。与此同时，它还具有发展功能。语言和思维、情感同时发生，语言的发展能很好地促进人的观察力、记忆力、想象力、思维力、创造力的发展。教学生学语言，就要注意促进学生智力的发展，尤其是思想力的发展。语言还应发挥教育功能、审美功能，把握语言文字的表现力、生命力，推敲内含的情和意，给学生以熏陶感染。学科教学发挥多重功能，不是人为杜撰，而是学科性质所决定。语文的基本特点是工具性和人文性的统一，教材选文大都文质兼美。深邃的思想，精辟的见解，非凡的智慧，高尚的情操，都是通过精当、美妙、生动的语言跨越时空传递给学生的，知识、能力与思想、情感是糅合在一起的，只是由于我们认识不到位，或者是受急功近利等思想的影响，进行教学时常常有意或无意地把它们剥离，取知识、技能而使精神养料流失。

　　语文学科如此，其他学科又何尝不是这样？每个学科均有其各自的性质，各自的个性，深入探讨，把握规律，均可发挥多重功能。学科教学应以本学科的智育为核心，整合德育和美育，给学生打科学文化素质和思想道德素质的基础，相互融合，全面奠基。当前进行的课程教材改革，强调以促进学生的发展为本，以知识与能力、过程与方法、情感态度与价值观为实现教学目标的三根支柱，其实质就是把育人放在首位，就是教育方针思想进学科教学、进课堂。在这种新的教育价值观指导下，学生在求知的过程中，在学到知识、获得能力的同时，情感受到熏陶，精神受到哺育，价值判断力得到提高。这种教育不是外加，而是与知识、能力的有机结合，是学科内涵的深入阐发。这种立体化施教，发挥学科的多重功能，春风化雨，润物无声，持之以恒，学生必深受其益。

基础教育部门、学校，对德育不算不重视，机构健全，措施不少，时间也花得不少，但实效不理想。原因当然有很多，但有两点在学校工作中特别值得探讨。一是对当今学生状况研究得远远不够，对学生的知识世界关心多，对他们的生活世界、心灵世界知之不多。他们追求什么、信奉什么，有哪些困惑、哪些烦恼，共性怎样，不同层面的学生又怎样，往往只知大概，有时连"大概"都说不准。教育的实效性与教育的针对性紧密相连，实际情况若明若暗，教育就常流于空泛，不能真正起到育人育心的作用。二是学生主体作用的确立。教师不能代替学生成长，用"纪律"管头管脚，总不能成事。大至为国为民、忧国忧民的理想信念，小到不糟蹋粮食、爱护公物、讲卫生等行为习惯，总要靠引导、启发、唤醒、激励，形成积极向上的内驱动力，提高"自律"的自觉性。特别是高中学生，如果还用抱着走、牵着走的办法，学生自尊、自信、自立、自强、自律的主动性、积极性就得不到培养与锻炼，一旦没有具体管束的条条框框，有些人就会方向模糊，放任自流。育人不是停在口头，更不是花样翻新，而是要落到实处。既要激励学生树立高远的志向，又要"千里之行，始于足下"，从一点一滴做起。再好的做法，不落到实处，没有实际效果，往往就成为摆设，成为"点缀"。

基础教育为学生奠基，让每名学生都打下扎实的知识技能基础、良好的做人基础，日后能与时俱进，长足发展，这是从事基础教育工作的全体人员的大事，从教育理念到具体操作，内容十分丰富，难度极大，是极其宏伟的"巨著"，须静下心来，去除浮躁，排除干扰，一步一步攀登。

不说自明，当今世界综合国力之争，说到底是人才之争，而人才之争就是人的素质的竞争。基础教育为学生的素质奠基，任务光荣而艰巨，责无旁贷。

树立精神风范,引领教育现代化 *

各位同志均为上海市区县普教系统的领导,市示范性实验性高中的领军人物,有丰富的办教育的经验,有比较开阔的视野,今天能有机会进行思想交流,深感荣幸。说得不妥之处,请批评指正。

一、教育现代化是历史发展的必然

1. 三次全球性学校教育改革的启示

回顾千百年前,教育为少数人所占有,讲究培养儒雅的人,培养骑士风度。到了 20 世纪初至 30 年代,全球掀起了学校教育改革的第一次高潮。这次改革以教育的平民化与功利性为主导倾向,促进了传统教育向现代教育的根本转变。20 世纪 50 年代、60 年代,学校教育掀起第二次改革高潮。其主要内容是强调科学教育,加大资金投入,对教育的内容体系、教学的组织方式、教

---

* 本文为作者 2000 年 8 月在上海市区县普教系统领导和市示范性实验性高中校长学习班上的讲话。

育规模和发展速度都产生了影响。20世纪70年代至今，全球性学校教育掀起第三次改革。其特点是从未来国际竞争和整个社会问题的高度来思考教育的现实与走向，改革的重点指向教育制度、教育结构等宏观问题，并且突出了基础教育改革的地位。

三次教育改革的动力均来自社会的现实需要。科学技术的发展加速向前，据统计，人类的科学知识19世纪是每50年增加1倍，到了20世纪末则是每3年至5年增加1倍，增长的数量与速度令人震惊。面对这样的形势，如何适应？显然，教育必须从内容到组织形式、教学方法做一系列改革，这是历史发展的必然，不以人的主观意志为转移。

2. 当前面临的挑战更是前所未有

科技高度分化，又高度综合。科技迅速转化为生产力，比如，摄影技术的发明转化为生产力，经历了一个多世纪；而今晶体管、太阳能电池等科技知识转化为生产力，只用了两三年，这样的迅速发展挑战教育。

资源浪费，环境失衡的困难，挑战教育；环境污染，土地沙漠化，生态失去平衡，求助于教育；享乐主义滋生，道德水准下降，求助于有针对性的道德教育、法制教育。

综合国力的激烈竞争，挑战教育。20世纪80年代以后，世界格局急剧变化，竞争内容转入经济，转入综合国力。综合国力的竞争，实际上是高科技的竞争、教育的竞争，说到底是人才的竞争。今日的教育，就是明日的科技，后日的经济。1983年，美国高等质量教育委员会就发布了《国家处在危险之中：教育改革势在必行》的报告，阐述本国处于险境，世界各国的竞争者正在赶上。面对激烈竞争，超级大国尚且如此，我们发展中国家更应有危机意识和忧患意识。所有的挑战都聚焦在人的培养上。全世界，尤其是发达国家的教育，都在研究培养怎样的人，才能适应现代化社会发展的要求。这一点，我们必须有清醒的认识。

综上所述，人类经历了农业社会、工业社会，现在有些国家是后工业社会、信息社会，或叫知识经济社会。随着社会发展，教育现代化是历史发展的必然。我国以经济建设为中心建设和谐社会，加速进行工业化，教育现代化当然是发展的必然。

二、教育现代化聚焦在人的现代化培养上

人的现代化是社会现代化要求的反映，也是社会现代化的根本保证。

英格尔斯在《人的现代化》一书中有精彩的论述："一个国家可以从国外引进作为现代化最显著标志的科学技术，移植先进国家卓有成效的工业管理方法、政府经济形式、教育制度以至全部课程内容"，但"那些完善的现代制制度，以及伴随而来的指导大纲、管理守则，本身就是一些空的躯壳。如果一个国家的人民缺乏赋予这些制度以真实生命力的广泛的现代心理基础，如果执行和运用这些制度的人，自身还没有从心理、思想、态度和行为方式上都经历一个向现代化的转变，失败和畸形发展的悲剧是不可避免的。再完美的现代制度和管理方式，再先进的技术工艺，也会在一群传统人的手中变为一堆废纸"。这仅是从引进、借鉴而言。我们立足于自力更生，艰苦奋斗，更要在人的现代化上下功夫。

现代化的人具有许多特征，简要言之：具有自主性、进取心；心态开放，乐于接受新事物；有创造性，敢于挑战，敢于创造物质财富和精神财富，体现自身价值；对社会有信任感、责任感，能正确对待自己和别人。

未来社会将更加开放，更加国际化。我们的教育培养的人必须全面提高素质方能适应，方能立于不败之地。说得具体一点，就是须具有高尚的人格和道德观念，宽厚的自然科学、社会人文科学知识基础和自主求索、运用知识、发展创新、服务社会的观念和能力。如果用20个字来概括，就是：基础宽厚、勇于发展、敢于创新、人格完善、造福社会。也就是人格、知识、能力全面培养，全面提高素质。

个体现代化的发展，离不开教育。人的成长受到各种因素的影响，在这些因素中，教育是一种更主要、更直接的不可忽视的因素，其他方面难以替代。

我国正走在全面建设小康社会的途中，向现代化跨越。走向现代化的中国，迫切需要现代人去发展、去创造，而现代人又须依靠现代教育去培养、去造就，因而，教育自身的现代化就极为迫切，极为重要。教育可以培养人的现代化，但也可能使传统中消极的东西更为巩固，因此，只有现代化的教育才能培养现代化的人。

教育现代化包括三个层面：一是教育在数量、规范上的发展；二是办学条件如校舍、设备、技术手段、教育经费等方面的先进程度；三是教育价值、教育思想、教育观念等方面的现代化。

这些年来，我们的教育硬件有很大提高，几乎是跨越式的发展，但软件却相对滞后。教育现代化的核心是教育思想的现代化，教育现代化的灵魂是教育思想的转变，而绝不仅是计算机等设备或校园、校舍的物质存在。

一个人的现代化程度如何，不仅取决于这个人成年后的社会经历，还取决于他早年的家庭生活、教育经历。教育对于一个人的价值观念、行为方式等人格因素十分重要，学校教育构成个人现代化的重要基础。当前，如何通过教育来实现人的现代化的目标，是各国教育面临的共同课题，我们当然应充分重视，努力走在前列。

三、引导教育现代化的诸多追求

1. 树立精神风范，发挥人格力量

教育事业是具有理想性的事业，没有理想的教育是不存在的。理想是一种追求，是一个不断变化发展的过程。教育现代化是一种目标、一种方向、一种使命。现代化教育应体现当代文明社会的价值与品质。

作为基础教育的领军人物，应该有一种气象，有一种境界；应该是时代的良知，是智能的火把，是教育精神的代表。在多元经济并存、多样文化碰撞的十分复杂的情况下，教育要坚持育人的正确方向，拒绝急功近利的诱惑，维护社会公正，彰显社会良知，远离陈腐文化，做到这些是极其不易的。要有坚定的信念、深邃的思想、远大的目光、坚忍不拔的毅力。这就要求我们必须做到：

坚定不移地弘扬科学精神。"求真"是科学精神的重要内容。不为假象所迷惑，不带主观偏见，不把偶然性当必然性，不把局部当作全部，不把在一定条件下的结论无条件扩充、夸大，没有经过实验条件下的反复论证，不轻易相信，更不贸然下结论。真善美，真是基础，失"真"的"善"就是伪善，失"真"的"美"就是假美。韩国的黄禹锡，上海交通大学的陈某吹嘘的"汉芯"就是例子。一切教育成果的精髓、灵魂在于"真"。陶行知先生告诫我们，"千教万教，教人求真"，就是要求青年人"追求真理做真人"。美国哈佛大学校训是："与亚里士多德为友，与柏拉图为友，但更重要的是与真理为友。"这是很有道理的。在诚信存在问题的世俗风气中，敢于高举求真的崇尚科学的旗帜，实事求是，去除耀眼的包装，挤去教育质量的泡沫，教育现代化必然向前跨越。

坚定不移地弘扬人文精神。人要有精神支柱，否则，立不直，立不正。支柱的核心是人文精神。在人生基本问题的思考中，如人生意义、历史与现实、传统与变革、物质与精神、个人与集体、道德与审美、光荣与耻辱、人生观、世界观、价值观，等等，要有清醒的认识、正确的见解，并付诸行动。一个民族没有现代科学就会落后，落后就要挨打；一个民族没有人文文化，精神就会迷失，民族就会异化；一个社会没有人文精神，就是一个病态的社会，难以和谐，难以发展；一个人没有人文精神，就是一个残缺的人，丧失理想，丧失信念，丧失奋斗目标，在个人荣辱得失中浮沉，为金钱至上所左右，就会迷失方向。中华民族具有五千年丰厚的人文文化积累，是我们宝贵的精神财富，尽心尽力地传承、发扬，就能恩泽师生。

坚持这一条十分不易，要敢于说"不"，有些事要敢于"不为"。守护社会正义，守护良心，守护社会的道德、历史的使命，一句话：守护教育者的尊严。

教育工作不仅以书教人，以客观规律教人，更重要的是以人格培养人格，以人教人。鲁迅曾说："我们从古就有埋头苦干的人，有拼命硬干的人，有为民请命的人，有舍身求法的人，……这就是中国的脊梁。"（《中国人失掉自信力了吗》）教育方面的领导、校长当然应该力争成为中国的脊梁，有民族气节、民族精神、民族气派、民族感情，以自己的人格魅力教育师生，影响师生。

2. 树立先进的教育理念

教育理念在教育工作中起灵魂作用，它影响教育的全局，影响教育的质量。教育理念十分丰富，就我们办学的人来说，最为重要的是以促进学生发展为本。

21世纪教育价值观强调：教育应为社会发展和学生终身发展服务；学校应开发每个学生的潜能，促使他们的个性健康发展，形成自我教育、终身学习的意识与习惯，确立为祖国、为人民奉献与创造的志向。

确立了以促进学生发展为本的教育理念，人才观、质量观、学生观、评价观等均会有新的认识、新的内容，培养目标、课程设置、教育评价、资源配置、现代教育技术应用等也都会有新的内容。以促进学生发展为本绝不是停留在口头与书面的口号，它必须落实到教育的全过程中。为此，以下一些要点须深入思考。

（1）定位。办教育、办学校必须定位于教育的本质。"教育"一词起源于拉丁文的词根：引出。古今中外教育名家无不认为教育是对人的培养，引导学生增强精神力量。也就是引导学生确立良好的人生态度，提升精神境界。离开了对学生精神力量的培养，还谈什么教育？

（2）全面质量观的呼唤。社会文明程度越高，越需要全面发展的人。教育不能停留在浅层次的价值观，只讲功利，只是考学、求职的敲门砖。必须思考深层次的价值观和人的全面发展。片面的质量观就会有意无意地使学生在成长过程中形成某些残缺，如做人的基本道德素质、奋斗的精神、体质的羸弱，等等，与培养目标相距甚远。知识和能力是获取精神力量的阶梯，不是精神力量的全部，更不能醉心于机械操练，把学生练"傻"。

（3）珍视每个学生的生命价值。尊重和爱护学生是 21 世纪教育改革的新起点，尊重学生的个体性、独特性、多样性。基础教育是大众教育，必须面向全体学生。大众教育不排斥英才教育，但不能只当英才教育的配角。人是有多元智能的，各有所长，各有所短。基础教育着眼于全体学生，为全民族素质的提高奠基。还必须清醒地看到，有时有些受教育者并非真"英才"，而是拔苗助长的对象，无后劲。要倾听每个生命的呼唤，生命本没有名字。

（4）具备可持续发展的素质。学校教育不仅要培养学生今日健康成长，而且要明日能长足发展，一个不会发展、不能发展的人，生存空间就会越来越小。因而，在教育过程中，须千方百计引导学生学会学习、学会做事、学会共同生活、学会发展。不能迷信分数挂帅，立竿见影，即使"见影"，也是瘦瘦的一条，不能长效。

思想素质指确立服务祖国、服务人民的志向，是人生的方向；智能素质是基础，是生存、发展的内部依据；人文素质是催化剂，是人生前进的推动力：三者是不可分割的整体，互相渗透，互相融合，互相贯通。抓好素质的基础，本固才能枝繁叶茂。

学校应该是学生的精神家园，有良好的文化氛围、道德氛围，有中华文化的底蕴，有人类进步文化的融合；校长就是精神家园的守护神。

3. 树立自强不息、办好有中国特色基础教育的信心与勇气

社会形态的变化，利益格局的变化，人们生活方式的变化，对教育提出了严峻的挑战。面临中华人民共和国成立以来从未有过的挑战，我们特别需要《周易》中所说的"天行健，君子以自强不息"的精神；面临教育领域的许多新情况、新问题，特别需要立足于本土实际，革故鼎新，创造业绩。有些情况确实须冷静思考，不追风，不盲从，坚定不移走中国自己的路。

（1）与国际教育接轨问题。有个阶段，"与国际教育接轨"的口号叫得比较响，认为国外的种种做法都是好的，自己都是落后的、不科学的，于是新名词术语一连串，于是全国一流、国际一流的目标炫人耳目。这个口号的内涵究竟是什么？国外教育根据各自国情的差别、培养人的不同需要，千种万种，各有利弊，各有优势与不足，对中外教育我们做过多少深入细致、实事求是的比较研究？结论如何？哪些经验与理论具有普适性？哪些只具有个体特征，有其特殊性？一个"国际"就能简单囊括吗？"接轨"，跟谁"接"呢？跟国外所有的国家吗？"轨"又是哪些内容？喊口号容易，口号的实质性内涵、科学依据要弄清楚，就绝非一日之功了。

学习外国，以他山之石攻我教育之玉，绝对没错，而且应该拓宽视野，认认真真虚心地做。盲目追求与国际接轨是另外一回

事，是缺乏判断力和创造力的表现，也是缺乏民族自信心的表现。

教育从来就是国家的、民族的事业。任何国家的教育特别是基础教育必须传承本民族的优秀文化传统，弘扬民族精神，培养为本民族、本国家、本地区建设服务的人才，必须眼睛向内，而不是只朝外。

教育民族化、本土化，就是教育及其改革最终要解决本民族、本国家、本地区的实际问题。眼睛向内，并不是排斥国外，也不是妄自菲薄，而是立足于本国，以我为主。20世纪50年代"苏化"，至今让人记忆犹新。"西化""欧化"不能再发生。有识之士一再告诫"教育不能盲目西化"，要"以我为主，吸纳融合，提高质量"。不说别的，有的国家教育经费占GDP的18%以上，你"接轨"接得了吗？它国家小，人口少，而我们的中小学生浩浩荡荡一亿几千万。考虑问题必须站在地上，不能飘到半空中。更何况西方不少国家对自己教育的某些方面正进行自我批判，我们没有必要把人家丢弃的东西当作宝贝捡起来用。

理论上的清醒是办教育必不可少的重要条件。

（2）训练与创造的问题。看起来十分可笑，"训练"与"创造"根本不在一个层面上，放在一起岂不滑稽？我们贯彻教育方针，培养学生要抓住一个核心、两个重点：以德育为核心，以实践能力、创新精神为重点。提出这样的要求是教育改革的现实需要，为社会的发展培养人才的需要。

创新能力是一个人能力的最高表现形式，是能力的最高境界。富有创新能力的人总是把世界上一切事物看作是一种运动的过程，而不是静止不变的。不执守过去，总是规划当今，展望未来。

创新能力在各行各业均有根本性的需求。这种能力不是与生俱来的，要靠引导、培养、激发，从青少年学生开始，就要培养他们的创新意识和创新精神。学生具备了这种意识与精神，将来在合适的条件下，就能迸发出创造的火花，结出创造的果实。这种意识的培养、精神的培育须让学生发挥学习的主体作用，在学习生活中有思考、探究、发展的空间。而目前，学生的学习空间几乎被各种各样的习题训练塞满，一课一练、课课练、周周练、题海、题库，用"一刀切"的办法画地为牢，把生动、活泼、多样的学生圈在其中，把同一性发挥到极致。有些学生资质较优，发展潜能较大，无须那样机械训练，但也不得不拘囿其中，创造意识受到抑制，创造精神得不到培养。训练是学科学习中的必需环节，要理解、巩固、熟练，某些知识要转化为能力，离不开训练。但要有"度"，练什么，怎么练，其中有大学问，绝非信手拈来，随意处置，弄得不好，贻误学生青春。

  上海基础教育要实现教育现代化，这是我们的期盼，我们的光荣。一位哲人说过：对自己应做的事，要燃烧起满腔热情。对现在应当做的事不全力以赴的人，没有资格谈未来。只有切实地站稳脚跟，才会有接着的大飞跃。

  同志们站立在队伍的前列，智者有勇，勇者前行，行者无畏。树立精神风范，引领队伍前进，必能开创教育闪光的未来。

增强文化自觉，提升办学水平 *

办学有多种多样的思路，多种多样的方法，只要认准学生成长、成人、成才的目标，遵循教育方针的要求，从学校本土实际出发，皆可办出特色，办出水平。尤其当今时代，改革开放深入，思维活跃，可运用的社会资源丰富，更能办得异彩纷呈，独树一帜。

然而，不管采用怎样的思路办学校，有一点切不可小视，那就是学校的文化建设。对学校文化建设重视不重视，建设到怎样的程度，影响乃至决定学校的形象、质量和生命力。

纵观国内近百年来学校办学情况，横观国外历史名校，从总体上说，学校文化建设当今尚未被放到应有的重要位置，重视得不够，措施的落实更有欠缺。要提升办学水平，促进学校长足发展，须在学校文化建设上下功夫。

一、增强文化自觉，培育精神动力

学校是育人场所，从事的是文化的传承、积累和创新工作。

---

* 本文发表于《教育参考》2005年第4期。

学校一时一刻离不开文化，文化因学校的传播而长盛不衰，学校与文化有如胶似漆解不开的情结。文化是什么？文化是人生，是群体人生物质与精神的结晶，反映在物质文明和精神文明上。学校文化主要指学校群体的精神文明。学校文化是学校的灵魂，是凝聚全校师生的黏合剂，是学校发展活力的源泉。如果轻视、弱化学校文化，学校大厦就缺了"顶梁柱"，难以昂首阔步前进。

对这个问题，认识上有不少误区，干扰着办学者的视线，干扰着学校的文化自觉，影响了文化建设在学校发展中的地位与作用。最常见的是重学校的有形成果，轻学校无形的文化氛围；重学校的量化数据，轻学校工作的文化构成、文化含量和文化质地。硬件看得见，摸得着；文化是软件，基本无形，是一种情操、一种精神、一种智慧。文化外显在"形"上，一般来说，学校容易做到。如校园环境布置，张贴科学家、艺术家画像，教室里、走廊里张贴名人名言，校园绿化等，稍加注意，就可做到，对学生起良好的熏陶作用。难就难在无形的精神的建设。这种具有学校个性的精神要经过较长时期的积累和锤炼，才能获得全校师生的认可。这种无形的文化建设是学校的精神支柱、精神动力、思想保证、智力支撑，有巨大的凝聚力、感染力和辐射力，能提升师生精神生活的质量，提高办学水平。一所学校如果见物不见人，见物质不见精神，队伍必然散沙一盘，育人质量堪忧；反之，必精神抖擞，积极进取，学校发展充满希望。

当今社会飞速发展，多元经济并存，多样文化碰撞，学校要真正发挥培育学生健康成长的强势功能，须弘扬民族精神，抵御不规范的市场经济的冲击和垃圾文化、低俗文化的侵蚀，更要加强学校文化建设,树立正气,促进学校持续发展,如此,才能立于不败之地。

众所周知,西南联大有中国现代教育史上引为自豪的优秀教育群体,他们培养了众多世界顶级、全国顶级的专门人才。这所大学的学子素质良好,文化底蕴扎实。能够取得卓越成绩的原因甚多,从学生中流行的一些常用语也可窥见学校文化氛围和学生文化追求之一二。评人、谈文、论艺,是那时学生生活中的常事,评论时常夹用 vanity(虚荣心)和 taste(趣味)。如看到有人矫饰、卖弄、出风头,同学就脱口而出"vanity";谈论文化艺术时,有人见解卑琐,趣味低下,就会说"taste 不高"。学生在不知不觉中形成了一种氛围、一种导向,以追求高尚文化为荣。这从一个侧面反映了学校文化建设的威力。

二、学校文化的传承与创新

一所学校在社会上得到认可,享有经久的声誉,一定有某种精神的支撑。校长、教师可以更替,学生一届届毕业,但某种精神的积淀仍然凝聚着在校师生和广大校友,继续散发光芒。师生也好,校友也好,尤其是校友,提到学校,就会有无限的眷念,并为此感到自豪。这种眷念,这种感恩的心情,显然不是对校舍、对设备,而是对哺育他们成长的科学精神、人文精神,对哺育他们的文化乳汁。而这些精神,这些文化,是通过全校教职工撒播到他们心中的。

有一种误解,认为现在办学只要跟着形势走,而过去的都是陈旧的、不合时宜的。其实,了解过去,承认过去,目的就在于创造未来。任何一所学校办学都不可能在"零"的基础上，其中总有前人的经验。有些做法、想法可能是速朽的，而有些思想、精神经过时间检验，能振奋人心，能激励师生积极进取，就仍然有旺盛的生命力。有些学校办学时间不算短，也有过辉煌的历史，然而由于重砌炉灶或其他种种原因，好的传统出现了断裂，精神财富流失，学校也就湮没了。放眼看世界，有些几百年的老校，仍然突显个性化的优秀传统，在时代潮流中毫不逊色。企业产品中任何享有盛誉的品牌，都是经过长期培育、根据社会需求创出特色的。一蹴而就，急于求成，效果往往适得其反。办学又何尝不是如此？

忽视传统，丢弃优秀传统，是悲哀；一切照传统办，亦步亦趋，是盲从。对学校的传统，对学校的本土文化，要以科学的态度进行梳理，有的要继承，有的则要扬弃，根据时代发展的要求，取其中精要的丰富内涵，加以发展，加以创新。

每所学校的精神支柱可以迥然有异，但都必须紧扣育人的宗旨，代表先进的文化，它应该是社会文化中最主流、最健康、最奋发向上的，是符合教育规律、符合师生身心发展的。要研究教育理想与教育现实之间的差距、问题、热点、焦点，师生最需要怎样的精神世界，又最缺失怎样的精神支撑，从学校本土的实际出发，倡导有针对性的、具有时代气息的精神，在传承的基础上创新，使之成为全校师生追求的目标，思想言行的准绳，情感、态度、价值观判断的标尺。举起这样一面精神文化建设的旗帜，覆盖到教师队伍、职工队伍、学生队伍之中，覆盖到学校工作的方方面面。精神落到实处，形成众星捧月之势，心往一处想，劲儿往一处使。

学校文化建设中的精神不是空洞的口号，贵在落实到全校师生的心中，是学校的灵魂。它应该具有先进性、开放性，有震撼的力量、感染的力量，能拨动师生心弦，经常在师生心灵深处弹奏。师生以自己的思想言行丰富它的内涵，又不断从中汲取力量。

三、纵横开阖与聚意点睛

学校文化建设内容十分丰富，尤其在改革开放、深入进行教育改革的形势下，包括建设怎样的文化，确定哪些方面，考虑怎样的规模，意图实现怎样的目的，等等。既要纵向垂直思维，摸清学校本土的优势和资源；又要横向开拓，探索创建哪些新的文化，争取哪些社会资源，拿来为我所用。

当前进行课程教材改革，课程文化建设在学校占十分重要的地位。今日的课程安排就是明日的国民素质，它不只是技术层面操作的问题，重要的还在于育人的理念。究竟把学生培养成为怎样的人，不是口头的、表面的，而是行动的、实在的。统一的课程实施有文化含量的问题，有强化与剪裁的问题；校本课程的建设更是有选择与创新的空间。不是填空当，不是草率从事，要分析人力资源状况，开设一些能激发学生旺盛求知欲、打下扎实的文化底蕴、开阔学生眼界的有质量的课，从而提高学生学习生活质量。不能搞花架子，搞凑数。成熟一门开一门，不成熟的创造条件逐步开设。其中有本校教师岗位培养的问题，有争取外校教师包括高校教师智力支援的问题，也有其他社会资源引进的问题。课程建设既然是文化建设，就要讲究实效，切不可捡到篮里就是菜，装点门面。

学校文化建设制度必不可少。正常的教学秩序需要一系列制度保证，如学有学规，教有教规，食有食规，宿有宿规，考有考规，劳动有劳动规则，等等，这也可说是学校的"法治"措施。然而，这方面常可见到两种毛病。一是烦琐不堪，有些规则、条例多达数十条，学生哪里记得住？这不禁使我联想到小学一年级教汉字笔画。以往是"永"字八法，掌握了，基本会写汉字；现在多到"横撇""横撇弯钩""竖折折钩""横折折折钩"等28种，其实都是由"永"字八法组合而成。人是万物之灵，有这个必要搞得这么烦琐吗？硬记硬背，学会了部首查字典，背诵的笔画也就忘了。规划也是如此，抓住最重要的，便于入耳入心，无须巨细皆备。二是对人的主动性、积极性考虑不够，约束大大超过倡导。从精神文化着眼，让师生真切领悟到制定这些制度的缘由和目的，大家就能自觉遵守，自主维护，保证学校的教育质量，促进学校的发展。

学校网络文化建设是现代学校的新课题，要花气力引导。既要渗透到课程之中，与课程整合，扩大信息资源，探究解决问题的途径与方法，又要进行科学道德、科学精神、科学态度的教育，不能随便抄袭，不劳而获。还要注意严格把关，道德失范、诚信缺失、欺骗欺诈、封建迷信、拜金主义、黄赌毒等社会丑恶现象也会通过信息手段腐蚀未成年人的心灵，须清醒地识别和抵制，千万不可掉以轻心。

学校的文化建设涉及方方面面，这里不一一列举。但不管是哪个方面、哪个层面的建设，都既要放得开，有开放性，又要聚得拢，聚意点睛，聚焦在提高师生的精神境界、提高学校生活的质量、促进学校的持续发展上。全校师生有文化自觉意识，上上下下对文化建设达成共识和合力，文化气氛浓郁，学校的发展就能获得源源不断的内在动力。

教书要为育人服务 *

本文发表于《上海教育》1986年（中学版）第7、8期合刊。2007年《上海教育》创刊50周年之际，选编了部分在该刊曾发表的具有重大影响且至今仍有现实意义的文章，并为该文编发"回顾理由"如下：

新观念的提出，会引起百家争鸣，会带来不同的理解，但在此基础上的统一认识和坚持贯彻非常重要。比如，教书育人这个观念，早在20世纪50年代末60年代初就提出来了，但由于种种原因，20年过去了，重"书"轻"人"，见"书"不见"人"的情况还可以说比比皆是，面对如此现状，作者大声疾呼："教书要为育人服务。"这就意味着要对学生进行全面培养。用今天的眼光去看，这个观点同样适用，需要每一个教育工作者铭记在心，落实在教育教学工作当中。正如作者所说的，任何一个学科的教学，头等重要的任务就是，寓教育

---

* 本文录自《上海教育》2007年第3、4期02AB。第1、2两段是编者按语。

于教学之中，这是每个任课教师应精心探讨、研究的课题。

教育思想在教育实践中起灵魂作用。教育思想端正，实践时目标明、方向正，教育质量才能真正提高；反之，越走越偏，对学生成长极为不利。

近来人们常提到教书育人的问题，强调教书育人的重要，这是令人欣喜的。教书育人，记得50年代末60年代初就提出来了，遗憾的是由于种种原因，这个观念在教育园地并没有牢固树立，在学校工作中"育人"没有放到应有的重要位置上。重"教书"轻"育人"，见"教书"不见"育人"的情况仍然比比皆是。不少同志认为"教书"是具体任务，不钻研教材就进不了课堂，不传授教材中的有关知识，就没有对学生尽到责任，因此，这方面精力花得多。"育人"呢？这似乎是个大概念，抽象得很，也复杂得很，想不了那么多。"教书"是教课的人要负责的，弄不好影响声誉，影响威信，乃至影响评级升职等。因此，教师觉得自己肩上有这副担子，任务能落在实处。而对"育人"，或者认为是班主任的职责，或者认为大家负责，所有学科的老师都有份，自己何必多"挑"呢？其结果是任务落空，大家都没有尽到应尽的责任。很显然，要端正教育思想，上面列举的种种模糊认识必须澄清。

教书和育人，"育人"是大目标，"教书"应该为"育人"服务。譬如语文教师，教文是他的天职，须千方百计教会学生正确使用祖国的语言文字，提高他们听、读、说、写的能力，但教学生的"文"是为育学生的"人"服务的，只见"文"不见"人"，工作就失去了大目标。"教书",说到底只是教书匠。在"教书"的同时"育人",才有可能成为塑造学生灵魂的工程师。做教书匠,不花费太多的力气几乎都可以做到,而做一个培养社会主义合格公民、培养四化建设人才的灵魂工程师,那就需要有正确的教育思想,需要用心血去浇灌。任何一个学科的教学,头等重要的任务就是育人,寓教育于教学之中,是每个任课教师应精心探讨、着力研究的课题。比如语文教学,语文教材中写了许多高尚的人、高尚的思想,其中有的歌颂我们中华民族赖以生存、发展、兴旺发达的最重要的精神支柱——爱国主义,有的歌颂反对剥削、反对压迫、以解放全人类为己任的共产主义思想,歌颂无私忘我献身于人民的高尚情操。在教学字、词、句、篇,训练学生语文能力的同时,教师必须有意识地以教材中感人的事迹、高尚的思想情操熏陶感染学生,在他们心中撒播做人的良种。

又比如进行辩证唯物主义观点教育、集体主义观点教育、劳动观点教育等,不一定要通过大报告解决。大报告是进行教育的一条途径,大量的应该是通过各科的教学来实现。一节节课,一门门学科,都讲究思想性、科学性,点点滴滴不断渗透。耳濡目染,学生在汲取知识养料的同时,也就逐步懂得了做人的道理。中国自古以来讲究读书做人,读书明理,明做人的道理。文天祥就义之后,衣带里的纸条上写着:"读圣贤书,所学何事,而今而后,庶几无愧。"(《宋史》卷四一八)一个封建时代的士大夫对读书的目的尚且有如此清晰的理解,何况是今天的我们呢?教师教学生读书,更要教学生做人,二者必须有机结合起来。

对"育人"的"育",我们有时理解得很片面。有的老师说:

"我也在'育',传授知识就是'育'。"有的认为"育"就是发展智力,发展学生的思维。也有的认为"育"就是进行思想政治教育。这些说法与看法都有点道理,问题在只强调某一方面而忽视其他方面,那就不全面了。"育"有极其丰富的内容。培养一个学生,对他的思想素质、道德情操、知识的深度广度、能力的强弱、智力的高低、体质的情况等要有总体的设想,要有完整的概念。"育人",是对学生进行全面培养。如果把"育"理解为只是开发智力,或者理解为只是提高解题能力,这就犯了以局部代替整体的毛病,以这样的观点指导教学实践,必然会影响学生的健康成长。

我们的教育工作,最贴切的说法应该是"培养",这个字眼实在好,在英语中叫 cultivation,解释为"耕耘土地以期收成"。我们教师就是教苑的耕耘者,应该像农民和园林工人满腔热情地培植五谷、养育花木那样,精心地把学生培养成为四化建设人才。

培养一颗中国心 *

不好好补中国文化的课，是要数典忘祖的

中小学教育也好，大学教育也好，归根结底要培养学生有一颗中国心。有的时候，我很担忧：如果我们培养的人对自己的国家缺乏感情，对中国的文化缺乏认同，缺乏一个公民应有的责任心，不能自律，那我们就白花力气了。作为发展中国家，我们用有限的教育经费，支撑着这么大的基础教育的摊子。如果这一点我们不牢牢把握的话，那我们的力气就会付诸东流。

任何一个国家的发展都是建立在原有积累的基础上的。唐太宗也知道"以史为鉴，可以知兴替"，学历史本身就能认识社会发展规律。我们对历史很不重视，只要提到教育就是讲数理化、外语。中国人向来最讲历史，但是现在的学生不讲历史。美国只有200多年历史，但历史课在它的基础教育里受到高度重视。我专门买过几本美国的语文教材，语文课本几乎是按照历史来编撰的。它的文学由土著文学和殖民文学结合而成，到处洋溢着民族

---

* 本文发表于《中国德育》2007年第6期。

的自尊心、自豪感。台湾地区的高中生除了高中语文，还有专门的高中文化基础教材。相比之下，我觉得，我们对中国文化的认同、对公民人格的塑造确实强调得很少。

母语是民族文化的根，民族文化是民族团结的纽带，对外是屏障，对内是黏合剂。媒体报道某所小学，一年级实行双语教学，一年级的语文用外语来教，我认为这种做法简直荒唐。在很多国家，母语教育的分量都比我们重，比如英、法的母语教育，课时总量占总课程的22%以上，俄罗斯占27%。我国台湾地区占22%，而我们大陆约占18%，上海还要低一点。学生为什么对中国文化不认可，难道是他们的责任吗？关键是我们没有教，我们没有认真对待这件事。

孩子不在中国文化方面好好补课，是要数典忘祖的。毛主席讲得好，中国文化的一些精粹，我们要有继承，有发展。比如读古文就是非常有道理的。"仁爱""道德"今天应该怎样理解，要让孩子有一些基本的认识。如果把握不住做人的底线，没有一些基本的思想、道德，孩子就缺乏文化判断力，对什么乌七八糟的东西都会照单全收。我的一名学生告诉我，他所在学校的金融专业一个成绩最好的学生出去工作半年就犯罪了，就因为见钱眼开。发生这种事有个人的责任，但我们的教育没有让学生掌握做人的底线恐怕也是一个原因。

教师身上有时代的年轮，
教育缺少时代性就没有旺盛的生命力

教师职业是继承人类传统和面向未来的职业，它关系国家的千秋万代，关系千家万户。如果教师把自己的职业当作事业的话，就有了追求，有了理想，就会竭尽全力；当把自己有限的生命与千千万万学生的生命联系起来的时候，就有了力量，生命就有了无穷的动力。

教师必须是一个思想者。这不单单指做了事情要反思，这只是一个方面，更重要的是自己要有想法。教师要有相当程度的职业敏感，要跟随时代奋勇前进。教师身上要有时代的年轮，教育缺少时代性就没有旺盛的生命力。拿20世纪50年代的一套来对待今天的学生是不行的。

要提升学生的世界，就不能不了解学生的世界。学生喜欢周杰伦，我就专门研究。我跟他们讲，我不排斥流行歌曲，因为流行歌曲经过时间的过滤有的也会成为经典。比如《教我如何不想她》，在20世纪30年代很流行，现在成了经典。我跟他们说，流行歌曲也可以唱，韩红的《青藏高原》就很好，他们说那种歌太嘹亮、太激情，唱起来太累了；我说腾格尔的也很好，《我的家乡》里的乡情乡思很动人，他们说这个也不好，就喜欢周杰伦。他们认为，有的歌容易学得像，但周杰伦的歌是学不像的；而且他的歌词有中国文化的底蕴，比其他歌词要好得多。我就买来周杰伦歌曲的磁带听，歌词都很押韵。西方音乐、摇滚音乐他也懂，会多种乐器，很有才华，所以学生喜欢他，佩服他。这样我就明白学生的想法了。因此，要和学生对话就一定要交心，要向学生学习。

与其说我做了一辈子教师，不如说我一辈子学做教师。我在不断向学生学习，向社会学习，向同行学习，向家长学习。开会是学习，随时随地都在学习。老师如果不在"学"上下功夫，总是一味地要求学生该怎样是不行的。

越教使学生越有追求，这才叫好老师

学科教学实际是融合德育的。教书要育人，所有的学科都要为育人这个大目标服务。而我们现在，往往把教书和育人隔离了。做老师，不但要重视在学生心中撒播知识，还要撒播做人的良种。越教使学生越聪明、越有追求，这才叫好老师。

我的爱国思想就是老师教出来的。我的中学老师曾经声泪俱下地说，自己要报国，却始终没能如愿，作为学生的我听了非常受感染，从此就一直将国家放在心上。有时候老师的一两句话学生会在心中记一辈子。有篇课文叫《最后一课》，我每次教这个课的时候，就会想起我的小学音乐老师。那时候我才几岁，有一次下午上音乐课，他说明天学校就要解散了，教给我们唱《苏武牧羊》。课结束时，他说日本鬼子要来了，做亡国奴是很苦的，他要我们无论如何不能忘记祖国。听了他的话，我们这些小孩子好像一下子长大了，因为以前脑子里从来没有这种大的字眼——国家。

老师要以自己的素质影响学生的素质，以自己的人格塑造学生的人格。学生也会思考，他们懂得为什么要这样做，怎样做才有成效。身教重于言教。学生6点钟早锻炼，我5点50分一定站在操场上，即使是做完手术出院不久，也照样跑跑走走。行动就是命令。老师说到做到，身体力行，孩子就会跟着养成一种习惯。这比写在纸上、挂在嘴上管用得多。

以教师的生命激发学生的生命活力

现在很多教师一天到晚讲究技能技巧的操练。我想，除了研究这些纯技术外，更重要的是要震撼学生的心灵。梁衡同志为了讨论年轻人爱美问题，曾专门写过一篇以居里夫人为原型的文章——《跨越百年的美丽》。文章开头讲，法国科学院里正在举行一场学术报告会，科学大厅人声鼎沸，突然一个年纪比较轻、长得漂亮端庄的女子走上讲台，大家马上肃然无声。我讲这篇文章的时候，不是告诉学生这里交代了时间、地点、人物，那样讲课没有意义、没有灵魂。我讲课时说：你们知道为什么大厅从喧哗到寂静？那是因为巴黎科学院从来没有一个年轻的女子走上去做过学术报告，而且这个年轻女子那么美丽，众人为她的外形美所感动。当后文讲到"这位年轻女子用一千多个日日夜夜在停尸房的日子，换来了放射性的物质镭"的时候，学生震惊了。学生不再因为她的外形美，而是为她的科学献身精神所感动。这样的教学才会赋予语言文字以生命。

我印象较深的一堂课是教契诃夫的《变色龙》，这是一篇家喻户晓的作品。文中的警官对待小狗的态度一开始是斥责，后来知道是将军哥哥家的狗就变为恭维了，在整个过程中对小狗的称呼、态度变了多次。我在黑板上画了两条线，一条曲线起伏，表示变的现象；一条直线表现不变的本质。教到最后的时候，一个学生举手说，于老师，黑板上画错了。我当时怎么也看不出哪里有错，就请他说错在什么地方。学生说，警官晓得这条狗是将军哥哥家的时候，拍马屁的心情一定很急切，心跳更快，所以曲线后半部分应该起伏得更大，和前半部分不一样。我肯定他说得对，并让他到黑板前来修改。我很高兴。我备课时是单向思维，只考虑到现象与本质之间的关系，而孩子却是多向思维。教学相长，这才叫课堂。

一节课 40 分钟，既要传授知识，培养能力，又要陶冶学生的情操，让他们树立正确的价值观。实际上，我的教学以语文为核心，融合了德育、美育、体育，是多维的。我在 20 世纪 80 年代课堂上就这么上课。课堂就是在教师的指导下，所有学生积极主动地学习。能者为师，不是教师一个人是能者，而是要把所有的学生调动起来，让所有学生都精彩起来。课堂，不是教师一个人的生命活动，而是以教师的生命激发学生的生命活力，让学生一起动起来。春风化雨，生意盎然。

教改是时代发展的必然 *
——与《上海教师》主编的对话

主编：今天我们一起聊聊教育、教改以及教师在教育大变动中的作用，您看如何？

于：可以的。我们今天可以纵意而谈。谈中国的，也谈外国的；谈教师，也谈学生；谈全面发展，也谈人的个性。但重点当然是谈中国的教育，尤其是正在实施中的上海"二期课改"，谈教师在课改中的作用和地位。反正是重在研讨，重在探索，重在促进教育事业的进一步繁荣和发展。

主编：上海乃至全国课改正在实施过程中，教师中也有种种迷茫与不解。对此您是怎样看的？

于：在这个问题上不能简单化，应对一些理论和实际问题做一番实事求是的探索。比如说，什么是课程？为什么要改革？确实很值得探讨一番。尤其对教师而言，教师在课程改革中处于怎样的地位？教师应该如何自处？都很值得认真地去想一想。

---

* 本文 2017 年 12 月发表于《上海教师》第六辑卷十二，文章标题有改动。

课程存在于复杂的对话之中

主编：我们这次改革称为课程教材改革，给人的印象是课程、学科、教材之间是可以等同的。

于：以往我们常常在课程与学科之间画等号，认为课程就是学科，乃至认为教材就是课程，这种对课程的认识是不周全的。任何学科的逻辑体系都是少数人对学科的认识，不可能尽善尽美，毫无瑕疵。再说，学科本身不断发展，认识有待不断完善，内容增删，结构调整乃至重组，也不足为怪。只专注于学科知识体系，会在不经意中与学生的经验割裂，甚至把教学本质误解为训练，反复操练，忽略了教育的本质在于对学生的引导。

主编：于老师的意思是，现今的课程观念正在发生大变化？

于：当今课程是诸多要素的整合。课程必须有目标、有计划，有课程标准，教师习惯于目中有教材，忽略方案与标准；胸中无后者，对教材的定位、价值的认识与驾驭常会出现这样那样的问题，不能"瞻"前"顾"后，循序渐进。课程中学习者的经验是要素之一。20世纪初从教育家杜威开始，就强调学习者经验的重要。因为任何学生的发展都是从当下的经验开始的。课程中学生是学习的主体，离开了学生，无课程可言，也无教学可言。

课程中的环境要素不可忽视。有物质的硬条件、教学设备等，有心理的、文化的软条件，社会的、家庭的、学校的，扬长避短，兴利除弊，均是课程应有之义。教师与学生一样，首先面对的是课程，其本身的水平、价值影响到课程的质量、课程的价值。有人形象地阐述：当今的课程存在于复杂的对话之中——课程开发者、教材编写者和教师的对话，教师和学生的对话，教师彼此之间的对话，学生彼此之间的对话，学校、家庭、社会之间的对话。

主编：我觉得，"当今的课程存在于复杂的对话之中"这段话很精彩，也很深刻。我参与过编写教材，在编写过程中，要考虑到教师、学生、社会的需要和可接受性，这就是所谓的"对话"吧！不考虑这种对话，哪个教材都是编不好的。

于：课程的发展趋势，从学校一个因素，强调教材一个因素，发展到学习者的经验，发展到教材、教师、学生、环境四要素的整合。对课程的认识不能停留在单一的只是学科或只是教材层面的线性思维，而是要转换为多思维。课程存在于复杂的对话之中，这无疑对教师是极大的挑战。比如备课，过去似乎只要熟悉教材，钻研教材，有知识底气，教学就能得心应手，胜券在握。今日远远不够，须研究学生；须了解、运用环境提供的有利因素；须在方案、课程标准整体框架中，把握教材的层次、内涵，做取舍详略的处理；须对教师如何发展自身、如何发挥作用做一番推敲与反思。总之，要多思维地进行思考、研究，难度比原先的备课要增许多倍。课程即教师，课程改革的成败归根结底取决于教师。教师是教育理想与教育现实之间的转化者，是教育先进理念与教育实践之间的转化者，每名教师毫无例外地都要用自己的行动加以回答。

教改是时代发展的必然

主编：现在，教改有没有必要的争论仍然或明或暗地存在着。于老师，您怎么看待这种争议？

于：课程改革不是少数人拍脑袋的异想天开，而是时代发展的必然。

首先，是教育本质的呼唤。教育事业是具有理想性的事业，"真正的教育"是引导人的灵魂达到高处的真实之境，是人生境界的提升；知识、技能是帮助灵魂攀升的阶梯。柏拉图在《理想国》中，借苏格拉底之口，说出了教育的真正含义，即把人的灵魂、精神引向真理世界，从黑暗引向光明。这在本质上要增强人的精神力量。中国古代的《大学》一书中开宗明义指出教育的宗旨："大学之道，在明明德，在亲民，在止于至善。"求学的目的在于彰显内心的美德，达到"至善"的境界。英国历史学家汤因比和日本哲人池田大作在谈到21世纪的教育时，认为教育不应以谋实利为动机，而要寻求"精神存在"之间的心灵交流，开启人的心灵与富有的大脑。教育最终为人的精神提升服务。现实状况是重知识技能，忽略精神世界的培养。

主编：离开了人，没有教育。

于：其次，是全面贯彻教育方针的现实需要。德智体美全面发展是实施素质教育最本质的反映。人的生命体本身蕴含着多方面发展的潜能，教育的任务就是把学生的潜能变成发展的现实。全面发展是人自身发展的需要，也是社会发展的需要，社会发展的程度越高，对人的全面发展的要求也越高。在教育过程中，片面化的教育质量对我们的干扰很大，重术轻人，育人异化为育分，学生的思想道德素质、心理素质、体质体能、审美价值都不尽如人意，学生的发展是跛脚的，不符合培养的目标。须坚持全面的教育质量观，全面贯彻教育方针。

主编：又是全面发展，又是个性的充分弘扬，二者处理得妥帖、有分寸，并不容易，在二者关系上，我们常常是顾此失彼。

于：再次，是时代发展的迫切要求。知识经济的到来向教育提出了严峻的挑战。社会不是以某种能运用的技术为基础，而是以整个知识进步为基础的。对人才的评价标准，主要不是看某一方面的技能运用，而是看整个知识的结构、容量、水平、知识积聚和更新的能力。显然，人的培养不以获取知识为唯一目的，而是要全面发展，具有良好的综合素质。时代要求学校向学生提供优质教育，要把学生从自然的人培养成合格的社会公民，培养成为现代化的人。因为人的现代化是社会现代化的根本保证。

放眼世界，许多教育专家、学者提出的种种学说都聚焦在"如何培养现代化的人"上。美国劳工部对20世纪80年代至90年代本国教育现状及21世纪社会对人才素质需求全面调查，深入研究，提出就业人员应具备三大基础：能力基础——有较高的读、写、算、听、说的能力；思维基础——能进行创造性思维，有想象能力、学习能力和推理能力，有决策能力和解决问题的能力；素质基础——有责任心和自尊心，为人诚实正派，善交际，能自律。这三大基础显然是综合素质要求，与基础教育密切相关。美国21世纪教育战略所追求的人才目标，对我国教育质量的探讨有一定的借鉴作用。今天的教育就是明天的科技，就是后天的经济。综合国力之争实质上就是人才之争，就是国民素质之争。

综上所述，课程改革不是权宜之计，而是社会发展、时代发展的必然，是培养学生成为思想道德素质、科学文化素质、身体素质良好的社会主义建设者和可靠接班人的必由之路。

教育的核心理念是以学生为本

主编：说到这里，似乎涉及了教育的理念和教育的策略问题。

于：现在理念和策略大家谈得不算少，但不少人都没谈到点子上。

主编：看来得有个核心理念。

于：课程改革有整套的教育理念与教育策略。对教师而言，最为重要的是理解和掌握其核心理念，并付诸教育实践。其核心教育理念是以学生为本，以促进学生发展为本。

1996年6月，教育部发布的《中共中央国务院关于深化教育改革，全面推进素质教育的决定》，2001年6月，国务院发布的《国务院关于基础教育改革与发展的决定》，对教育现状的评估中均阐述了改革开放以来教育取得的巨大成就。与此同时，指出教育理念、教育体制、教育结构、培养模式、教育内容方法的相对滞后，影响青少年发展，不能适应提高国民素质的要求。这就给改革指明了方向。教育的基本职能是促进青少年的发展，较长时间以来，我们有意或无意地重技能技巧，轻人的总体素质的培养。把"人性"置于"技性""物性"之下。而今从以知识为本、以知识体系为本转换到以促进学生发展为本，这是对人的尊重，对学生的尊重，抓住了教育的本质。教育，应当是进行人力资源的开发，学生要成为人力资源，当然要促进发展。

必须思考三个问题

主编：教改的关键在教师，可是现在不少教师的知识还跟不上，还存在着这样那样的思想疙瘩。解开这些思想疙瘩，是当务之急。

于：要树立以促进学生发展为本的思想，须思考三个问题。

一是外塑与内建的问题。学生是学习的主体，学生质量如何，不能只靠教师外塑，主要的要靠学生主动性、积极性的发挥。

学生的认知离不开他已具备的知识基础、能力基础、学习与生活的经验。学生认知过程就是学生认知结构在认识与实践中不断主动建构的过程。教师的施教之功是调动学生学习的内驱动力，促进他们的发展。

二是师生定位问题。学生不是无生命的容器，听凭灌输；教师不是排球场上的二传手，也不是知识的搬运工，而是要带领学生亲历学习之境，进行学习实践，提高学习能力。通常的课堂教学，往往是教师自己在训练思维，训练口才，使学生如临其境。身历其境与如临其境是两个概念、两种境界，学习者真正进行学习实践，才会品尝到求知的艰辛与快乐，提升学习的能力。汤显祖的《牡丹亭》里，先是丫鬟向小姐描述园里春色怎样怎样美，使小姐杜丽娘如临其境；当杜丽娘自己去游园，身历其境，不得不感叹："不到园林，怎知春色如许？"于是，一连串的独特体会涌现："生生燕语明如翦，呖呖莺歌溜的圆"，"朝飞暮卷，云霞翠轩，雨丝风片，烟波画船"。不耳闻目睹，怎会有亲身体会？

教师是学生学习的组织者、指导者、启发者，既参与，又指路，帮助学生发力冲刺，有时也可以领跑示范，但千万不能越俎代庖。

三是少数尖子与全体学生的问题。尊重和爱护学生是新世纪教育改革的新起点。大脑的最新研究成果表明，每个常人身上都蕴含着有待开发的巨大潜力，这是面向全体学生，提高学生素质的依据。不能让所有学生都适应"标准化"，而应以多样性、丰富性适应与满足全体学生的身心需求。

人有多元智能，如语言智能、逻辑智能等，在一个人的身上，有强势智能，有弱势智能。每个学生都独一无二，各有所长。教师要对学生的个体性、独特性、多样性给予充分的尊重，因材施教。要提高全民族素质，既要培养少数尖子，又要面向全体学生，让每个学生都在原有基础上明显提高。

解开思想疙瘩，师生就会逐步从技术主义的桎梏中解放出来，按照人的发展规律和每门课程的教育规律进行教学，师生就都有了自我发展的空间，有了自主教、自主学的空间。

教学要有三个维度的支撑

主编：对教师来说，观念上的提升很重要，但同样重要的是要有知识能力诸方面的支撑。

于：以学生为本，以促进学生发展为本，不是空洞的概念，不是标语、口号，而是要扎扎实实落实到课堂教学实践之中。要落实，就要靠三个维度的支撑。知识与能力、过程与方法、情感态度与价值观，三者相互渗透、相互融合。知识与能力着力于强主干，删枝叶。基础教育阶段，学生不可能把日后工作岗位上所需的知识、技能全学到手，尤其在当今信息如潮涌的时代，关键在于学习知识的"核",它是最基本的,陪伴人终生的。过程与方法的提出,是由于我们的教育长期以来过于看重结论和"标准答案","一考定终身"的做法十分典型,而对教育过程缺乏重视。教育本身就是过程,三年是过程,一学期是过程,一节课也是过程。学生在这个过程中增长知识,培养能力,锻炼思维,情操获得熏陶,因而,过程中培养学生至为重要。传统教育重视教法,对学生学习方法的指导与培养,既不够重视,也缺少办法。然而,作为现代化的人,学会认知、学会学习太重要了。自学能力不强的人难以适应社会,难以适应未来工作的千变万化。有人曾经深刻地指出:21世纪的文盲不是不识字的人,而是不会学习的人。应该说,言之有理。教师指导学生学会学习责无旁贷。

主编:学会学习,不仅仅是功利性的要求,并不是说考试成绩好了,就等于会学习了。

于:情感态度与价值观,不能机械理解,它实际上是一个心灵连续体,有极其丰富的内容。情感,不仅指学习兴趣、学习热情,更指亲情、友情、师生情、赤子情,是内心的体验,心灵世界的丰富。态度,不仅指学习态度、学习责任,更指求真求实的科学态度,讲究公正、诚信;乐观的生活态度,积极向上,笑迎困难;宽容的人生态度,团结合作,和谐相处。价值观,不仅强调个人的价值,更强调个人价值与社会价值的统一;不仅强调科学的价值,更强调科学价值与人文价值的统一;不仅强调人类的价值,更强调人类价值与自然价值的统一,引导学生确立起对真、善、美的价值追求,确立和谐发展的理念。

要实现三维目标,就要紧紧扣住课程的个性特点,语文课就是语文课，数学课就是数学课。以某个课程的知识能力为核心，融合情感态度与价值观的教育，融合方法的指导，课程立体多维，既有课程的实用功能，又有教育功能和审美功能。在教育过程中，使学生德智体美都受到锻炼，受到启发，受到熏陶，只有这样，以学生发展为本的理念才能转化为教育的实践。

学生是可爱的，是国家未来的巨大财富，必须培养，应该培养，值得培养。以促进他们的发展为本，使他们德智体美全面发展，成长为社会的合格公民、优秀公民，国家的有用之材、栋梁之材，教师重任在肩。

要使战略主题深入人心，自觉化为行动[*]

《国家中长期教育改革和发展规划纲要（2010—2020年）》（征求意见稿，以下简称《规划纲要》）从教育角度绘就了强国富民的蓝图，内容厚实，语言铿锵，充满活力，洋溢着希望，读来振奋人心。这标志着我国的教育改革和发展进入了历史发展的新阶段，向建设人力资源强国迈出了决定性的步伐。

《规划纲要》从总体战略、发展任务、体制改革到保障措施，无不显现当今时代中国特色社会主义教育的奋斗目标、发展方向、有效措施，针对教育现状中存在的种种矛盾，从教育理念、制度创新、队伍建设等诸多方面明确任务，集中智慧，寻求共识。既回应亿万群众对教育的热切盼望，又遵循和彰显教育自身发展的育人规律。《规划纲要》亮点聚集，是今后10年教育长足进步、创造辉煌的指针。

别的且不说，单是优先发展与战略主题的确立就令人感动不已。

---

[*] 本文发表于《上海教育》2010年3B。

第一篇　先进教育理念的追寻与树立

《规划纲要》开宗明义,说明制定本纲要的依据和目的。它的依据是党的十七大关于"优先发展教育,建设人力资源强国"的战略部署,目的是"为全面提高国民素质,促进教育事业科学发展,加快社会主义现代化进程"。把教育放在优先发展的战略地位,我们就会情不自禁地联想到邓小平同志的谆谆教导。1985年5月19日,邓小平同志在全国教育工作会议上语重心长地说:"我们国家,国力的强弱,经济发展后劲的大小,越来越取决于劳动者的素质,取决于知识分子的数量和质量。一个10亿人口的大国,教育搞上去了,人才资源的巨大优势是任何国家比不了的。有了人才优势,再加上先进的社会主义制度,我们的目标就有把握达到。现在小学一年级的娃娃,经过十几年的学校教育,将成为开创21世纪大业的生力军。中央提出要以极大的努力抓教育,并且从中小学抓起,这是有战略眼光的一着。如果现在不向全党提出这样的任务,就会误大事,就要负历史的责任。"这段讲话既深入浅出,又尖锐深刻,把抓教育定位在"有战略眼光的一着",这是前所未有的。战略不是具体的某些战术,它影响事业的全局,把教育和人才资源、建国大业紧密连在一起,扫除了许多人不重视教育的糊涂观念,增强了教育工作者的信心。

随着建设事业的推进,国民素质的提高,社会对创新型、实用型、复合型人才的迫切需要,人们对教育战略地位的认识越来越深刻。党和国家高度重视,一再提出要优先发展教育,并为此做了大量的工作,对经济发展、社会进步和民生改善做出了不可替代的重大贡献。但是,由于理念上的陈旧、落后等种种因素的制约,很多地方、很多方面,并未做到"优先"。有些还是跟着做一点，有些却把有限的教育经费挪作他用。薄弱学校本可不薄弱，师资队伍本可更稳定提升，但由于"优先"不到位，而矛盾突显。正如《规划纲要》中指出的："教育投入不足，教育优先发展的战略地位尚未完全落实。"针对这种状况，《规划纲要》"优先发展教育"的战略思想贯串于整个文件之中，反复加以强调。序言部分指出："在党和国家工作全局中，必须始终坚持把教育摆在优先发展的位置。""始终坚持"，斩钉截铁，表达了巨大的决心和非凡的勇气。总体战略中的工作方针，第一句就是"把教育摆在优先发展的战略地位"，阐明这是党和国家提出并长期坚持的一项重大方针，为此，"各级党委和政府要把优先发展教育作为贯彻科学发展观的基本要求，切实保证经济社会发展规划优先安排教育发展，财政资金优先保障教育投入，公共资源优先满足教育和人力资源开发需要"。一句话中四个"优先"，而且提升到"贯彻科学发展观的基本要求"的高度。理念之先进，要求之具体，前所未有。只要认真遵照执行，必然大大造福莘莘学子。体制改革部分、保障措施部分中许多条款都关系到优先发展的问题，从理念到措施，这种战略思想一以贯之，是照耀教育发展今后10年征程的明灯。我国是一个人口众多的大国，在世界格局深刻变化、科技进步日新月异、人才竞争日趋激烈的情况下，从事社会主义现代化建设，其复杂性、艰巨性难以言表，要落实教育优先发展的战略地位确实难度极大。但在长期的革命和建设的实践中，我们有一条颠扑不破的真理和无往而不胜的经验，那就是只要加强党的领导，提高国家对政策的执行力，就能排除各种困难，创造奇迹。

优先发展教育，发展怎样的教育？战略主题做了十分明确的规定，表述得要言不烦，一语中的。《规划纲要》中是这样表述的："坚持以人为本，推进素质教育是教育改革发展的战略主题，是贯彻党的教育方针的时代要求，核心是解决好培养什么人、怎样培养人的重大问题，重点是面向全体学生、促进学生全面发展，着力提高学生服务国家人民的社会责任感、勇于探索的创新精神和善于解决问题的实践能力。"教育发展的主题、核心、重点、着力点阐述得一清二楚，拨正了当前教育在许多方面的、相当程度的扭曲。战略主题是清醒剂，是指路标，教导与指引教育工作者往哪个方向走，追求怎样的目标。教育不仅是教育工作者的责任，而且是全社会、全民的责任。序言说得好："国运兴衰，系于教育；教育振兴，全民有责。"

"以人为本""素质教育"已说了好多年，但推进起来，步履维艰，干扰很大。常见的情况是：高谈阔论素质教育，扎扎实实应试教育；教育行政部门三令五申减轻学生过重的课业负担，但令行不止，照样变着法子补课、应考；学生自主活动时间少得可怜，自主进行体育锻炼更是一种奢侈，整日在题海题库中浮沉，厌学情绪滋长，求知欲望不断消解。分数的枷锁不仅锁学生、锁教师，而且也锁校长、锁家长。分数本为监测教学情况的符号，着眼点在了解学情、教情，总结经验教训，切实改进教学，提高教学质量。而今，分数被提高到至尊的地位，有的几乎把它作为图腾，顶礼膜拜。在选拔考试面前，学生、家长、教师、学校几乎都成为"分奴"，不知不觉，又习以为常。教育究竟怎么了？孩子求知的快乐、成长的快乐哪儿去了？许多有识之士为此忧心忡忡，寻觅解脱困境的良方，但往往局限于某个层面、某些问题，难收解套之效。此次《规划纲要》高屋建瓴地聚焦在"培养什么人，怎样培养人"这一点上，明确指出这是教育改革发展的最强音，振聋发聩，而且表现了实现战略主题的巨大决心和坚定不移的意志。教育要奉行两个"全面"——"面向全体"，不是面向一部分或小部分，这是提高全民素质的问题，所有学生都有权利受到良好的教育；"促进学生全面发展"，而不是由于教育思想的偏差，急功近利思想的作祟，人为地突出某一方面，削弱某些方面，忽视做人基本道理、基本准则的培养，忽略增强体质的重要性、必要性，在不经意中造成了教育对象成长中的某些不足与缺陷，严重的甚至出现精神上的残缺。每个学生都是活泼泼的生命体，都有全面发展的潜质，都是国家的宝贝、家庭的宝贝。如果由于目标偏离准星，做法错位，青少年学生在成长过程中付出了不应付的代价，学校、家庭、社会是有责任的。

而今战略主题的重点是两个"全面"，着力提高学生服务国家人民的社会责任感、勇于探索的创新精神和善于解决问题的实践能力。且不说创新精神和实践能力的培养，单是"社会责任感"的提出就值得学校、家庭反复思考、付诸实践。学校教育是要把年幼无知的自然人培养成为有理想、有道德、有文化、守纪律的社会合格公民。求学读书为了什么？为明做人之理，明报效国家之理。如果我们教出来的学生只以个人为中心，以追逐名利、享乐为目的，缺少服务国家、服务人民的社会责任感，那是教育的失败，有辱历史赋予的重要使命。

教育改革发展的蓝图已经绘就，战略主题清楚明确，如何使这些先进的理念深入人心，化为自觉的行动，是最为重要的，也是我们最为关心的。理念指导实践，教育改革发展是庞大的综合工程、系统工程、复杂工程，对教育的战略地位、战略主题、教育本质、育人规律等须有相当的共识。这种共识不仅在教育内部，当然，教育内部是重点，从事教育事业的人应具有高度共识。在教育外部，家庭、社会，同样需要广泛宣传教育，具有正确的育人观，尽量不做违背教育规律乃至见利忘义之事。各项政策的执行难度较大，须深入了解实情，弄清问题的症结所在，一环扣一环地解决，方能取得实效。离开了针对性，简单从事，难以获得理想效果。比如减轻学生负担问题，只是做加减法，是不可能奏效的。哪些是合理负担？哪些是不合理负担？这些不合理负担是怎样形成的？学校的、家庭的、社会的，各充当了什么角色？哪些是教育理念的问题？哪些是选拔考试的问题？哪些是功利政绩的问题？哪些是商业利益链的问题？哪些是体制问题？哪些是机制问题？凡此种种，均要综合考虑，开展综合治理，哪一环不到位，就难以收到效果。弄得不好，不是"我自岿然不动"，就是弄虚作假做表面文章。

  百年大计，教育为本。本固则枝繁叶茂，生意盎然，期盼《规划纲要》在进一步完善的基础上狠抓落实，加强监督，为人才强国建设保驾护航。

教育就是"仁而爱人"*

《社会观察》：近年来，有学者提出倡议改以"孔子诞辰日"作为教师节。作为教龄几乎与共和国同龄的老教师，请您谈一下我们现行的"教师节"的背景。

于：关于这种声音，我之前也曾注意到。对于他们倡议中"现行教师节缺乏必要的历史意蕴和文化内涵"这种说法，我也是认可的。但也应该注意到，现在的教师节，即9月10日，是在特定的历史背景下出现的。

"文革"时期，教育、文化受到极大的摧残，当时无所谓师道尊严，那时候的教师都成了"臭老九"。如此一来，教育受到极大的破坏。粉碎"四人帮"后，就面临一个很现实的问题，教师的地位和待遇都没有放到应有的位置。教育本身应当是居于战略性地位的，而当时人们对教育的这种重要性缺乏应有的认识。20世纪80年代中期，教师严重流失，特别是有些学科的教师如英语、艺术等，流失更严重。大学的情况还好些，中小学、幼儿

---

* 本文发表于《社会观察》2010年第9期，是该刊记者吴焕良对作者的专访。

园教师流失则较严重。在这样的情况下,有人提出要有一个教师节,目的就是为营造一个尊师重教的氛围。9月10日作为教师节,是1985年经全国人大通过的,当时主要是为表达一种尊师重教的导向。

《社会观察》:现在从国家层面的"科教兴国"战略到社会以及每个家庭,都充分意识到教育的重要性,将子女的未来发展希望寄托于教育。我国的教育事业取得很大进步,但同时现在的教育领域又面临许多新问题。该如何看待我们当下的这种教育状况?

于:从20世纪80年代到现在,二三十年的时间,教育的情况也发生很大的变化。教育在量的发展上,成就可以说令世人瞩目,义务教育的普及、扫盲工作成就、大学教育从精英教育到大众教育等。从硬件上来讲,可以说是可圈可点的很多,但从教育内涵来说,我觉得教育也面临着1949年以来从未有过的严峻挑战。

现在的学校要对学生进行的价值观的教育,跟社会上的多元价值、多元文化是有许多矛盾的。比如我年轻的时候做教师,学校对学生的教育,实际上是主流价值观。要"我为人人,人人为我",要"全心全意为人民服务",这是跟社会上的价值观基本吻合的。而现在的家庭文化、社会文化与学校文化,学校所传授的、提倡的文化,却有很大差别,这样就给教育带来了严重的挑战。

学校教育、家庭教育、社会教育三者最好要形成合力,但现在很多是形成分力。比如学校要减轻负担,就要实行素质教育,当然学校本身做得怎样是一个问题,但许多家长不这样做。报纸上刚刚报道的，一个7岁的小孩每个星期要参加6个不同类型的辅导班，这是家庭主导，不是学校规定的。

现在几乎每个家长都希望孩子成龙成凤，而不顾及他们的具体情况。家庭教育本来着重在教育孩子的品德、习惯，这是学做人最重要、最基础也是最核心的。但现在这部分是缺失的，反而是专门在打造一些解题的技能、技巧。

社会文化方面，我们读书的时候，看本书都很难，也买不起。现在书多得不得了，但却是良莠不齐，泥沙俱下，而且垃圾性的娱乐型快餐文化挤掉了优秀文化。但我们孩子们的精神哺育是需要经典，需要优秀文化的，而不是乱七八糟抓一把杂草放进去，这将会影响他们的终生。现在的快餐文化，如《超级女声》《加油！好男儿》等电视节目，都把孩子们的头脑搞昏了。由于他们无生活经验、文化积累，文化判断力很差，基本上是照单全收。这样的一种社会文化，跟我们对孩子的读书做人教育所需要的精神文化区别很大，抵消得很厉害。

《社会观察》：前面讲到现在教育面临社会多元化的冲击和挑战，表现出某种程度的泡沫化和快餐化。在这样的背景下，怎样看待我们传统文化精神在当代教育中的角色和价值？

于：对于传统文化，其实外国也是很重视的。比如英国，像伊顿公学，是不参加什么评比之类的。我并不是说绅士教育怎样，但体现出对本民族的传统很重视。民族文化精髓的部分不能随便丢掉，这一点是很重要的。而我们现在却是把自己的东西铲除得很厉害。这样一来，家庭教育也好，社会文化也好，就变得浮游无根了。

中国传统文化中有不好的东西，有糟粕，这个谁都不能回避，但这其中也有精粹，有灵魂性的东西。几千年的"先天下之忧而忧，后天下之乐而乐"，表现出来的一种担当，从《左传》开始就是这样的。作为一个国家的人，对于一个国家、社会，要有担当，要有责任。宋儒张载讲："为天地立心，为生民立命，为往圣继绝学，为万世开太平。"这种精神对学生是一种很好的哺育，但这些方面，我们现在缺失得很厉害。

一个民族之所以生存，中华民族之所以历经内忧外患，五千年打不垮，归根到底是因为民族文化、民族精神，而不单是民族经济。中华民族历经经济、政治的变迁，之所以能够传承下来，归根到底是文化。而语言文字又是文化的根，对外是一种屏障，对内是一种凝聚，但我们对这些东西缺乏敏感，缺乏深刻的认识。

《社会观察》：原本纯粹、单一的教育领域，为什么现在会如此乱象丛生？教育的本质又该如何理解？

于：这是由很多因素、很多弊病造成的。我始终认为，人做事情有国家、民族这把标尺的话，什么事情都可以做到公正。没有国家、民族这把标尺的话，什么政策都可能走斜掉。我觉得现在的社会道德、教育，一个最大的问题是把做人的底线破掉了。

学校教育应该是"有所为有所不为"，要有定力。但现在学校的定力很差，我们现在说了很多育人的话，行了很多应试的事。读书为什么？读书为明理，明做人之理，明报效国家之理。这一条是无论如何不能放掉的，这条放掉就等于放掉了教育，阵地失守了。现在社会的导向把做人的底线冲得乌七八糟。

什么是做人？"仁而爱人"，心中是要有别人的。为什么"仁"是"人"字旁有个"二"？心中没有别人还怎么爱人？

教育是一门爱的事业，没有爱就没有教育。我一直讲，教育，一个肩膀挑着学生的现在，一个肩膀挑着国家的未来。今天教育的质量就是明天的国民素质。这是客观规律，不以人的意志为转移。所以我一谈到教育，心里就着急，为孩子着急。每个学生都是宝贵的，都是可塑之才。

《社会观察》：作为一名教师，包括个体意义上的老师和群体概念的教师，在当前的社会环境下，如何得到学生、家长以及社会的认可与尊重？

于：关于教师，我是这样理解的。选择了教师，就是选择了高尚。要想发财，就不要来做教师；要想当官，就不要来做教师。教师是"以人为本"的工作，是要以自己的人格引导学生塑造完美的人格，以自己的高尚情操熏陶学生的道德情操，以自己的科学文化素养来培养学生扎实的科学文化基础。

作为一个教师，一定对自己的追求要有清醒的认识。如果没有清醒的认识，仅仅作为一个糊口的工作，那就是混了。教师是不能混的，混的不仅是自己的生命，更是学生的生命，所以说，选择了教师就是选择了高尚。如果没有这个认识，会经不起外界的诱惑。

因此，教师必须要有自己的人格魅力。作为教师，还应有相当的学识，教师传授的是中华优秀文化、人类进步文化，必须对要教授的课程深入进去，自己非常清楚才能教好学生。汉代的韩婴讲："智如泉源，行可以为表仪者，人师也。"德才兼备，方可为师。

《社会观察》：从您自己的切身体验，如何来看待"尊师重教"这个问题？

于：尊师重教，从历史意义和文化内涵来讲，应该说中国是很重视的，包括农村里，过去一个乡村教师都是很受尊重的。

一个社会是不是尊师重教，反映了这个社会的文明程度，也反映了一个社会有没有可持续发展的潜力。这不仅是现实问题，更是一个战略问题。因为要可持续发展，必定需要人才辈出。人是不可能自然成才的，需要学校、家庭、社会三方面的教育。因此，必须去除急功近利的思想，功利主义的思潮对教育有极大的危害。教育要细水长流，才有一定的发展潜力。

我们看西南联大，抗战期间最艰苦的时候都在培养人才。几十年后，现在的院士有很多是从西南联大走出来的。教育不是说今天种子撒下去，明天就能长出来，那是不可能的。教育本身是一个过程，在教育的这个过程中，要传授知识、培养能力、发展智力、熏陶情操。

从教育方面来讲，儒家非常注重尊师重教。尊师重教是仰望星空的事情，因为教育不仅要看眼前的利益，更要看到民族的前景、国家的前途。民族的前景、国家的前途靠的是什么？靠人才辈出，靠素质良好的劳动者以及专门人才。更进一步说是靠卓越人才，不仅仅是专门人才。因此尊师重教不是一个漂亮的广告词，不是一件用来炒作的事情，应该是仰望星空的事情，因为这关系到国家民族的可持续发展。

《社会观察》：对于以"孔子诞辰日"替换现行9月10日为教师节这样的主张，您是怎样看的？

于：以孔子诞辰日来做教师节，当然对孔子本身来说并不是多余的，因为孔子毕竟是圣人，他的价值不止教育一个方面，还有中国传统文化的方方面面。

而现在的教师节，是在当时教师流失、教师队伍不稳定的特殊历史阶段确定的。这样一个节日，是为营造尊师重教的环境而确定的，也可以说它缺乏必要的文化内涵。

对于这种改动的说法，我担心会成为炒作的话题。而且在改的过程中，怎样操作将会有很多问题，要把道理讲清楚，毕竟当时也是有其原因和价值的。

教师节，需要必要的历史意义，但如果把教师节的确立等同于一味崇尚儒学，也有很多不妥的地方。如以孔子诞辰日作为教师节，是有历史意义和文化内涵的，对孔子精神的传承，对孔子学院的建设也有好处。但应该注意可能会产生的问题，在改的过程中要十分慎重，否则会弄巧成拙。

坚持走中国特色教育发展道路[*]

党的十八大报告是我国建设中国特色社会主义的里程碑，彰显了中国人的志气、精神、智慧和胸怀。党最理解教师的心，因为教师一辈子的追求就是把学生塑造成为优秀的中华人民共和国的公民。把学生培养成人、成才是做老师的最大心愿。在教师生涯中，能做到这一点非常不容易，不仅需要主观努力，还需要客观环境等各方面的支持。

要努力办好人民满意的教育，一定要把立德树人作为教育的根本任务。而要实现立德树人的宗旨，首先需要树立教育自信。近30年，特别是近10年来，在普及义务教育、解决一亿几千万的学生有学上这一世界难题上，中国教育取得了显著的成绩，我国所有学段的教育都得到了长足发展。

但不可回避的是，虽然我们进行了很多富有实效的教育实践，但依然缺少自己的教育思想提炼和教育理论研究。从教育内涵到学生培养再到课程改革，我们从理念到做法上大部分都是运用国

---

[*] 本文发表于《上海教育》2012年12A。收入本书时略有修改。

外的教育思想和教育理论。虽然我们不排斥借鉴国外的经验，但今天的中国教育理应树立起自信，拥有自己的话语权和理论体系。

中国的教育需要拥有两个视野，一个是中国历史发展的视野，另一个是世界文明发展的视野。我们要用这两个视野帮助我们树立自信。任何一种学术都具有独立性，其他国家再成功的经验都不能代替自身的独立思考。党的十八大报告明确提出要坚定中国特色社会主义道路自信、理论自信、制度自信。十八大以来，习近平总书记在不同场合多次强调，并在此基础上提出文化自信的命题，这是非常有远见的。中国教育必须从本土出发，树立自己的自信。有了这样的自信，广大教育工作者才能为实现教育发展目标自觉自愿地去奋斗，我们办出的教育才是真正符合中国实际的。

实现立德树人的宗旨，还要坚持走中国特色教育发展道路。中国教育的体量非常巨大，是世界上任何国家无法匹敌的。中国的文化讲究以人为本，这是非常具有中国特色的。老子说："道大，天大，地大，人亦大。"孔子的"仁爱"思想，说的就是，心中不仅要有自己，还要有他人、集体和国家。这与西方单一注重个人发展的狭隘视角是不同的。

新中国成立以来，从"德智体全面发展"到提出"四有新人"，从"素质教育"再到十八大提出的"全面实施素质教育"，显示出我们走中国特色教育发展道路的指导方针是非常明确的。"育人为本，德育为先"是每一个教育工作者必须遵循的。《上海市中长期教育改革和发展规划纲要（2010—2020年）》明确提出"为了每一个学生的终身发展"，如果教育能真正使每一个学生得到终身发展，就能使几千年前孔子"有教无类"的思想在今天得以实现。

坚持走中国特色教育发展道路，一是要贯通古今，梳理我国几千年来的教育史，特别是新中国成立以来的教育成功经验；二是要拓宽视野，能够"左顾右盼"，结合中国国情学习国外的先进经验。在整个教育层面，需要构建家国共同体，要倡导"修身、齐家、治国、平天下"，"先天下之忧而忧，后天下之乐而乐"。教师要能肩负起这样的使命和担当。

教育发展有自身的规律，教育的本质是非常朴实的，教师应当遵循教育规律教书育人。要在教育软实力的建设中攻坚克难，从教育的思想、教育的理念、教育的价值出发，创造出有中国特色的教育。教育规划纲要提出要聚焦战略主题，实现重大突破，这个"战略"和"突破"的核心就是"以人为本"，"全面实施素质教育"。

总之，作为教育工作者，我们要吃透十八大精神，在思想观念和策略上做一番真正的调整，走中国特色教育发展道路，最终对世界教育产生影响。我希望中国在未来的50年中，能拥有属于自己的特色教育学，提炼出自己的理论，再到实践中进行检验。中国的教育一定要在世界上发出声音！

我们这支队伍,这些人[*]

黑龙江省佳木斯市第十九中学张丽莉老师舍命救学生的英雄行为传遍全中国,感动了老老少少亿万人。她是普通的人、普通的教师,为何能有如此震撼人心的力量?且不说她对学生的爱、对事业的敬、对同事的真,也不说她对伤病的超强意志和对前景的乐观坦然,就其实质而言,仅一句话概括:灵魂崇高。

她是中国基础教育的骄傲!

由此,我联想到我们这支队伍。最近中央媒体走基层,寻找最美乡村教师,报道了许多真实而生动的故事。每次看报道,心中总会涌起冲动,让人洗涤私欲,净化感情。那么平凡、那么普通的教师,在乡村坚守10年、20年,乃至30年,面对贫困不言苦,面对艰难勇向前,对社会敢于担当,对学生心怀大爱。他们犹如灿烂星空中的闪烁小星,虽不知名,但却给我们以无限的希望。

教师的思想道德水平可以说是处在社会道德建设的前列。全国有一千多万中小学教师,他们默默耕耘在培养学生成长、成人

---

[*] 本文发表于《中国德育》2012年第16期(总第88期)。

的第一线、播撒青春、艰苦备尝、无怨无悔，他们经常背负着不能承受之重。时代发展快，教育要求高，误解、指责、怪罪，脱离国情与地情的任务加码屡见不鲜，但绝大多数教师并未把责任推向客观，而是认真学习、努力改进，力争与学生共同成长，志在教育实践中不断修炼，成为高素质、专业化的教师。毋庸讳言，这样庞大的队伍中出现一些违背师德的人和事，的确令人不齿，但可贵的是同行不仅不认同，而且认为其有损于队伍的形象与声誉，应加强教育，并以此发挥警示作用。

这支队伍是可爱的，深入他们当中，你会发现，无论社会环境怎样变换，总有一些宝贵的东西在他们身上默默传递。

坚定不移的价值取向

人一辈子都活在价值观中，一辈子都在进行价值取向的选择。价值观是人生的标尺，它决定了人生的境界。

在社会转型、价值取向多元的现实生活中，许多职业扎堆成团，炙手可热，而教师职业还有几分清凉，几分执着。选择教师，选择向青少年学生传承人类精神文明作为自身的追求，就是一种志气、一种境界。

选择教师，就是选择了高尚，选择了与国家前途和命运紧密相连的教育事业。教师是以人育人的工作，许多教师深知，要用自己高尚的人格去引领学生形成健全的人格，以自己的真才实学启发学生旺盛的求知欲。只有自己不断修炼，成为师德高尚、业务精湛的人，才能成为指导学生选择正确人生道路的引路人。

在深刻的社会变革转型之中，多种经济发展模式并存，生活方式越来越多元，利益分配方法与价值观念交织在一起，原有的价值标准、道德理念失衡、失范、失律，许多教师选择了奉献教育、为国育才的价值取向，是蔡元培、陶行知等教育大家忧国忧民、为国为民奉献崇高精神的薪火相传。

不说全国范围的感人事迹，看看周围的平凡教师，就可从中吸收到不少精神养料。如坚守在上海郊区的优秀教师，包括特级教师，他们经受住中心城区以及其他行业高薪的种种诱惑，全身心地哺育农村学子成长。又如不少参加教育培训的年轻教师，把学习实践、接受培训看成精神上的福利，有的写下了这样的心声："教学工作再忙，应试压力再大，事务性工作再烦琐，也依然挤出时间去学习。一年半中，从不上网聊天，未看一集热播电视剧，更是与网游绝缘。培训让我真正懂得了终身学习的意义，品尝到学习的无穷乐趣。育人先育己！"

教师不是生活在真空地带，不可能不食人间烟火，关键在于信奉怎样的价值观，选择怎样的价值取向。我自己就面临过高位、高薪、汽车、房子的诱惑，我都婉言谢绝了，因为教师是社会的良心，千万不能为金钱、物欲所俘虏，成为它的奴隶。《礼记·乐记》早就深刻指出："夫物之感人无穷，而人之好恶无节，则是物至而人化物也。"我铭刻在心，在金钱至上、物欲横流的大潮中更须以此为警诫。

教师爱教育、爱学校、爱学生，他们在教育实践中不断进取，升腾起来的理念是：思路决定出路，行为决定作为，定位决定地位。学校给我一块土壤，我还学校一片绿洲。这就是我们的普通教师，对教育事业有一颗金子般的心。

倾注心血的大爱之情

  教育事业是爱的事业,没有爱就没有教育。师爱超越亲子之爱。亲子之爱源于血缘关系,父母爱子女是人的本性和本能。教师和学生之间无血缘关系,但只要是诞生于我们这块多情土地上的孩子,教师都要倾注心血,千方百计把他们教好,因为其中寄寓了国家的期望与人民的嘱托。这是沉甸甸的历史使命,须有高度的责任感,须有仁爱之心、大爱之情。

  对学生能否满腔热情、满腔爱,实际是教师对教育价值能否深刻领悟、能否不断净化感情的问题。教师只要内心真正觉醒,把日常千件万件的教育教学小事与国家的千秋大业、人民的幸福追求紧密联系在一起时,就会觉得身上挑着千斤重担,一头挑着学生的现在,另一头挑着国家的未来。今日的教育质量,就是明天的国民素质。觉醒意味着,不仅领悟教育工作非凡的意义,而且真切体验到每个孩子都是国家的宝贝、家庭的宝贝,此时此刻,师爱就会在胸中激荡。

  学生进入学校学习,虽只有短短几年,在人生长河中仅仅是一阵子,但这短短一阵子往往影响他们一辈子的生活道路。万丈高楼平地起,关键在于基础打得牢不牢。做人的根基扎得正,扎得牢固,学生就会一辈子受益不尽。更重要的是,一个人只有一次青春,青春是无价宝,国家把学生青春年少、风华正茂的时期交给教师培养,这是对教师的极大信任。如果不充满爱心去培育,岂不浪费学生青春?这是对国家、对人民、对学生的大不敬。基于这样的认识,许许多多教师锤炼自己的感情,用"有教无类"

的博大胸怀,对每一个学生施以爱的教育。资优的、学困的,开朗的、内向的,家庭和谐的、破碎的,生活富裕的、贫穷的……都想方设法根据不同情况言传身教,学业上、生活上、性格上、习惯上关怀备至,不是亲子女,胜似亲子女,以大爱的细流滋润他们的心灵,促进他们健康成长。

什么叫大爱?就是没有任何条件、没有任何私利的爱,它源于仁爱之心。亚里士多德说过,善有外在的善、身体的善和灵魂的善,灵魂的善是真正的最具卓越意义的善。几十年来,我一直在教育第一线,耳濡目染、亲身实践,深刻领悟到教师生涯中最大的事就是一心为学生,不是说说,而是身体力行,倾注心血去做,持之以恒地做,做出效果,这就是真善,就是仁爱,就是大爱。哪所学校、哪个地区、哪个省市没有生动、鲜活的爱生故事?教师中不胜枚举的爱生故事汇聚成道德中爱的洪流,与社会上那些自私自利、刻薄寡情形成鲜明的对照。尚善、尚美、尚爱终将驱散丑恶。

对专业发展的执着追求

德性与智性是生命之魂,思想道德素质是人的理想信念、价值观念、道德观念、法治观念等方面的综合体现,它决定并影响着智力的发展与发挥;科学文化素质是通过知识传授、能力培养,开发学生的潜能,使他们的智力获得发展,形成良好的认知结构。在发展智能的过程中,须注意学生情感的激发、意志的培养和正确价值观的形成,三者是不可分割的整体,互相融合、渗透、贯通。要培养学生的德性和智性,教师须强化自身的综合素质。为此,师德高尚、业务精湛永远是每一位教师执着追求的目标。

上好课，是教育改革的原点，也是教师的真本事，然而，要上好课确实不易。信息如潮涌，学生的信息渠道畅通、视野开阔、想法很多，要让学生学有兴趣、学有所得、学能开启智慧，实非一日之功。有思想、有抱负的教师，钟情于自己的学科教学，不受教学参考书的羁绊，不信教学时尚的忽悠，不受分数评价标准的束缚，更不信题海题库、一课一练；而是独立思考，刻苦钻研课程教材，把握知识的来龙去脉，突显教学的核心价值；他们还研究学情，深入了解学生对所学学科的内在需求，选择合适的途径与方法，引领学生在求知过程中品尝快乐与成功。他们的非凡勇气在于跳出"育分"的怪圈，回归"育人"的教育本质。

举例来说，一位坚持学科教学必须"育人"的语文教师，叙写他多年实践的体会中有这样几句话："教师所需做的就是带着学生，沿着文字，走进作者的生命世界，去倾听、去感悟，给学生自由思考的空间与表达的机会。在课堂上，我们为学生打开了一扇门或是推开了一扇窗，让学生怀着莫大的好奇穿过门、透过窗，进入更为广泛的语文天空，体验、收获、感受生命的美好，聆听生命的絮语，丰富生命的内蕴，语文教学的生命由此盛大空灵。它们形成了我的教学思路，成为我作为一名语文教师的生命底座。"没有唯"分"，没有拼"分"，而是遵循教学规律、遵循学生认知规律，阅读、表达、观察、实践，学生德性、智性获得有效培养，毕业选拔考试成绩极佳。

每一节课都会影响学生生命的质量，许多教师已经清醒地意识到这一点，为此，在工作十分繁忙的情况下仍然坚持学习、进修，坚持科研，双休日参加学习培训已屡见不鲜。教研组、备课组是教师专业发展的实体，各个层面的教师都形成带教的成长链，以真问题驱动真教研，帮助教师解决真问题，促进教师专业发展。

对学生丹心一片，对业务执着追求，坚守教育的神圣，创造育人的业绩，这是我们这支队伍、这些人的永恒追求。

要建立自己的教育话语权 *

"教育要面向现代化、面向世界、面向未来"是邓小平同志 1983 年 10 月 1 日为景山学校题的词。这一题词用高度概括的语言表达了邓小平同志教育思想的精髓,是邓小平同志建设有中国特色的社会主义理论的重要组成部分,是新的历史时期教育改革和发展的战略指导方针。

"三个面向"的价值与意义非比寻常

今日再次讨论"三个面向",更是深切体会到其价值与意义的非比寻常。尤其是经过近 30 年波澜壮阔的教育实践,更显现其思想光芒。"三个面向",首先是教育理念上的更新与革命。传统教育有一个根深蒂固的强大力量就是"学而优则仕",似乎办教育就是为了让学生升入高一级的学校,一级一级升的最终目的又是什么呢?成就"仕",成为"人上人"。不言而喻,这种人是可以脱离劳动生产、脱离劳动阶层的骄子。教育目标的偏离,

---

* 本文发表于《上海教育》2012 年 9B。

必然导致教育功能的片面与弱化。科教兴国是我们的大政方针，但并不是任何教育都可以"兴国"的。教育必须方向正，目标明，扎根于国情土壤，措施实在、有力，方能取得振兴国家的效果。

"面向现代化"，就是要求教育全面适应社会主义现代化建设的需要，从宏观到微观做系统思考，既思考如何为物质文明建设服务，又思考如何为精神文明建设服务，更要聚焦在人的培养上，深入思考、研究社会主义现代化建设需要怎样的建设者，怎样的可靠接班人。这是教育功能全方位思考的问题，而培养怎样的人，培养的人为谁服务，又是重中之重，是教育的核心价值所在，关系到民族素质的高低，具有影响建设全局的战略意义。

面向现代化，当然不能关起门来搞教育，自我封闭，而是必须面向世界。在怎样的全球背景下办教育？世界各国教育的状况怎样？它们是怎样办教育的？尤其是发达国家办教育的经验，我们都要比较、对照，科学地分析利弊得失。有了国际视野，知己知彼，心中更有谱，才更能认清前进的方向。培养的学生当然也要有国际视野，要立足本国，放眼世界，具有参与国际社会生活与竞争的能力。他们不仅要有中华优秀文化的底气，更要以开放的心态善于学习与吸收人类创造的文明成果，还要提高文化识别力、判断力，抵制西方种种腐朽毒液的入侵、浸染。

教育是未来的事业，以往的错觉是：教育是用过去的知识教眼前的学生。把"传授"、把"眼前"看得很重。"面向未来"打开了教育的新天地，凸显了教育的战略性，针砭了教育中鼠目寸光的弊病。教育是为未来社会培养人才，教在今天，要想到明天，要以明日建设者的要求来指导今日的教育教学工作。没有这样的高度，社会视野狭窄，就会囿于已经筑成的墙垛，在其中转来转去。教育预测未来的这一特点，经济学家成思危说得十分精辟："经济只能保证我们的今天，科技可以保证我们的明天，只有教育才能保证我们的后天。"

"面向"不是照抄，不是移植，更不是贩卖

与30年前对"三个面向"题词的学习相比较，现今的认识与理解要深刻得多，周全得多，而这些认识与理解相当程度来自于教育实践。教育实践取得的巨大成就又是在对"三个面向"战略指导方针不断提升认识、不断加深理解的指导下取得的。理念指导行动，教育改革和发展已取得累累硕果。

别的且不说，单说普及义务教育，那么宽广的地域，穷乡僻壤，高原峭壁，全覆盖；那么多的学龄儿童都入学，一亿几千万的学生都接受义务教育，这是怎样庞大的数量啊！如此的教育成就在世界上亦算是首屈一指，应该是中国特色的办教育。然而，在日常教育教学工作中，在听报告、进修、开展教学科研时，洋概念、洋语言无处不在，给人的感觉常常是"言必称希腊"，我们几乎没有自己的教育话语体系。这是为什么？

原因甚多，举其要而言之，首先是盲目崇拜的矮人思想在作怪。教育改革与发展、教育质量的提升必须要有先进教育理念、科学教育思想指导，欧美等西方国家有些教育理论确实比较科学、比较先进，有些做法与经验也值得学习、值得借鉴。教育本身就有很强的包容性，它承认不同教育之间需要互相了解、借鉴，看到人家好的就学，学了根据本国情况吸收、剔除、改造、创新。

"面向世界"是打开视野，知己知彼，学别人之长；"面向"不是照抄，不是移植，更不是贩卖。任何教育理论的形成总有其特定的时代背景、历史文化土壤、社会需求、环境条件，其中有普适性价值的，但地域特色常常十分鲜明，并非放之四海而皆准的真理。不深究这些理论、理念、经验、做法的来龙去脉，不深究它们的环境、条件，不深究它们在哲学高度、人文高度、科学高度能经受怎样的检验；不深究它们在付诸实践中的利弊得失，只要是引进的，就是好的、先进的，以强势语言宣传、推行；谁满口洋概念、洋术语，谁就是先进教育理论、理念的布道者，听的人只好噤声失语了。

与此同时，是对中国教育的鄙薄，不管是传统的，还是现代的、当代的。中国教育有深厚的资源，有正面的、负面的极其丰富的积累，但不了解，不研究，不珍惜。一谈改革，一谈发展，它就总是处于被批判、被否定、被消解、被解构的无奈地位。无形之中，我们就成了思想上的矮子，丢失了教育自主的话语权。《中国震撼》的作者张维为说过这样一番意味深长的话："一个只会用别人话语的民族在世界上是没有分量的，中国人要用自己的话语来解释中国和世界。中国崛起的过程也必然是一个中国话语崛起的过程。"教育何尝不是如此呢？

教育话语权的作用不可小视。时至今日，搞课题，写论文，不引用外国教育理论，不引用外国教育家某某话语作为语录，似乎就没有水平，不够先进，不够前沿。更有甚者，我们教育实践、教育研究的进步、成效，常作为论证这些理论、理念的证据。独立之思想，自由之精神，何处去了？搭到"外"字，就有理论水平，科研立项也好，职称升迁也好，往往就有绿色通道之便。

话语权会影响许许多多做法。比如考试，客观题科学，主观题欠科学，不能量化，评价成绩有差异。这种说法有一定的道理，但是一下子推行标准化试题，对几乎所有学科全覆盖，无视不同学科的不同性质特点，实践下来，弊病甚多。最厉害的是衍生的一课一练，题海题库，铺天盖地的教辅，赚的是家长的钱，害的是学生的青春。机械操练几乎剥夺了学生课外读书的时间，消解了他们的好奇心，消解了他们强烈的求知兴趣与奇思妙想的创造意识。教育行政部门一再采取措施规范、制止，但收效总不理想。思维成定式，更由于巨大利益的驱动，要改变当然十分困难。其实，标准化试题对课程教材教学的冲击同样不可小视。课程整体框架在教学中淡化，知识点大大流行以提高押题率，教学中碎片化屡见不鲜。

建立自己的教育话语权关键在回顾走过的路

建立自己的教育话语权并非争语言上的短长，更不是说大话、空话、不着边际的话。我们的教育话语权有大量的教育实践做支撑，有教育硕果如普及义务教育这样的人类教育史上的奇迹做支撑，有丹心与智慧浇铸而成的许许多多教书育人的经验做支撑。且不说别的，单是最美乡村教师对教育事业的信仰、奉献，对学生的至诚至爱，克服困难的坚强意志，白手兴办学校的创业精神，就显现了中国教师在教育事业中的脊梁作用、硬骨头精神，值得大说特说，大写特写。

建立我们自己的教育话语权是对我们国家民族的尊重，是对我们自己教育的敬畏与自信，是在从事教育工作的人，特别是在第一线的教师的心中点燃希望之火，用温暖支持他们挺直腰杆做培育学生成长、成才的大事，摆脱矮人一等的困境。

　　建立我们自己的教育话语权就要认真回顾、梳理、反思这30年来我们教育走过的路。要清醒地认识到：我们向国外学习了哪些好的理念、好的经验，融入我们的教育文化、教育理念与教育实践之中，促进了我们教育的改革与发展；又有哪些以偏概全、烦琐纠结、真伪参半乃至伪理论、金钱教育等对我们进行干扰与忽悠。分辨清楚，方向才会更明，才会消除教育中不该有的乱象。我们更要下决心静下心来认认真真研究中国教育有哪些优秀的传统，哪些是不符合"三个面向"战略指导方针的，在改革与发展的进程中，哪些弊病是障碍，须克服、须清除。研究自己的历史与现状，扎根于本土，才会有真发展，才会形成有中国特色的教育理论，从宏观到微观，从理念到举措，既有思想的光芒，又有中国教育泥土的芳香，是鲜活的，充满勃勃生机的。偌大的受教育群体，偌大的教师队伍，文化土壤深厚，旧教育历时久远，新教育积累的正反经验丰富，总得建立中国自己的教育学。

　　新中国成立60多年来，中国教育有许多可圈可点值得骄傲之处。如以往有限的教育经费支撑着庞大的教育工程，由于自强自信，发挥艰苦奋斗的创业精神，取得了培养青少年的巨大成果；如小学启蒙阶段良好学习习惯、良好卫生习惯、良好做人道德习惯的养成有一整套行之有效的教育方法；如理想教育渗透到学习求知当中，既从小树立学生胸怀大志的根，又不断引领学习的目标、方向、动机，激发学生旺盛的求知欲；如学校坚持全面实施国家教育方针，千方百计促进学生德智体美全面发展；如学生在课堂上深度质疑，课后在简陋的操场上龙腾虎跃，听文学讲座、科普讲座全神贯注，如课外各种各样的活动小组，生龙活虎，当家的全是学生，至于互帮互学、一人有事大家帮，更是常见的风景……举一点例子无非是要说明我们自己的教育蕴含着不少宝藏，值得深入研究，从中提取精华，为全面推进素质教育提供坚实的基础。历史预示未来，对历史以虚无主义对待，恶果是消解了民族自信心。

以"三个面向"为指针，审视我们教育的历史与现状，解放思想，实事求是，改革发展，再创新的业绩，让我们的教育话语铿锵有力，鼓舞士气，传播四方。

以教育自信创建自信的教育[*]

改革开放 30 多年来，我国教育事业取得了巨大的发展，成绩举世瞩目。且不说教育全景从学前教育到研究生教育、到终身教育量和质的跨越式变化，单是普及义务教育的成效就值得骄傲。那么宽广的地域，穷乡僻壤、高原平川全覆盖；那么多的学龄儿童都入学，一亿几千万的学生都接受义务教育，这是怎样庞大的数量啊！如此的教育成就在世界上应该是首屈一指、史无前例的，值得自豪。

教育成就是中国人创造出来的，实实在在地放在那里。快速发展中出现这样那样的问题，乃至深层次、十分棘手的问题，本不足怪。然而，熟视无睹者有之，不理解者有之，期盼毕其功于一役者有之，与此同时，非议、抨击，亦不绝于耳。许多教学第一线的教师常常感到茫然，这么说，那么说，简直不知道课该怎么上，教师该怎么当，越教越不会教了。毋庸讳言，教育现状的形成有众多原因，但喧嚣背后教育自信的缺失，应格外重视，深入思考。

---

[*] 本文发表于《人民教育》2017 年第 2 期。

我国的教育巨轮承载着50多万所学校、1亿多学生,承载着13亿人民的美好期望,要"直挂云帆济沧海",办好中国特色、世界一流的现代教育,教育自信必不可少。有自信才会有自觉,有自信才会有清醒,有自信才会有定力,始终维护和建设我们的教育家园。充满自信,能意气风发,潜力迸发;自信缺失,则会犹疑摇摆,甚而随人乞讨。

教育自信的树立可从回顾走过的路说起。

历史不能割断

教育一说到传统,就是落后,就是保守,就是一无是处,甚至把科举制度的弊端也全栽赃到教育身上。五千年中华文明之所以一脉相承,从未断裂,不能不说教育在其中发挥了重要作用。

中国不是教育穷国,历来尊师重教。从孔子到蔡元培,留下了丰厚的教育遗产,其中精华仍光照人间。如以人为本,追求思想与人格的完美;有教无类,因材施教;不愤不启,不悱不发,学思结合。务本求实,匡时济世;思想自由、兼容并包等教育核心价值、核心理念,千百年来无数仁人志士探讨、实践、批判、修正、提升,积累了极其丰富的正反两方面经验,昭示后人读书与做人须紧密结合,读书为明理,明做人之理,明报效天下之理,"在亲民,在止于至善",不断自我修养,达到"至善"的境界。北宋张载的"为天地立心,为生民立命,为往圣继绝学,为万世开太平",更是把育人的终极价值推到极致。

历史不能割断,历史装载着民魂。传统教育中有精华,亦有糟粕,采用辩证唯物主义和历史唯物主义的态度,做具体的、实事求是的分析，取其精华，去其糟粕。精华也要因时代需求而加以发展，使其更具丰富内涵，更显育人光彩。如若采取虚无主义态度，连我们教育的根在何处、魂在哪里都不知晓，那便只能随风飘荡，听凭他人说短长了。

不说数千年的历史，单是中华人民共和国成立以来办的教育，可圈可点之处就非常多。我们的教育方针、培养目标，我们的理想教育，引领着教育的方向；在一穷二白的基础上，用有限的教育经费，办规模极大的教育，彰显的是中国人的志气和艰苦奋斗的精神；自我认识，自我挑战，边干边行边改进，积蓄改革动力，渴望力争上游成为发展的现实。即使到基层学校，校园里有些美丽的风景至今仍让人怀念。主题班会上，十六七岁的高中生谈学习动机，谈人生梦想，交流，碰撞，那份热情，那份豪迈，令人欣喜。清晨，阳光还未露脸，操场上长跑的学生已熙熙攘攘，为祖国锻炼身体，强壮体魄。下午放学后，操场上龙腾虎跃，各种体育锻炼，跑的、跳的，各种球类竞赛，欢声笑语。文学讲座，科普讲座，学生社团活动，座无虚席。那种身心健康发展的美景，难道不是教育的宝贵财富吗？班级基本是学生自主管理，学生干部起核心作用，教师当参谋、做指导，学生自治自律能力在实践中获得锻炼，获得提高。这不也是很有价值的教育财富吗？

扎根中国大地办教育，既要回应现实关切，又要展望未来图景，也要认认真真回顾历史。历史是理智的启迪，它给追求理想的人新的起跑线，从中吮吸精华，能增强民族自信。

摆脱思想矮子心态

不知从何时起,我们的教育话语系统悄悄发生了变化。一系列教育政策、措施,都是具有中国特色的,从中国的国情、教情、学情出发,切实解决实际问题;但一进入教育专业,对传统教育就不屑一顾,铺天盖地是外来的教育概念、教育术语、教育做法。

当今时代办教育,必须放在国际大背景中思考,必须有开放的心态。社会迅速发展,急剧转型,人们对教育的期望值越来越高,家长们急切、焦虑地期望自己的孩子在日后的竞争中胜出,并能独占鳌头。教育从来没有遇到过如此复杂、如此严峻的挑战。在这样的状况下,进行教育改革,提升教育质量,需要有先进的教育理念、科学的教育思想做指导。欧美等西方国家有些教育思想确实比较先进,有些做法与经验也值得学习借鉴。教育本身就有很强的包容性,它承认不同教育之间需要相互了解、相互借鉴,看到人家好的就学。因此,中外教育进行比较,介绍与引进先进的教育理念和做法是必要的、无可非议的。树立自信,不是故步自封、拒绝学习外国,而是要深入、全面地研究学什么、怎么学,要根据我们的国情决定取舍、改造、创新,要以我为主。

打开视野,学别人之长,不是照抄照搬,不是移植、贩卖。任何教育理论的形成总有其特定的时代背景,特定的历史文化土壤,特定的地域特点,特定的社会需求、环境条件,其中有的理论具有普适性价值,但由于地域特色十分鲜明,并非放之四海而皆准。不深究这些理论、理念、经验、做法的来龙去脉,不深究它们的环境、条件,不深究它们在哲学高度、人文高度、科学高度上能经受怎样的检验，不深究它们在付诸实践中的利弊得失，只要是引进的，就是好的、先进的，以强势的语言连篇累牍地宣传，在教育教学实践、课题立项、论文评审、校绩教绩考核评价等方方面面推行，其广度深度前所未有，影响之大，几乎是全覆盖。讲话、写论文以引用外国的教育话语为有水平，为先进、前沿。更有甚者，常常将我们的教育实践、教育研究的进步与成效，作为论证这些理论、理念的证据。我们独立的精神、自主的思想何处去了？有些教师不无忧虑地说："我们在给西方教育打工，不仅话语改变，名词术语一大堆，就连思维方式也开始改变了。"

教育面向世界，以国外为借鉴本没有错，问题在于不能鄙薄自己的教育，历史的、现代的、当代的，都批判、否定、消解、解构。21世纪初，一位先生在报纸上发表的《最后的遮羞布》一文，对中国基础教育讨伐鞭挞，对美式教育向往仰慕，可谓是"外国的月亮比中国圆"的思维定式的倾心表露。一切以西方的教育观念为最后依据，仰视别人，甘愿做思想的矮子，这种心态很可悲。教育不能光点洋烛，我们有独特的历史、独特的文化、独特的国情，中国教育必须有中国人自己的灯火，走中国人自己的路。就专业而言，也不是只能任人说短长。改革开放以来，我们的育人理念、课程改革、队伍建设、制度创新等随着时代的要求均有突破性发展，其中不乏具有中国教育特色、中国教育个性的符合学生成长规律的理性思考与实践经验，闪亮之处不少。这些饱含着中国精神的教育财富，是当代中国教育人群策群力奉献智慧的结晶，完全可以挺直腰杆充满自信地与国外平等交流。近年来，

8000所英国小学在数学课堂采用"中国模式"就是明证。学习外国，必须坚持中国立场，摆脱矮子心态，改变永远甘当学徒的身份。唯其如此，方能拿出眼光，自主选择，趋利避害，真正以他山之石攻我教育之玉。

当下更须警醒

通常的情况是：从事教育的人，特别是从事教育实践的人，习惯于就教育论教育，兴奋点往往在教育的技能技巧，较少思考教育的战略意义和育人高度。教育从来是国家的、民族的事业，任何国家均如此，它的核心是价值塑造、价值追求。我们教育追求的价值观是培养我们的教育对象深刻领悟并身体力行。中国人就是中国人，要热爱中国，为中国服务奉献是天职，是自己的责任担当。这个价值一旦丢失，教育就失魂落魄，丢了民族精神的根、爱国主义的魂，于国于民，都会发生危机。

精心价值塑造，坚守价值追求，确实极其不易，面对国内外环境的挑战，必须保持清醒。早在20世纪末美国国家安全委员会就这样说："一个国家有计划地运用宣传和其他非战斗活动传播思想和信息，以影响其他国家人民的观点、态度、情绪和行动，使之有利于本国目标的实现。"他们的专家说得更直白："让被宣传的对象沿着你所希望的方向行进，而他们却认为是自己在选择方向。"霸权主义如此宣传的目的是让第三世界人崇"美"忘本，其重要性"与空军一样不可或缺"（引自王岳川《当代西方最新文论教程》，复旦大学出版社2008年12月版）。他们不仅这样说，而且通过各种渠道，在以各种新名义、新手段扎实地做。我们培养的对象是独生子女的大群体，基本上是在宠爱与呵护中成长的，不懂世事几乎是常态。接受基础教育的学生还是未成年人，生活经历少，无厚实的文化积淀。文化识别力、文化判断力比较差，面对网络时代声、光、形大肆渲染的东西，很容易不加辨别照单全收，有时甚至错把腐朽当神奇。社会上多元价值的冲击，尤其是个人第一、金钱至上、享乐追求等迷雾的浸染，学生往往受害而不自知。学生成长中价值迷茫的问题不可小视，要积极疏导，花大力气以理想信念引领。为此，立德树人是我们应该自觉肩挑的刚性责任。

立德树人应认真落实到学科教学之中。任何学科的教学之中都蕴含着教学生做人的丰富资源。知识的创建饱含着人们追求理想的壮志、不懈奋斗的精神和为人民造福的情怀。人文学科里珍藏着的忧患意识、家国情怀、虽九死而不悔的责任担当，数、理、生、化等学科传授的数字、原理、公式、定理背后，蕴藏着丰富的敬畏自然、探索奥秘、寻求规律、追求真理的思想道德财富。然而，由于功利主义的喧嚣、工具理性的干扰，往往只见知识的工具性，只注重其实用性功能，而剥离或阉割其内在的精髓。马克斯·韦伯曾把理性分为两种：价值理性与工具理性。理想主义就是一种价值理性。他指出，现代人采取了一种新的理性标准，用工具理性代替价值理性，终极目的、价值不重要，重要的是设定一个具体的、功利的目标，采用最合理有效的方式。其实，"工具"浸透"功利"，还有什么理性可言。基础教育中存在的为考而教，为考而练，分分计较，为获取1分、2分、3分，没完没了地操练，就是这种理念、这种思潮的具体体现，导致学生不堪重负，甚至厌学。为了"应试"的具体目标,"没心没肺把我们的孩子撞倒了"。

什么叫教育?教天地人事,育生命自觉。办学者、执教者要铁肩担道义,负责地、深情地培育学生精神成长,以中华优秀传统文化与人类精神文明的精华滋养学生的心灵,引领他们在复杂的环境中能站稳脚跟,明辨是非美丑,积极向上,健康成长。课堂教学该施以怎样的教育影响学生精神的成长、生命的质量?其实任何学科教学都具有教育性,要使学生的核心素养落到实处,实现"学力形成"与"人格形成"的统一。其关键在于执教者须牢固树立教书育人的意识,并切实身体力行,摆脱功利主义的裹挟,回归教育的本旨。只有回归教育的初心,执教者才会有慧眼发现与挖掘学科中固有的、极有价值的育人资源,才会有巨大的热情与聪明才智把德智有机融合起来,既有知识传授、能力培养,又有情感态度与价值观的熏陶感染,营造积极向上的学习场,学生就能享受到求知的愉悦和精神获得滋养的快乐。教学领域在功利第一、工具理性上有大突破,方能真正提高质量,否则,难以真正改变重术轻人的状况,育人的概念在外围飘,深入不到根本之处。

在课堂教学中,师生之间、生生之间精神交流、思想碰撞的精彩纷呈状况很少涌现,相当程度是由于受到评价标准、评价内容、评价方式的制约。

评价是必要的,但怎样评价,怎样能真正促进教育公平、公正、高位均衡发展,是篇极其宏大的文章。要从中国的国情、教情、学情出发,制定相应的措施,其细致、复杂、艰巨的程度难以言表。评价牵着教育的"鼻子"走,以考定教中的许多无奈就是一例。

众所周知，从英国18世纪60年代工业革命以来，世界上基本是"工业"说话、欧洲人说话、西方人说话，至今未能根本改变。我们现在使用的概念体系、知识体系、话语体系都是西方的，而西方对这些概念的界定和我们不完全一样。比如对学校、对教育方方面面的评价，是否要如此繁复、琐细，致使被评价者专注于一个个枝枝节节，整体思维、精髓把握无形中被逐步消解。又比如过度强调量化，认为量化就是科学。其实定性、定量在评价中各有自己的功能，关键在于怎么运用。用测量学的办法评价、衡量人文学科成绩的优劣得失，实在难以"客观"，用量化手段又怎样来衡量情感态度与价值观？拓宽视野，借鉴他人，引进无可厚非，但要从本国、本地区的教育特点出发，改造创新，具有中国的话语、中国的思维。

坚守中国立场，拥有世界视野，以教育自信创建自信的教育，走自己的路，我们的定力将更强大，我们的前途会更宽广。

第二篇

语文教育真谛的探究与反思

初心浅述

　　从教语文开始，数十年来，有些问题一直萦绕脑际。我试图寻求比较接近学科本源的答案，以求学生真正受益。这些问题就是：语文是什么？中学语文教学究竟应教什么？达到怎样的目的？

　　最早，我对语文学科的性质、目的、功能几乎处于无知状态，只知按照语文教材编写意图一篇篇教下去，书教完了，任务也就完成了。一是由于我非中文系科班出身，对于中学语文究竟该教哪些知识心中无底，除了读课文、写作文外，其他均不甚了了。二是未经过职后培训，语文课应是什么样子也不得而知。三是无听老教师课的福分，不可随便进别人课堂听课，故而缺少借鉴。再加上没有教学参考资料，只好自己摸索着前进。我不断回忆自己接受语文教育的情况，从中吸取养料。高中语文教师教古文，全用串讲形式，疏通文字，讲出精神；初中语文教师以教现代文为主，教起来全身心投入，文学味道很浓，我很受感染，第一次领悟到语言文字诉说什么，怎么诉说，诉说取得怎样效果与要表达的内容紧密相连，不可分割。我课余自修，从语音、语法到中文系须必修的课程，发现了许多自己难以破解的难题。比如语法，比照各位著名语法专家的专著，我发现，不管运用哪一家的理论，有些语句都难以剖析，不能自圆其说。从《马氏文通》以来，我们的各种语法体系，基本是舶来品，不是从汉语现象抽象出来的语言法则。教学时有些问题只能含糊其词。有个阶段，我简直感受到我们的语文教科书就是大拼盘。多种文体的选文加语法、修辞、逻辑、文学常识，而后者犹如"压缩饼干"，在有限的篇幅里，要系统传授这些知识，只能是夹生饭，半生不熟。知识当然要教，教什么？怎么教？在教学实践中不断碰到难题，使我不得不一再追问：语文是什么？教学生学语文的根本目的何在？

我历来认为我们从教的学科虽冠以"语文"二字，但它的本质是教授母语，在引领学生理解与运用祖国语言文字的同时，还需要引导学生热爱中华优秀文化，提升气质与品格，创建自己的精神家园。但在实际教学中，无论是教师还是学生，母语的意识都十分淡薄，谈不上对祖国的语言文字有骨肉亲情。较长时间以来，除了"左"的思想对学科教学的干扰外，讨论、评价语文教学质量，往往都聚焦在实用功能这一点上。虽然其中有"文道之争"，但并未改变或影响以实用训练为根本价值取向的方向。

"文革"时期，语文学科与其他学科一样遭受严重的摧残，这已无从论述。粉碎"四人帮"后，教育拨乱反正，迎来了春天。语文教师信心百倍，要专注教学，把失去的时间弥补回来。教学如何开展，又碰到语文教什么的问题。当时在大小座谈会上有一种看法占压倒性优势，即语文教学就是抓语文知识的传授与语文能力的训练，内容、思想，"水到渠成"，什么时候讲思想教育，什么时候就质量下降。有这种想法不足为怪，因为"文革"期间就是挥舞"政治挂帅"等大棒来践踏学科教学的。然而，教育从来是有计划有目的地进行的，有意识与无意识地实践，效果迥然有异。再说，语文教学中结合语言文字的教学渗透育人的思想教育，就性质、目的、做法等任何方面来说，与"文革"中鼓吹的没有丝毫共同之处。为此，我写了《既教文，又教人》一文，发表于《语文学习》杂志1979年第3期，以自己的教学实例及理性的认识与语文同行探讨。

20世纪70年代末80年代初，语文教学正处于拨乱反正的起步阶段，语文教学主体思想不够明朗，教研力量不足。刚刚打开国门，西方的教育理念、具体做法通过一些渠道开始流入国内。当时有些说法很时尚，有些人就动了心。比如说，学语文就应该听说领先，外语就这么学的，人家外国学语言就这么学的。又比如，外国人学语言学六年，最多学到初中，我们的语文教学初中三年应过关。再比如，外国人语言训练很科学，序列化，我们的语文教学就应科学化、序列化，要分解再分解。总之，林林总总，各抒己见，总想能提高语文教学质量。大家解放思想，积极进行改革，用心良苦，其中也取得了一些宝贵经验。但认识上的模糊乃至偏差会影响语文教学的健康发展。于是，1981年，在全国中学语文教学研究会第二次年会上，我不揣冒昧做了题为"谈谈语文教学研究中的几个问题"的长篇发言，提出了语文教学研究的基本思想与基本方法，提出了既要学习外国，又要清醒地认识我国的语言文字与外国的拼音文字的区别，他们的语言课程与我们语文课程内涵的区别，提出了要走出一条科学的有中国自己特色的中学语文教学的道路。当时年会在福州召开，《福建日报》刊登了发言的主要内容,对我提出的语文研究的"双基"问题,研究的指导思想、批判继承、改革创新等均做了报道。

20世纪90年代中期,写《弘扬人文 改革弊端——关于语文教育性质观的反思》一文,是由于我看到当时应试教育对全面贯彻党的教育方针的极大干扰,语文课已不像语文课,代之以大量的支离破碎的刷题操练,"文"不见了,课的"魂"也丢失了。1985年夏季,标准化试题引入语文学科,选择题、判断题,打"√",打"×",一时间甚嚣尘上,学生学语文就是在题海中翻滚,求学不读书,质量令人担忧。出路在哪里?语文究竟是什么?学生中学阶段究竟应接受怎样的语文教育才能真正受益乃至终身受益?改革的方向在哪里?这些问题一再叩问我的心灵,要我回答。课程设置反映国家的意志,反映培养怎样的人。学科的性质、目的、任务必须界定清楚,这是良心活,关系学生生命的成长与人生价值取向的选择。扑朔迷离的教育现状令人担忧,但都怪罪于高考似乎并不公平。因为升学考试从来都是指挥棒,其他学科也如此。问题的实质在于:操纵这根指挥棒的是只无形的手,那就是语文教育观念。

语文教育观念是对语文教育诸问题的看法,从语文教育性质到目的任务,到教材教法,到师生作用,到质量评估,到考试方法,到课外教育,等等,构成体系。而这个体系中最为核心的是性质观,它统率语文教育的全局,决定语文教育的发展方向,由此而引发出目的观、功能观、承传观、教材观、教法观、质量观、体制观等一系列观念。教育观念附着于教育者脑中,形成心理定式,有意识地或不完全有意识地指挥教学行为。为此,我下功夫对语文教育的性质观做一番研究。排山倒海的训练题被解剖刀肢解得"碎尸万段",见段不见文,见层不见段,一个个知识点的排列密密麻麻,许多文质兼美文章的丰厚内涵被人为地丢弃,简单片面的语文教育工具化的做法发挥到极致。与此同时,命题专业户与出版商也赚了不少钱。赚的是家长的钱,耽误的是学生的青春。为什么标准化试题一出现,我们的语文教学会出现如此迅速的面目全非的变化呢?语文独立设科百年来,我们这条路是怎么走的呢? 1903年(光绪二十九年)建立新学制,《学务纲要》中载明:"并宜随时试课论说文字,及教以浅显书信、记事、文法以资官私实用。但取理明词达而止。"又断言:"中小学堂于中国文辞,止贵明通。"从中,我发现独立设科定位在比较注重实用和训练,通过文辞的训练,达到实用的目的。当时中国积贫积弱,建立新学制,学习乃至照搬西方,意在自己能摆脱落后。中国语文当然不可能照搬照抄外国,但在当时,反传统、特别重视技术训练的思想十分强烈。叶圣陶先生就曾明确地说过:"一般人就以为国文教学只需继承从前的传统好了,无须乎另起炉灶。这种认识极不正确,从此出发,就一切都错。"独立设科定位,崇尚实用训练,是建立在反传统的基础之上,忘记了汉语言文字、语言文化的本来,十分令人惋惜。设科起始,就未把语言文字的内涵放在应有的重要位置。新中国成立以来,一次次高中、初中语文教学大纲的表述是:"语文是学习和工作的基础工具。语文学科是学习其他各门学科的基础。""中学语文教学必须教学生学好课文和必要的语文基础知识,进行严格的语文基本训练。"有的教学大纲在"教学目的"中提出"在教学过程中,……培养健康高尚的审美情趣，培养社会主义思想品质和爱国主义精神"。由于宣传、教研、评价等诸多因素的影响，在教学实践中，基础工具训练是实的，思想情操的培养熏陶是虚的。尽管教学大纲一再强调语文教学要工具性与思想性结合，但在百年现代语文教学的探索中，特别是西方教育理念大量涌入后，人们总想走一条知识点清晰有序、系统化、科学化、线性化地进行工具训练的路，认为这是一条实用功能最好的学好语文的科学道路。回顾历史，可知"训练""实用"这两个关键词一直贯穿百年中小学语文现代发展史，影响之深远难以估量。如此这般，标准化试题一进入，不费吹灰之力从点到面到全覆盖，也就不足为奇了。

　　我反复研读语文教学大纲，反复推敲自己教学的利弊得失，深感工具性与思想性结合远不能准确表达语文学科的性质。尽管20世纪80到90年代语文教师在教学中遇到许多困惑，希望能给语文学科准确定位，免得扯皮，说不清，道不明；也有不少人撰文定位，如社会性、文学性、情意性、科学性、民族性等，有十数种之多，但我总觉得要梳理一下我们自己千年的文化积淀，了解一下国外语言学家给语言怎样定位，今日的认识又有何发展，国内学者研究语言文字有何新见解。在努力学习与不断反思的过程中，我真切地体会到语文学科与其他学科最重要的区别在于它始终是指向人的，与人的思维、情感、品质和能力密切相关。语文就是人生，伴随人的一辈子。语言文字工具的实用，显示了鲜明的人文属性。早在《春秋榖梁传》中就说道："人之所以为人者，言也。"《论语·尧曰》中也说道："不知言，无以知人者。"语言不是一般的生产、生活的工具，是表达思想进行交际的工具，而且还是思维的物质外壳,是信息的载体,这种工具、外壳、载体,都是人类才有的符号。符号因意义而存在,离开意义,符号就不成其为符号。这就是说,语言不但有自然代码性质,而且有文化代码性质;不但有工具属性,而且具有鲜明的人文属性,人文性的涵盖面很广,思维、情感、审美、文化等均在其中。仅讲工具性或只讲人文性均不足以完整地反映语文的特性,它是一个统一体的不可割裂的两个侧面。没有人文,就没有语言这个工具;舍弃人文,就无法掌握这个工具。

我的《谈素质教育背景下的语文课堂教学改革》《语文教学现状的思考》两篇文章主要还是阐述关于语文性质的观点。"工具论"的主宰思想运行了百余年,尽管断断续续,但线索从未中断,一以贯之,在应试教育推动下,更加强化。而今要与"人文性"结合,有人不理解,不适应,不认同,总认为这不是"正宗语文",正宗语文就是讲语言文字。说法也是林林总总,其实多半是误解。人的认识随着时代的发展总是应该逐步深化,越来越接近事物的本质,习惯性思维有时会形成巨大的羁绊,使人裹足不前。为此,我简单梳理了百年现代语文发展史与千年语文教育传统的继承与发展,从思想方法、思维意识、专业素养等方面阐述两条线索非完全对立,相通相融之处甚多,要有历史的眼光和批判的精神。语文学习不仅是外在的"形式学习",更重要的还在其内在的"心灵成长",包括思维、情感、性格、能力等的成长。而"人文性"的体现正是通过语言文字的具体运用来实现的,注意显示文章内容人文性的光彩,正是更具体生动地发挥语言文字表现力与生命力,二者融合相得益彰。

第二篇 语文教育真谛的探究与反思

本篇其他文章也是切中时弊的所思所想。20世纪80年代在强化基础知识、基本训练时,忽略了思维训练的重要,故而撰写《语文教学应以语言和思维训练为核心》,指出语言是思维的工具,思维是语言的内容,没有思维就不可能有语言。教学过程实质上就是教师在教学大纲指导下有目的有意识地使学生生疑、质疑、解疑、再生疑、再质疑、再解疑……的过程。在如此循环往复、步步推进的过程中,学生掌握了知识,获得了能力。不但要让学生理解并掌握现成的结论,更要让他们积极思维,懂得形成结论的过程以及怎样去掌握结论。《聚焦在文化认同上》一文是受《教育新观察》2005年3月《谁动了我们的"母语权"》一文的触动、思考而写成,阐述文化是语言文字的命脉,引导学生理解运用祖国语言文字的同时,必须让他们受到民族文化的教育、民族精神的熏陶和民族情结的感染。讲究文化认同,绝不是排外。疯狂学外语,漠视汉语,学习外国而丢失了自己,必然事与愿违,结局可想而知。面对语文教学存在的"短缺"与"过度"并存形成的"怪圈",影响师生主动性、积极性、创造性的发挥,我在语文教育论坛上做了题为"解放思想,释放语文教学的活力"的发言,后在语文刊物上发表。

一路走来,发现诸多问题,碰到许多难题,实践,反思,学习,再实践,再反思,再学习,探索无止境,努力再努力,但由于水平所限,有些问题仍然一知半解,有些问题还若明若暗。学习,反思,提升,永远在路上。

既教文，又教人[*]

如果有人问我在语文教学实践中最主要的体会是什么，我的回答是：既教文，又教人。把思想教育渗透在语文训练之中，使学生的思想水平和理解、运用祖国语言文字的能力获得双提高。

最近，有些毕业生来看望我，说了如下的一番话："老师，以后您还应多教《文天祥传》，让现在的小青年懂得什么叫中华民族的浩然正气。文天祥富贵不能淫，威武不能屈，可贫贱也不能移啊！外国的先进科学技术我们当然要学习借鉴，但是脚要牢牢站在社会主义的土地上。"这些学生离开中学虽已十多年，但中学语文课的教学还在他们身上起作用，这就使我对教文又教人的观点更加坚信，更加认识到在语文学科教学中进行思想教育的重要性和必要性。

有的同志担心语文教学中加强思想教育会削弱对学生进行语文能力的训练，会降低教学质量，有碍于学生运用祖国语言文字能力的提高。这种担心是可以理解的。十多年来，林彪、"四人

---

[*] 本文发表于《语文学习》1979 年第 3 期。

帮"破坏语文教学，对语文教学造成的严重创伤俯拾皆是。这伙丑类否定语文的工具性，对语文学科中基础知识、基本能力的教学兴师问罪，大斧砍杀，致使相当一部分学生错别字成串，空话、套话连篇，语言干巴，文理不通，造成语文教学负债累累，未担当起应完成的任务。而这些践踏活动又是在所谓"政治挂帅""加强政治思想教育"的大旗下进行的。这种做法搅乱了人们的思想，是扼杀语文训练的撒手锏。

我们在语文教学中进行思想教育，就性质、目的、做法等任何方面来说，与他们毫无共同之处。在"文化大革命"以前，由于广大语文教师的认真实践与研究，在这方面积累了行之有效的重要经验。这些经验告诉我们：语文课是进行思想教育十分有力的阵地，服从于培养社会主义建设事业接班人的总目标。然而，它进行思想教育既不同于系统地传授理论知识的政治学科，又不是贴政治标签，喊政治口号，穿"靴"戴"帽"加"浇头"，而是渗透在语言文字的教学之中，把思想教育与语文训练有机结合起来，水乳交融，使学生思想上受教育、感情上受熏陶、读写能力获得扎扎实实的提高。

一篇好的课文必然是作者情动于中而言溢于表的产物。我们赞其佳妙，不外乎言其思想深邃，见解精辟；言其感情真挚，掷地有声；言其绘景、状物、记人惟妙惟肖，巧夺天工。凡此种种，皆离不开遣词造句、谋篇布局的功力。语言文字是表情达意的工具，一篇教育人、鼓舞人、感染人的佳作，除了以思想内容取胜而外，在文字的运用上必然有独到的地方。教师钻研这样的课文，要有思想内容与表达形式辩证统一的整体观念，从语言文字的表达入手，仔细琢磨，反复推敲，真正理解作者的写作意图，体会文中所蕴含的思想的高度、深度、广度；而在准确地把握文章的主旨后，再从语言和内容的结合上体察文字运用的奥妙与匠心，牢牢捉住作者倾注思想感情的传神之笔。如果把思想内容置之一旁，仅就词论词，就句论句，看起来似乎重视了语文基础知识，实际上鸡零狗碎，肢解体分，语言文字表情达意的生命力受到极大损害，这恰恰是削弱了语文知识的表现。

作者撰写文章时总是先明确写作意图，然后根据写作意图的需要选用最恰当的语言、最合适的表达方法，把文章的主旨准确、鲜明、生动地加以表现，做到情文并茂，以求深深打动读者心灵的效果。进行课文教学时就须充分认识和紧扣这个特点，在怎样表达文章主旨和为何这样表达上下功夫，因文释道，因道解文，吃准写作的意图。对表现力强的词句、独特的运思布局等抓住不放，指导学生通过听、说、读、写的训练，理解、揣摩、欣赏、品味，领会教材的精髓，受到教育与感染。若离开词句篇章去讲读分析一篇文章，文章的精髓就会失去光泽，失去育人的作用与威力；分析推敲词句篇章，若不充分阐发其表达的情和意，就显示不出语言文字的精到、佳妙。只有两者紧密结合，既废除架空的说教，又力戒支离破碎的诠释，把思想教育渗透在语文训练之中，把语言文字教"活"，才能充分发挥其工具作用，使学生对范文有真切的理解，从而学会运用语言文字表达思想。因此，在语文教学中加强思想教育，绝不是削弱语文能力的训练，而是更有效地提高语文教学质量。

有些文章是精品，教师只要用心地借助它们对学生施加影响，运用文中生动、美好的形象，抓住点睛之笔，以炽热的感情、晓畅的教学用语，把作者寄寓文中的思想情操淋漓尽致地传送到学生的心中，学生就不仅在思想感情上被潜移默化，受益匪浅，而且佳词美句亦如出自己之口、自己之心，经久不忘。有个学生从阅读中吸收营养后深有体会地说："要文章写得好，一定要双锤炼。一锤炼思想，二锤炼文字，立意不高的文章，人云亦云，等于白写；但光有好思想不行，一定要选最确切的语言来表达，离开语言外壳的思想是没有的。要表达得好，笔下生风，非在语言上下苦功不可。"

在语文教学遭受林彪、"四人帮"浩劫以后的今天，有些学生不仅语文能力低下，而且是非好恶的辨别能力均受严重影响。为了把学生培养成为有用人才，为了适应四个现代化建设的需要，语文教学必须担负既教文又教人的任务。这是责无旁贷的。

谈谈语文教学研究中的几个问题 *

近几年来，发扬民主，解放思想，教师受到很大的鼓舞，积极进行教学改革。从事语文教学的同志各抒己见，无论在教学原理、智力发展，或教学内容、教学方法等方面，都提出了许多宝贵的意见，有些在自己的教学工作中努力进行实验，取得了不少经验，这是十分可喜的。要进一步提高语文教学质量，必须重视教学的研究。下面就语文教学研究中的一些问题谈点粗浅看法。

一、指导思想问题

在教学改革中意见、主张难免不同，有时引起争论也是正常现象。在探讨研究时，谁也不否认要有正确的指导思想，但在碰到各执己见、相持不下的局面时，往往会听到以下一些说法，颇值得思索辨析。有人说，"公说公有理，婆说婆有理"；也有人说，改嘛，只要"持之有故，言之成理"就行了。

---

* 本文为作者 1981 年 11 月在全国中学语文教学研究会第二届年会上的主旨讲话。

"公说公有理，婆说婆有理"的说法，其错误一目了然。因为，这样的说法泯灭是非，否认真理，排除正确的指导思想。至于"持之有故，言之成理"的说法，有时用得虽不妥当，但不是一下子能辨别清楚。

古往今来，许多学者都说自己的学说"持之有故，言之成理"。有的思想家在此基础上建立了庞大的思想体系，五花八门，令人眼花缭乱。有一位康德的信徒曾说过，康德的思想体系犹如一个建筑整体，宫室庙堂，井然有序，周密深邃，人们大可优游其间，终生享用不尽。问题很明白，对这类宫室庙堂，研究思想史的当然可以也应该进去看一看，然而，如果没有正确的指导思想，进去了就很可能出不来。有些学者标榜自己的学说"持之有故，言之成理"，无非想说明自己正确。你对，我也对，大家都对。若是这两句话如此应用的话，就成了"公说公有理，婆说婆有理"的精巧的表达形式，同样是泯灭是非，否认真理，实际上也排除了正确的指导思想。《荀子·非十二子》中，荀子批判了它嚣、魏牟等十二子的学说，有五处是这样说的："然而其持之有故，其言之成理，足以欺惑愚众。"在荀子看来，这些学者的学说，正因为"持之有故，言之成理"，反而更能欺骗人。

然而，"持之有故，言之成理"的说法应用在一定的范围内是正确的。研究语文教学改革中的每一个具体问题，毫无疑问，立论不能无根据，论述不能无道理。但是，应用这两句话要有个前提，这个前提就是正确的指导思想，这正确的指导思想就是马克思主义。

语文教学研究必须以马克思主义为指导。众所周知，马克思主义是科学的理论，是经过实践证明了的认识世界、改造世界的真理，又在实践中往前发展。它指导我们正确认识自然界，认识人类社会，认识一切事物发展的规律。凭自己主观意志办事，想怎样就怎样是不行的。不顾事物发展的规律，就会如鲁迅先生所说的那样，"这是和说自己用手提着耳朵，就可以离开地球者一样地欺人"。同样，若是离开正确的指导思想着手语文教学改革，也是难以收到效果的。我们要在马克思主义基本原理指导下研究解决我们语文教学研究中尚未解决的问题，在这个指导思想下结合各自的教学实践，做科学研究，有根有据，合情合理，切磋琢磨，共同提高，建立中学语文教学体系，走中国自己的路。

要走出一条科学的有中国自己特色的中学语文教学的道路，有两点是绝对不能含糊的：一是在进行语文教学研究和教学实践的时候，一定要坚持唯物论，事事从实际出发；二是进行语文教学研究和教学实践，一定要坚持辩证法，处理好种种关系。

教学中坚持唯物观点是很不容易的。在进行任何实验和改革时，都须清醒地考虑到以下三点：

1. 中国语言文字的实际

在语文教学中有个学习外国的问题，可是，我们在学习外国的时候，一定要清醒地认识到中国的语言文字与外国的拼音文字是有区别的，绝对不能照搬。我们使用的汉字是有形、音、义的文字，是形、音、义的组合体，是反映我们几千年中华民族深厚文化的文字。国外语言文字教学中的有些做法可以借鉴，但不能照抄照搬，要考虑我们文字的特点，不能把我们现在教学生的汉字与外国的拼音文字画等号。

2. 几千万中学生学语文的实际

我国有几千万中学生，大城市的、偏僻山区的，重点中学的、一般学校的，初中的、高中的，他们的年龄特点、心理特点不一样，他们学习语文的基础、习惯、方法不相同，他们学习语文的积极性、自觉性有差异。研究问题不能从几个学生、几十个学生出发，要考虑到绝大多数，从几千万学生的实际出发，又以提高几千万学生的语文能力为归宿。而在考虑这个问题时，还要注意"文革"对文化教育摧残遗留的恶果，有些家庭语言环境很差，社会上文化水平不高。进行语文教学的实践与研究，这些因素也必须注意。

3. 在我们社会主义国家进行语文教学的实际

中学各个学科的教学都是为了培养社会主义新人，我们语文学科的目标一定要为培养社会主义新人这个总目标服务。我们的语文教学既不同于封建社会的私塾教学，也不同于国民党统治时期旧社会的教学，更不同于今天发达的资本主义国家的学校教学。资本主义发达国家的教育培养有技术的工人和管理工人的人，我们今天培养的是社会主义的新人，这是我们社会主义学校所特有的，是党和国家给我们规定的任务，时刻不能忘记。

总而言之，进行教学实践与教学研究，要适合我们的国情。我们从事任何工作，要收到好的效果，一定要从实际出发，离开这些实际，离开我们汉字实际，离开中学生实际，离开我们社会主义实际，教学研究、教学实践就是建筑在沙滩上，很难做出成绩。教育的周期较长，教师教学效果或好或差都不能完全在课堂上、考试中反映出来，有些情况，甚至一二十年以后才有所反映。因此，从事教学，从事研究，须分外认真仔细。如果我们遵循唯物论，调查研究我们的实际,从这些实际出发,教学改革的基础就扎实,只要坚持不懈地努力,就能够逐步摸索出中学语文教学的规律。

进行语文教学研究与教学实践要坚持辩证法。"文革"时期,形而上学猖獗,在探讨研究问题时要注意清除这种影响,不能孤立地、片面地看问题。分析语文学科,就可发现它的"家庭成员"十分复杂,一篇课文里就牵涉到字、词、句、篇的知识,语、修、逻、文的知识;还可发现它的"社会关系"非常复杂,旁及哲学、历史、地理、自然科学。中学语文是基础课,可是,就其内容来说,上自天文,下至地理,古今中外,广为涉及。对这一特点,要正确认识。在教学实践中,如何处理教文与教人的关系,教材与教法的关系,知识与能力的关系,能力与智力的关系,听、读、说、写之间的关系,讲与练的关系,课内与课外的关系,教与学的关系,语文学科与其他学科的关系,等等,如果不坚持辩证法的观点,往往就会挂一漏万,顾此失彼,就会单打一,就局部论局部,缺乏整体观念。如果不坚持辩证法,在进行实践或开展研究时,就可能钻牛角尖,搞得很片面,弄得不好,把第二位的东西弄成第一位的,流连忘返,影响教学的健康发展。比如改病句的练习,对培养学生运用语文知识、提高辨别正误的能力是有作用的,如果把这种练习提高到不恰当的位置就出毛病了。我看到一本改病句练习的小册子,一改就是300句,题海战术,学生怎么受得了呢?别说是学生,教师改起来也要头脑发涨。教师熟悉语法、修辞、逻辑,修改时能居高临下;学生初学,只有经过逐步的训练与实践,才能加深对有关知识的理解,培养和提高运用知识的能力。要学生改几百个病句,无疑是把学生引入迷津,他们就乱猜,碰运气。

改病句原是好事情，由于处理不恰当，把第二位的东西提到第一位，失掉了原来应起的、能起的好作用。再从教育观点来看，教育青少年学生应以正面教育为主，怎能让乱七八糟的错误的东西先填满他们的脑袋，然后再教他们改变成正确的？我们对学生的教育，大量的应是正面的人物、正面的语言、正面的行为，让他们多接触正确的、美好的东西，就可收到潜移默化的效果。当然，改错的练习不是不可以做，关键在于要有"度"，要考虑与它相联系的种种关系，如果"过"度，就等于"不及"，"过犹不及"嘛！列宁曾说过，真理超越一步，就会变成谬误，这个道理说得十分深刻。

总之，语文教学研究与实验要在正确的思想指导下进行。马克思主义的理论来自实践，在实践中受到检验，并在实践中不断得到丰富与发展。从这一点来说，我们的理论之树是常青的。我们的中学语文教学就要用这常青的理论之树作为指导思想。

二、批判继承问题

有这么一种看法，认为语文教学中传统的东西都是陈旧的，只有外国的才是先进的。恐怕不能这样看，马克思主义的活的灵魂是具体问题具体分析。我们今天的语文教学不是建筑在零的基础上，不是从零开始。今天是昨天的发展，历史不能割断。为了走正、走好今天和今后的路，就得回顾一下以往是怎么走过来的，就得对语文教学的传统进行一番研究，审视一下哪些东西可以批判地继承。这是个需要花相当精力研究的问题，这儿只就思想、精神、教学方法粗略地谈一谈。

关于思想、精神方面的，有三点似乎比较明确。

1. 教书又教人

自古以来语文教学就很讲究文道结合，读书做人。"文以明道""文志于道""文以载道"的说法比比皆是，许多大文学家，如韩愈、柳宗元等都讲过这个问题。语言文字不是抽象的符号，而是表情达意的工具，文章的语言文字与思想内容是有机结合的。为什么要读书？读书要明理，要与做人结合起来。南宋的文天祥兵败被俘，从容就义，在他的衣带中发现有这样的话："……读圣贤书，所学何事？而今而后，庶几无愧！"这千古流传的名言就是读书做人的明证。

今天，我们同样要讲究读书做人，教文育人。但内容不一样，要赋予新的内容、时代的内容。教师不是教书匠，在传授知识的同时，要塑造学生的心灵，做塑造人的灵魂工程师。今日的教书教人，不是机械地用古人的标准去套，而是要培养我们的学生成为建设物质文明、精神文明的德才兼备的新人。读书做人的原则有了崭新的社会主义的内容。

2. 爱国主义教育、气节和操守

爱国主义是中华民族赖以生存、发展和兴旺发达的精神支柱，民族气节、民族操守是我们引以为荣的民族魂。我们这个古老的民族历经内忧外患，至今能屹立于世界之林，而且以崭新的面貌出现在世界人民面前，与我们的爱国主义传统、讲究民族气节与操守的传统，有十分密切的关系。那些歌颂统一，反对分裂；歌颂民族团结，反对民族压迫；歌颂反抗反动统治，歌颂创造发明，歌颂抗大灾、除大患，鞠躬尽瘁，以死勤事，歌颂祖国大地山河的作品在语文教学中长期流传。到了近代，更增添了新的内容，歌颂反对帝国主义的侵略与奴役，歌颂革命，歌颂革命人物、革命群众的作品不断涌现。这些都是我们教文育人的好教材。屈原的诗、陆游的诗、辛稼轩的词、柳宗元的《捕蛇者说》、诸葛亮的《出师表》、《汉书·苏武传》、文天祥的《〈指南录〉后序》《过零丁洋》等无不闪耀着中华民族的精魂，是我们语文教学中育人的不可缺少的瑰宝。讲气节，讲操守，无不建立在爱国主义思想的基础之上。岳飞的《满江红》以其慷慨激昂直捣黄龙的气概激荡了多少人的心灵，谁又能估量出舒缓敦厚的"苏武留胡节不辱"的歌曲同样能给爱国者以多么巨大的鼓舞力量呢？思想、精神上的作用是难以用数字来表示的，谁能计算出文天祥的"人生自古谁无死，留取丹心照汗青"的忠贞鼓舞了多少志士仁人为国捐躯、为民献身？

我们进行语文教学时，须有明确的教书育人的思想，自觉地把爱国主义种子、民族气节操守的种子撒播到学生的心里。如果我们的青少年没有强烈的爱国主义思想，怎能建设好我们的社会主义国家？当然，我们今天讲在语文教学中进行爱国主义教育，不是停留在赞赏过去，而是在批判地继承的基础上，丰富以崭新的内容，那就是热爱党，热爱伟大的社会主义祖国，对社会主义、共产主义前景有坚定的信念，并立志为其尽毕生的精力。

3. 学养

古人学语文，很重视打宽广的基础，重视读万卷书，行万里路。见多识广，下笔就有物，就能如行云流水。不仅见识要广，而且讲究思想修养、道德文章。甚至相关的知识技艺也颇为注意，所谓诗词歌赋，琴棋书画，也就是说，在当时的条件下，根据当时社会的需要，注意多方面的修养。

　　今天，我们进行中学语文教学，必须努力做到对学生全面培养，不能"患近视眼"，只盯在升学考试上。如果我们不引导学生广为涉猎，相关知识枯竭，而只在一条线上企求立竿见影，质量就可想而知了。"见影"不"见影"也很难说，即使见影，也只是瘦瘦的一条。知识是相通的，任何一个成才的人总在知识上有一定宽广的基础，鲁迅、郭沫若是大文学家，知识广博到惊人的程度。我们在语文教学中必须引导学生多读一些，多看一些，多积累一些，多实践一些，文、史、地、音、体、美、天文、地理、航海、航空，广为涉猎。必须懂得：根深叶才茂啊！

　　关于教学方法的，有两点比较明确。

　　封建传统教学没有什么班级教学，也不分年龄大小。宋濂在《送东阳马生序》中写自己的从师就是负笈曳屣，千里迢迢。但是，有两点颇可借鉴。

　　1. 启发式

　　《论语·述而》中说："不愤不启，不悱不发。举一隅，不以三隅反，则不复也。"学习的人必求通而未得之，口欲言而未能之，教的人就开启他的思维，帮助他用恰当的言辞表达出来。《论语·先进》中《子路、曾皙、冉有、公西华侍坐》一章，孔子对各人言志的教育就是注意启发的好例子。对子路的言志，夫子"哂之"；曾皙言志，夫子喟然叹曰"吾与点也"。同样言志，孔子根据弟子的不同情况进行启发，教学时针对弟子的实际，做到因材施教。

2. 因材施教

汉朝，特别是东汉，一个大师讲学，从学者竟至千人万人。在私人讲学、书院讲学中都很讲究启发式与因材施教。东汉马融为世通儒，常坐高堂，施绛纱帐，前授生徒，后列女乐。郑玄在马融门下三年，没见到马融。一个老师教几千人，必定由他的高足弟子教，这也是因材施教。

康有为于1891年在广州长兴里设立万木草堂，弟子梁启超、陈千秋等20多人，学习方法主要是自己读书、写笔记、著书立说……课堂上上下古今，中学西学，纵横天下大事，根据各人所长，因材施教。

今天的中学语文教学与那时大不相同，然而，调查了解教育对象的特点，注意启发式，进行因材施教是很有借鉴作用的。至于语文教学中多读多写的方法，众所周知，就不谈了。以上所谈的是在教学内容、教学方法等方面可以批判继承的，至于糟粕，应该扬弃。如封建社会文人赖以安身立命的《十三经注疏》，现在除了需要个别人做些专门研究外，一般来说可以不必接触了；至于封建科举时代的敲门砖八股时文，那是早已被扬弃了。

总之，我们既不能妄自菲薄，看不到传统教育中有益的东西，又不能抱残守缺，裹足不前，要取其精华，去其糟粕，努力做到古为今用。

三、改革创新问题

回顾过去绝对不是为了复古，为了模仿古人。我们今天的语文教学重要的在于改革创新。回顾过去，是为了今天的改革；今天的创新,是为了明天的路走得更好一点。教学必须注重革新,因为社会在发展,时代在前进,不革新,生命就会停滞,就闯不出新路。这同批判继承不矛盾,继承就意味着发展,唯有发展,才是最好的继承。

改革创新的天地十分广阔。大而言之,教材、教法、师资、计划须进行总体改革;小而言之,一个问题一个问题须进行具体摸索。只有在正确的思想指导下,群策群力,才能揭示出当今中学语文教学的规律。

这个问题涉及的范围非常广泛,这里只就所想到的谈一点粗浅的看法。

第一,学习与研究外国教育学、心理学、语言教学实验研究的新成果,从中吸取养料。

中学语文教学要更前进一步,要提高效率,不仅要认真地研究过去,古为今用,而且要研究外国,借他山之石,攻我语文教学之玉,做到洋为中用。

随着世界科学技术和社会生产力突飞猛进的发展,国外一些教育学家感到知识推陈出新的过程在加速,教育仍走机械地传授知识的老路行不通,因此,着手进行新的实验、新的研究。如苏联的赞可夫的研究着力于找出教学与人的发展之间的客观规律,以尽可能大的教学效果促进学生的发展,提高他们掌握知识、技能和技巧的本领。他强调儿童对教学采取的"内部态度"的重要性,认为儿童对待教学的影响,可能采取积极"接受"的态度,或者中立的态度,或者消极"排斥"的态度。因此,内部矛盾是儿童发展的源泉,教育作为外因,必须通过儿童的内因起作用。赞可夫的这些见解对我们认识教学过程、改革语文教学很有启发。

又比如苏霍姆林斯基研究现代教学论，他认为，教学过程内部最重要的规律性认识——科学的教育思想是教学工作的灵魂。他把丰富儿童的精神生活和发展他们的创造性智慧摆在教学论的中心地位；他认为智育的主要目标是发展智力，把知识、技能和技巧的学习看作全面发展智力的广阔途径，即全面发展观察能力、想象能力、思维与语言能力、记忆能力等的途径，而全面发展智力又构成学好知识的条件；他认为学生始终是学习的"主体"，教师应"充当学生脑力劳动的指导员"，教师的作用不单是教学知识，重要的是指导学生脑力劳动，等等。这些教学论的研究又与心理学研究相结合。这些认识对我们语文教学的创新也很有教益。

不仅如此，生理学方面的某些研究成果与教育教学也密切相关。如根据近代脑生理的研究，大脑可以分为四个功能部位：感受部位、判断部位、贮存部位和想象部位。人脑的记忆容量相当于五亿本书的知识总量，记忆能保持70%—80%以上。但是，如果由于教育的缺陷，即使记忆力好的人也达不到记忆的1%。想象区一般人也只用了15%。据这方面研究有权威的人士断言，人脑还有90%的潜力未加以利用，有近100亿（总共140亿）个神经元没发动起来参加工作。不管这种研究数据是否完全符合事实，我们仍可从中受到启发，认识到大脑有很大的潜力，可以进一步开发，教育教学要努力促进学生脑的发展，从而获得良好的教学效果。

国外语言教学中研究语言和思维的训练，文学作品教学中的情境教学，讲究趣味性、形象性、科学性等，都是颇值得借鉴的。

总之，对国外有关的研究成果要认真学习，打开思路，开阔视野，要采取"拿来主义"的态度，根据此时此地我们中学语文教学的实际，或取，或舍，或使用，或改造，既不能莫名其妙地完全摒弃，又不能稀里糊涂地照单全收。学习外国的目的，是为了丰富自己，使我们的语文教学在科学的道路上前进，效率增强，质量提高。

第二，探索语文教学科学的序列，按照循序渐进的原则传授知识，进行听、读、说、写能力的训练。

有一种误解，认为中国人学祖国的语言文字不同于学外文，也不同于外国人学中文，从小就有学语言的环境，很难寻求科学的序列。其实不然，任何一个学科的教学都要讲究科学性，用最少的时间获取最好的效果。语文学科当然也不例外。只是由于长期以来在这方面缺乏认真的系统的科学研究，似乎小学识字教学有规律可循，一到学文，就阶段不明，深浅难以严格划分了。不探讨科学的序列，教学中有些十分突出的问题很难解决。比如重复劳动的问题，对某一语文知识，小学教，初中教，高中还教。必要的循环是可以的，但如果既未在广度上加以开拓，又未在深度上进行发掘，那就浪费了师生的时间与精力，教师进行了许多无效劳动，做了许多无用功。又比如写作训练的问题，有些学校要求小学一二年级学生就作文，但是进入初中仍然错别字连篇，写一两段话都写不通，更不必说组篇成文了。中学教师教语文时，常常碰到这样的"夹生饭"，简直很难纠正，很难提高。训练是要有"序"的，要由浅入深，由易而难，由简到繁，什么样的阶段该着重训练什么，得根据学生的年龄特征、心理特征，根据他们的知识、能力、智力，寻找科学的"序"，不能凭主观良好的愿望。有时愿望虽好，但得到的却是揠苗助长的结果。

探索语文教学科学的序列既要有一条龙的思想——整个基础教育阶段语文教学的目的任务、教学内容、训练内容的科学安排，如小学与初中的衔接，初中与高中的衔接；又要有每个阶段横向的科学安排，如各种文体的教学在各个年级的分量、比例怎样最适当；阅读与写作怎样各有序列，又怎样相互结合、相互促进；语法、修辞、逻辑知识教到什么程度，与听、读、说、写能力培养的关系如何；听与说怎样循序渐进地进行训练。凡此种种，都是值得研究的课题。如果语文在知识的传授、能力的培养序列问题上有所突破，教学必然就会大大减少盲目性，增强科学性，质量必将有明显的提高。

第三，改革课堂教学，提高课堂教学效率，让学生做学习的主人。

早先，在中国，说不上有什么严格意义的分班级课堂教学，欧洲中世纪也是如此。随着生产的大发展，资本家需要管理人才，也要求工人具备一些基础知识，这就需要大规模办学，采取了以班级为主的课堂教学形式。只要大规模培养人才的客观实际存在，班级课堂教学就不能贸然废止。今天，我们社会主义制度与资本主义制度迥然不同，但我们需要在更广泛的基础上培养建设社会主义的人才，因而，必须认真研究课堂教学，让学生在课内有限的时间学得实一些，多一些，好一些，充分发挥这个教学基本形式的作用。

课堂教学的频率要提高。看20世纪30年代的电影，哪怕是

20世纪50年代的有些电影，讲话、动作都是那么慢吞吞的，一句话拖腔拖调说好久，一个动作、一个情节得费不少胶卷，看了心里直发急。过去教课也是如此，一篇课文教六七节课，细细咀嚼，嚼烂了喂给学生。科学技术的发展导致生活的节奏、社会各个方面的工作节奏加快，学校教育当然要适应，课堂教学的频率也要相应加快。因此，烦琐的讲解，一字一句磨得粉碎的教法必须去除，形式主义的东西必须停止。一堂课在传授知识、培养学生语文能力方面要厚实，要有相当的容量。

课堂教学要有主宰的灵魂，语文的具体目标要服从于培养社会主义新人的总目标。社会主义学校的课堂是育人的重要场所，课堂教学须有鲜明的思想性。无论是传授字、词、句、篇的知识，还是培养听、读、说、写的能力，都要注意渗透正确的思想观点，熏陶感染以高尚的道德情操。要本着因文释道、因道释文、文道统一的观点，组织教学活动，帮助学生理解并掌握，引导他们进行语文能力的训练。一篇课文是一个有机整体，切不可把文情并茂的文章教得支离破碎，思想观点模糊，骨肉分离。

课堂教学要处理好知识、能力、智力三者的关系。讲述任何语文知识都要着眼于学生语文能力、自学能力的培养，在培养学生语文能力的过程中引导学生正确地理解知识，掌握知识；传授任何语文知识都要着力于调动学生的思维器官和感觉器官，发展学生的思维力、记忆力、观察力、想象力。要抓住能力培养这个重要环节，把知识敲扎实，把知识教活，引导学生举一反三，触类旁通，发展智力。课堂教学要有活水汩汩流淌，教师精心设计问题，促使学生思想上爆发火花，学得愉快，学得有劲。

课堂内如何调动不同学生的积极性、如何因材施教、如何安排课堂教学的组织形式，等等，均有改革创新的天地。

第四，课外开拓新局面，寓知识的涉猎、能力的培养于生动活泼的活动之中，培养学生浓厚的学习兴趣。

要有效地提高语文教学质量，使学生听、读、说、写能力获得全面培养，只局限于课堂教学是不行的。一条腿走路哪有两条腿走路顺当、效率高？课堂教学要改革创新，提高质量，课外更要开拓新天地。"读万卷书，行万里路"，对开阔学生视野、增长见识、提高运用语言文字的能力是有效的措施。在新的历史条件下，课外阅读的广泛性与过去更为不同，课外活动的目的、内容、形式更应该具有今日时代的特点。如何根据我国中学的特点，创造有民族风格、民族特色的生动活泼的语文课外活动形式也是十分重要的研究课题。

在改革创造方面要大力提倡进行科学实验，总结系统的经验，做到有理论、有数据，从而推动面上的语文教改。

兴趣是学习的推动力 *

学生是学习的主体，他们对学习是积极寻求，还是消极应付；是兴味盎然地吸收，还是厌恶排斥，往往直接影响教学质量、教学效果。语文教师要十分重视学生学习的"内部态度"，千方百计培养他们学习语文的动机，激发他们学习语文的浓厚兴趣。

学习兴趣是学习动机的一个重要的心理成分，它是推动学生探求知识和获得能力的一种强烈的欲望。早在两千多年前孔子就说过："知之者不如好之者，好之者不如乐之者。"(《论语·雍也》)俄国教育家乌申斯基也说："没有任何兴趣，被迫进行的学习会扼杀学生掌握知识的意图。"这些名言对兴趣在学习中的重要作用阐述得十分明确、十分深刻。那么，怎样才能抓住学生的心理，把课上得像磁石吸铁一样，牢牢地吸引住学生的注意力呢？

一、课要有新鲜感，不能老是一副面孔

中学生具有好奇好胜的特点，新异的刺激物能引起他们的定

---

* 本文是作者 1984 年在上海市杨浦区语文教学系列讲座上对初中语文教师的讲话。

向探究活动。如果教学内容和方法不断更新与变化，就可有效地激发学生进行新的探求活动，保持与发展旺盛的求知欲。如果总是采用同一或相仿的教学方法，学生学习的积极性就会受到压抑。

以初一教材的散文单元为例。这个单元《春》《海滨仲夏夜》《香山红叶》《济南的冬天》四篇文章都是写景的，我们在钻研教材、熟悉文章思路的基础上，就选用多种教法。

课是这样起始的："继米开朗琪罗之后的法国大雕刻家罗丹曾这样说：'美是到处都有的，对于我们的眼睛，不是缺少美，而是缺少发现。'（《罗丹艺术论》）我们人总要和大自然接触，大自然的美可以说是无处不在。尤其是我们伟大祖国的锦绣山川，美得令人陶醉，它在不同季节展现不同的美姿。"单元教学起始，用这样几句话描述，学生被有关"美"的名言所吸引，被祖国山川美的描述所吸引，兴趣盎然地进入了该单元学习的轨道。

我们还调整了课文顺序，四篇课文四种教法。教《春》，紧扣文章细笔细绘的特点，逐节朗读、吟诵，体会语言的优美。教《海滨仲夏夜》时紧紧扣住一个"变"字，着重引导学生理解如何描写活动中的景物。并用比较法，比较广泛地写春景与集中笔墨写仲夏之夜海滨的差别，比较横式组材的方法和以时间为推移的组材方法的不同。至于《香山红叶》则采用请学生读讲的方法跟随"向导"游香山，紧紧抓住记游的线索，请学生讲听到老向导说些什么，目睹了哪些好景，与老向导接触后有哪些感受。在读读讲讲的训练中理解文章的主题，体会景美—人美—时代美的构思特色。《济南的冬天》则抓住"温晴"这个文眼，要学生诵读、细思，理解体会两个要点：一是作者如何精选景物，笔笔点"温"，处处写"晴"的；二是感情的潜流如何在字里行间流动。然后仿写一处景物，进行比较，开展讨论，体会作者驾驭文字的功力。

总之，教学思路要开阔，要深挖课文的特点，教出文章的个性。采用多种多样的方法教，并不是背离文章写作的思路，而是从不同角度、不同侧面去引导学生体会琢磨，领会作者写作的意图和构思的匠心。

二、课要有趣味性，使学生迷恋

要使学生对语文产生兴趣，迷恋上它，教师就要努力把课上得情趣横溢。课堂上笼罩着死气沉沉的气氛，学生如芒刺在背，学习起来就七折八扣，影响效果。教师不能板着面孔上课以表示尊严，要和颜悦色，使学生觉得可亲可近。要想方设法把课上得有味，使学生学得愉快活泼，咀嚼到其中的甘甜。教学时可采用：

1. 直观演示

数理化教学中有实物演示，以强化学生对事物的认识，语文教学同样可采用这种方法。图画、实物、幻灯、录音等教学手段的使用，主要是通过视觉、听觉、触觉等途径让学生感知，既激发学生兴趣，又能提高教学效率。据国外实验证明：用语言介绍一种物品，识别它的时间为 2.8 秒；用线条图介绍，识别时间为 1.5 秒；用黑白照片介绍，识别时间为 1.2 秒；用彩色照片介绍，识别时间为 0.9 秒；如果让学生看实物，则识别时间只有 0.4 秒。可见直观演示对提高教学效率是何等重要。

2. 开拓想象

阅读常常需要借助于想象，通过想象能使学生"思接千载"，

"视通万里",再现文章或诗词中所描绘的人和景,产生如见其人、如闻其声、如临其境的感受,发生浓厚的阅读兴趣。如教《天上的街市》,启发学生回忆夏天夜晚仰视天空看到的美丽景象,由群星灿烂的景象展开联想。在学生思想展翅飞翔时就势一收,引入《天上的街市》所写的夏夜的星空,探索作者的写作意图。这样一放一收,增添了学习兴趣。

3. 抓点拎线

学生求知时不喜欢平板,喜欢知识成串,一拎就起,品尝别有洞天的滋味。如教《荔枝蜜》时抓住"蜜"这个点推敲,由它步步生发,拎出贯串文章的线索。先分析"蜜"的字形,上中下结构,突出一个"虫"与"山"的区别;然后由"虫"引开,启发学生联想到昆虫、蜜蜂、蜜蜂酿蜜、劳动人民酿生活的蜜,从而初步认识作者构思的特色,激发求知的兴趣。

4. 形成悬念

长篇评话要分段说,每说到矛盾激化或将出现高潮时往往立刻收煞。这样一来,就吊住了听者的胃口,欲罢不能,非连着听下去不可。这种急于想知道事情发展的来龙去脉,想知道结局如何的心理状态,在青少年身上表现得尤为突出。教师抓住这一特点,在课文的起始阶段有意识地组织悬念,可促进学生认真阅读课文。如教《孔乙己》时,课一开始就造成两个悬念激发学生求知的兴趣。一是据鲁迅先生的朋友孙伏园先生回忆,鲁迅先生在自己创作的小说中最喜欢《孔乙己》。为什么他最喜欢《孔乙己》呢?孔乙己是怎样的艺术形象?鲁迅先生是以怎样鬼斧神工之笔来塑造这个形象的?深入理解课文就能得到解答。二是过去有人说古希腊的悲剧是命运的悲剧，莎士比亚写的是主人公性格的悲剧，易卜生写的是社会问题的悲剧，《孔乙己》描绘了孔乙己的悲惨遭遇，究竟是命运的悲剧、性格的悲剧，还是社会的悲剧呢？学生急于想找到正确的解答，学习的积极性高涨。

5. 展现意境

作者的内情与所写的外物相融合，意和境相应和时，作品就会产生艺术意境，具有熏陶感染的力量。学习某些课文时，学生粗看，体会不出佳妙，可选择相关的作品，运用意境的艺术魅力，激发学生学习兴趣。展现意境的作品可新授，可运用学生旧知识。如教《李愬雪夜入蔡州》一文，先引导学生背诵王建的《赠李愬仆射二首》的诗句，启发学生脑中展现有关图景。究竟怎样"翻营"，怎样"登城"，学生细读课文的兴趣加浓。

6. 激发感情

思想感情是文学作品的主体，它是通过艺术形象达到以情感人的目的的。白居易说："诗者，根情。"（《白氏长庆集·与元九书》）诗歌教学、散文教学等离开了情的感染，语言文字就会成为干枯的符号；深入挖掘文学作品的情感因素，能以情动情，使学生学有兴趣，受到感染。如教《诗八首》，我用这样一些话来激发学生情感："……诗，像种子一样，有一股顽强的爆发力。好的诗歌破土而出以后，它的芳香会和民族精神融合，长久地滋润大地。今天我们读的八首古诗有的已距今九百年，有的距今约一千五百年，然而，诵读咀嚼，仍可闻到其中的芳香。"学生情弦被拨动，胸中充盈着民族自豪感，带情诵读，效果较好。

7. 讨论答辩

中学生不像小学生那样偏于情感上的依恋，开始有一定的独立评价客观事物的能力，而且容易激动，自信自己的认识、见解是正确的。针对这种心理特点，在教课文时组织讨论，开展答辩，有助于调动他们的积极性。学生进入论辩之中，就会兴趣盎然，发挥聪明才智。如教《谈骨气》，设计了一环套一环的十个问题，要求学生结合课文所论述的内容，结合今天社会现实中的一些情况讨论答辩。通过讨论、答辩，不仅理解课文深入了，而且激发了深究问题的兴趣，培养学生明辨是非的能力。

8. 利用学生的逆反心理，激发学习兴趣

青少年学生往往不满足于现成的结论，不想吃别人嚼过的食品，越是不让看的越要见识见识。不健康的东西当然不能引导学生看，但历史的曲折使我们许多好作品都被列入"黑货"行列。教学时不妨三言两语提一提，利用学生的逆反心理，促使学生深入阅读。如《事事关心》《松树的风格》等皆可从此角度考虑。

方法是多种多样的，不胜枚举。在某一个特定的教学场景中，哪种教学方法、训练方法最可能激起学生的求知欲，就采取哪种方法。在这个问题上应特别研究和洞察学生的心理活动，加强针对性，把激发兴趣建立在科学的基础之上。

三、课要有一定的深度和难度，使学生体验到克服困难的喜悦

苏联教育家赞可夫说："要以知识本身吸引学生学习，使学生感到认识新事物的乐趣，体验克服学习中困难的喜悦。"道理

很明白，学生智力活动本身能激发学生浓烈的兴趣。过分简易的知识、机械的训练会削弱学生的学习兴趣，削弱学习动机。

在中学生的学习兴趣中，实用性和肤浅性虽占有一定的位置，但由于他们大脑结构的进一步完善，接触事物日趋广泛，他们对事物的本质、规律性的知识产生具有探讨的愿望，故而教学时须把握这一特点，因势利导，增强他们的求知欲。

有些课文浮光掠影学一学，学生认识不到其中的奥妙，自然兴味索然。如果教师引导学生深究底里，见自学时之未见，闻自学时之未闻，学习积极性就大不相同。如诗人臧克家写的《闻一多先生的说和做》一文中有"1930年到1932年，'望闻问切'只是在'望'的初级阶段。他从唐诗下手，目不窥园，足不下楼，兀兀穷年，沥尽心血。杜甫晚年，疏懒得'一月不梳头'。闻先生也总是头发凌乱，他是无暇及此"的句子，若扫视一番，学生所得只是闻先生治学刻苦的粗略印象，体会不到其中意味的深刻、隽永。若带领他们步步深入地探求，味道就大为浓郁。且不说"兀"的音与义及"兀兀穷年"的出处，只要仔细咀嚼，就可发现句中难点不少。至少有三点可追根穷源：①"望闻问切"是怎么一回事？为什么钻研文化典籍要以中医诊断疾病的方法来比喻呢？原来是承接上文钻研的目的——"开一剂救济的文化药方"而来，承接紧密，语势顺妥。②"目不窥园"只是一般的形容吗？一查检，才知用了典故。《汉书·董仲舒传》中写董仲舒因专心致志学习，"三年不窥园"。文中以此形容闻一多，着意推崇其钻探文化宝藏精神的惊人。③杜甫晚年"一月不梳头"又是怎么一回事呢？原来引的是杜甫自己的诗句——"百年浑得醉，一月不梳头"。杜甫奔波一生，难得在成都草堂有较安定的生活，故疏懒得一月不梳头。文中这一句在于进行反衬，突出闻先生孜孜矻矻、日夜不懈的精神。难点攻破，再把几句联系起来思考，就会发现文简意丰，比喻、反衬、用典恰到好处。

教学时对课文中有些词句、有些问题深入探讨，不是要难倒学生，而是培养学生敢从龙潭取宝的那么一股劲儿。众所周知，数学家陈景润之所以奋力攀摘数学皇冠上的明珠，不正是因为在中学时代教师向他高高悬挂起哥德巴赫猜想待证明的目标，从而在他的心田撒下了探求宝贝的种子吗？

四、课要有时代的活水，使学生有所感奋

兴趣是获得知识、开阔眼界的重要推动力，而感奋可促使兴趣深化，促使兴趣持久。最使学生感奋的莫过于揭示人生真谛，启发生活道路。而时代的信息与学生的思想感情最容易沟通，因而课堂内常有时代的活水流淌，气氛就会活跃，精神就易振奋。

教材中相当数量的课文是过去的作品，教学中不能满足于模拟世界，再现过去生活的真实。当然，这些作品在语言文字、写作技巧上值得借鉴，有认识当时社会的价值，有审美的意义，然而和学生的距离毕竟比较远，因而，教学时还要十分注意和善于引发，把学生的学习和沸腾的实际生活联系起来，和社会主义现代化的建设事业、家庭的生活、少先队和共青团组织的生活联系起来。所谓联系，当然不是长篇大论，说一大套与课文无关的新闻，而是在服从于教学目的的前提下，根据课文的内容，有机地插入一些新信息，启发他们深思。只要联系紧密，天衣无缝，哪怕是

一两句话，学生也会情绪昂扬，感奋起来。

以教《少年中国说》为例。要揭示该课文在当时历史条件下的积极意义，须向学生介绍时代背景。怎样介绍呢？一引现实生活的活水，二要学生历数1840年至1900年清政府丧权辱国的史实。教这篇课文，正值中华人民共和国成立35周年大庆，阅兵、游行、礼花的场景仍历历在目，学生口述盛况，突出了生活的沸腾，新生的人民共和国正阔步前进。学生振奋之际，就势一转，回顾历史，构成鲜明对比，点明当时凡有爱国心的人都寻求拯救民族于危亡的道路，作品就是在这样的历史背景下产生的。在评价该文的历史局限、阶级局限时，插入了一句"他有一颗中国心"，教室里立即出现了意想不到的活跃。

我们所处的时代是科技、文艺等信息大量涌现的时代，教师应努力吸取，慎加选择，引入教学，使课堂内不断有时代活水流淌。

激发学生学习兴趣的途径和方法很多，课外比课内有更广阔的天地，但说到底，最好的方法就是使这个学科让学生深切地感到值得学习、非学不可。学生从教师的教学中不断获得营养价值很高的养料，他们就会欢快地迷恋这个学科，出现意想不到的进展。

语文教学应以语言和思维训练为核心 *

教学过程应该是师生共同参加的一个系统的脑力劳动过程。教师的脑力劳动应当与学生的脑力劳动相结合，而最终目的还是让学生开展积极的脑力劳动，从这个意义上说，教师应该是学生脑力劳动的指导员。语文教学的核心是从学生实际出发，按照教学大纲的要求，对学生进行语言训练，教师在对学生进行语言训练的同时，必须大力发展学生思维的能力。

在现代社会从事语文教学，当然不能采用嚼烂了知识喂给学生的陈腐办法，要学生死记硬背，不能用"零售"的办法把"散装"的字、词、句、篇送给学生，使学生难以捉摸规律，把思维方面应有的锻炼"转嫁"到记忆上。思维训练和语言训练应放在同等重要的位置。思维是对外界事物的概括的、间接的反映，思维是借助于语言来实现的。语言是思维的工具，没有语言的思维是不存在的；思维是语言的内容，没有思维就不可能有语言。学生要学好语文，提高语文能力，取得综合效应，思维方面应进行扎扎

---

* 本文为作者1984年在上海杨浦中学为市区青年教师培训所做报告。

实实的训练。如果忽略这一点，学生不认真进行思维训练，读，就有口无心；看，就浮光掠影；说，就不得要领；写，就内容干瘪，词不达意。学习困难的学生在思维方面往往有很大的弱点，比如提问题，他们不是不想提，而是提不出问题，发现不了问题。不会思考大大阻碍了他们学习的步伐。早在两千多年前孔子就说过："学而不思则罔，思而不学则殆。"（《论语·为政》）光学习不思考就会迷惘无知。教师要想方设法让爱思考的学生多思、深思，让不会思考的学生爱思、会思。在教学过程中，教师要根据教学目的要求善于选用恰当的钥匙，不断拧紧学生思维的"发条"，使它转动起来，不断开启学生思维的门扉，引导他们发挥聪明才智。

教学过程实质上就是教师在教学大纲指导下有目的、有意识地使学生生疑、质疑、解疑、再生疑、再质疑、再解疑的过程。在此循环往复、步步推进的过程中，学生掌握了知识，获得了能力。基于这样的认识，我在教学中经常问"为什么？""怎么样？""有何根据？""理由何在？"不但要让学生理解并掌握现成的结论，更要让他们积极思维，懂得形成结论的过程以及怎样去掌握结论。

我经常的做法有如下几种。

一、激疑

众所周知，学源于思，思源于疑。疑是思之始、学之端。要学得知识，就得思考，而对所学的内容产生疑问则是思考的开端。"疑"是刺激学生积极思维的诱因，激发学习的动力。求知欲从某种意义上来说，就是解疑欲、解惑欲。为此，语文教学中要激发学生在求知过程中产生疑问，有所发现。教师不是把整理好的知识预先包装好，一包包地传授给学生，而是带领学生积极参加探求知识的过程，让学生用自己的头脑思考、辨别、分析、归纳，亲自获得知识。教师备课不仅要备知识，还要精心设计足以启发学生思考的问题，创设学生生疑的种种条件，启发他们积极思维。

1. 鼓励学生发现问题

在授新课前要求学生先自学课文，独立阅读，发现问题。学生初步自学课文时，要求做到"三看一查一提问"。三看就是看课文、看注释、看课文前后编者的引导和设计的思考与练习；一查就是查字典、词典与有关的工具书；一提问就是提出自己阅读时不清楚的、有疑问的、不会解答的问题。学生自学前教师可提些思考的问题启发。学生并不是一开始就会提问题，尤其是有质量的问题；发现问题的能力是逐步培养起来的，开始学生生疑往往只在文章字词的表面，这个字怎么读，那个词什么意思，教师要指导他们深入篇章之中，把文章的前前后后、段落与段落之间联系起来思考。当学生生疑有所进展时，教师再拓开他们的思路，要求他们把课文与课外阅读、与自己的生活经验联系起来思考。这样步步诱导，持之以恒地培养，有质量的问题加以鼓励、表扬，或组织学生讨论，学生发现问题的积极性增强，发现问题的能力也大大加强。几乎每篇课文学生都会提出几个有质量的问题，包括对思考与练习的异议；有些课文乍看似乎没有问题，但经过独立思考，学生会提出一连串的令人思索的问题。如学生初学契诃夫的《变色龙》时，提出赫留金说了这么一句话："不瞒您说，我的兄弟就在当宪兵……"为什么他要有话没话地插上这一句呢？奥楚蔑洛夫为什么一会儿脱下大衣，一会儿又穿上大衣呢？

整篇文章没有一处提到变色龙，为什么要用"变色龙"做文章的题目呢？文章注释里只说是蜥蜴的一种，皮肤的颜色随着物体的颜色而改变，字典还解释为比喻在政治上善于变化伪装的人，课文中明明是第二种意思，为什么编书的人不注解呢？是不是编者故意留给我们思考的呢？事情明明是从人玩狗和狗咬人引起的，为什么只写狗咬人这部分，而人玩狗却一笔带过？等等。问题不停留在词句的表面，材料剪裁、谋篇布局，乃至细节描写都涉及了。学生独立阅读，把问号装进脑子里是思维积极的表现，大大有助于阅读的深入。

2. 在学生不易产生疑问处设疑，启发学生动脑筋思考

有些课文，或课文中的有些词句，学生阅读时一晃而过，不觉得有问题，而这些地方往往是理解课文的关键所在，或者是容易发生差错的。针对这种情况，教师可故意设疑，激发学生思考。比如教《孔乙己》时，我故意设疑，问："作品的主人公姓甚名谁？"有的学生一愣，接着笑了，说："不知道姓和名字，绰号叫'孔乙己'。"这一"愣"很有好处，学生动脑筋想一想，理解就准确了。不塞不流，不止不行。要学生产生疑问，思维积极，教师用问题堵一堵，塞一塞，一堵一塞，学生思维就活跃起来了。

3. 抓住矛盾加以展示，激发学生思考

对立的事物互相排斥，人们碰到这种情况容易引起思考，学习也如此。抓住课文本身的矛盾，抓住学生理解课文过程中所产生的种种矛盾，引导学生开动脑筋。魏巍的《我的老师》中写蔡老师"从来不打骂我们"，"仅仅有一次，她的教鞭好像要落下来"，怎么又打了呢？聂华苓的《人，又少了一个》中骨瘦如柴的女人

明明活着，还"回过头来，冷笑了一声"，还"漠然望了我一眼"，怎么说"又少了一个"呢？挑起矛盾，让学生思想上碰撞，就能全神贯注地阅读课文，理解词句及文章蕴含的深意。

许多事实强有力地说明：大部分伟大的发现都应归功于喜欢问"为什么"，生活的智慧常常在于逢事就问个"为什么"，教学也是如此。教师要善于使读书无疑的学生有疑，有疑才生问，有问才积极思考，追根穷源。

二、辨疑、析疑

思维从发现问题开始，但要不断深入进行，却有赖于分析问题、解决问题的逐步展开。教师激疑、生疑后，要注意设置辨疑、析疑的条件与气氛，引导学生谈看法、摆见解，比较，分析，判断，推理。学生提出的问题，教师不必急于回答，应该在头脑里立刻进行梳理，分清主、次、轻、重，按一定的顺序巧妙地安排在教学过程中逐一解决，引导学生相互启发，寻找答案。教师千万不能因赶进度而丧失启迪学生思维的良机。再说，教师不是所有的方面都超过学生，学生积极性调动起来以后，常常会产生很多意想不到的火花。这种火花是思维进入最佳状态的结晶，教师敏捷地抓住这些火花，把它在全班学生心中点燃，语言和思维训练的效果会大大加强，可以说是拨亮一盏灯，照得通屋明。

怎样指导学生辨疑、析疑呢？

1. 注意调动学生"仓库"里的旧知识

教学时要善于调动学生知识小仓库里的知识，使其运转，发挥作用。学生的基础不是零，他们有知识库存，即使是程度差的学生也是如此。温故而知新，启发他们运用旧知识，促进对新知识的理解和掌握。如《藤野先生》一文中描写清朝留学生的丑态时，有"实在标致极了"的句子。为了让学生理解"标致"的含义，要求学生列举与之相关的同义词、近义词、反义词，学生积极性高涨，举出美丽、漂亮、俊俏、婀娜、妩媚、潇洒、丑陋、难看等，讨论句中的"标致"应怎样理解时，有的学生说：这里是说反话，"丑陋""难看"不足以表达作者的感情，应该是"恶心"，词的前面附加"实在"，词的后面还要加个"极"，实在恶心到极点，表现了作者对醉生梦死的清朝留学生极端厌恶的感情。在辨疑的过程中，学生感到自己有知识、有力量、有希望，求知欲更旺盛。学生在自己知识仓库中寻找适当的词句时，不仅思维得到锻炼，而且对语言的识别能力大大加强。

2. 灵活地运用各种比较方法，培养学生良好的思维习惯，发展他们的思维能力

从思维的类型看，可以分为形象思维和抽象思维；从思维的过程看，可分为分析、综合、判断、推理等。要发展学生这些能力，在教学语言文字时经常采用比较的方法可收到一定的效果。教学中比较的天地十分广阔，古今作品之间、中外作品之间、同一作者的不同作品之间、文章的遣词造句、材料的选择剪裁等，都可以通过比较对学生的语言和思维进行训练。

教学时可采用纵向比较的方法，促使学生进行垂直思考。古今作品比较，课文中前前后后的比较就属这一类。如教吴晗的《说谦虚》一文，学生对论述的深刻性不易理解，教学时就可采用古今比较的方法促使学生加深认识。一是从课文出发，

与《尚书·大禹谟》中的"满招损，谦受益，时乃天道"进行比较；二是与民间长期流传的"半瓶水晃荡，满瓶水不响"等俗语比较，让学生领悟到"满招损，谦受益"的格言受时间与空间的检验，真理性很强，而作者再来论述这个问题，不是过去认识的重复，而是旧题注新意，从马克思主义认识论原理出发，从揭示人们认识规律的高度来论述谦逊的必要性，大大超过古人。这样透过事物的表面现象，一下子深入事物的本质。通过比较，解决了学生心中的疑问——这种老题目有什么值得再谈的，是不是多此一举？

抓住课文关键词句或某些段落引导学生进行前后对比，可帮助学生把握事物的本质。如学《孔乙己》时，学生对孔乙己排出九文大钱的"排"字的生动性容易理解，但在刻画人物中究竟起多大的作用，学生往往理解不了，为此，教师要在培养他们思维深刻性方面导航。阅读时，可采用比较的方法指导学生深入理解教材，挖掘教材思想和艺术的内涵，探求作者的艺术匠心，弄清作者思想深刻之处。学《孔乙己》，要求学生不仅注意"排"，而且要找出与它相应的字"摸"，并启发学生辨析：为何作者此处要把"排"改换为"摸"？对刻画人物精神面貌起怎样的作用？"排"与"摸"同是在咸亨酒店付酒钱的动作，但入木三分地反映出孔乙己处境的变化。"排"，活画出孔乙己冒充斯文的酸腐相；而腿被打折以后，他已够不着柜台台面，无法"排"了，到了欲充斯文而不能的地步。"摸"，用意十分深刻，刻画了孔乙己精神彻底被摧毁的悲惨情状。通过前后比较，学生对作者遣词造句的功力赞叹不已。

教学时也可采用横向比较的方法。也就是说在一个时间平面上同时将几个方面的问题进行比较，开拓学生视野，培养他们思维的广度，培养他们学会比较全面地、具体地分析问题，把握这一事物与那一事物之间的本质联系。同一作家的作品可以进行比较。如学习《有的人》时，引导学生与《论鲁迅》比较，认识同是纪念和评价鲁迅，但体裁、写法、语言等均不同。通过比较，思考问题的广度有所拓展，对作品的个性特征认识得更为清晰。

教学中可经常进行换词换句的练习，对学生语言和思维进行训练。用词的准确性，语句的言简意赅等，常可通过更换比较而显示其耀眼的光芒。如《一件小事》中有这样一个十分精彩的段落："我这时突然感到一种异样的感觉，觉得他满身灰尘的后影，刹时高大了，而且愈走愈大，须仰视才见。而且他对于我，渐渐地又几乎变成一种威压，甚而至于要榨出皮袍下面藏着的'小'来。"作品与学生相距大半个世纪，要学生深入理解作品中"我"内心的感动与觉醒，理解在车夫高尚灵魂感召下自惭形秽的思想感情，困难是大的。我采用了更换关键词句的方法进行比较，分解难点。按观察事物的常规，应该是近大远小，而此处作者用一反常规的视觉形象刻画自己心灵的震动。在学生初步理解的基础上，要求他们把"而且愈走愈大，须仰视才见"换成比喻句，描绘车夫高大的形象。学生积极动脑筋，以高山、青松、巨人等作喻，但立即又自我否定，领悟到没有一个比喻合适，领悟到此处用喻就把车夫的形象束缚住、限制住了，显示不出他本质的光华。而"愈走愈大，须仰视才见"，运用了连续摇动的特写镜头，留给读者丰富的想象余地，感染力极强。"榨"也是传神之笔，不仅极言外力之大，而且音调铿锵。

有时还可以进行有无之间的比较。如《论雷峰塔的倒掉》中"和尚本应该只管自己念经。白蛇自迷许仙，许仙自娶妖怪，和别人有什么相干呢？他偏要放下经卷，横来招是搬非，大约是怀着嫉妒罢，——那简直是一定的"一句，要求学生阅读时除去"偏要""横来""那简直是一定的"，比较用好还是不用好，用了起怎样的作用。通过有无的比较，学生体会到用了这些词和句，笔锋犀利，揭露深刻，剥开法海的伪善面孔，让其卑鄙下劣的灵魂公布于众，语言的表现力极强。

有比较，才有鉴别；有鉴别，才能深入认识事物的特点，掌握其规律。故而在读、写、听、说能力的训练过程中，把比较的方法用在节骨眼上，学生思维能得到有效的锻炼。

3. 鼓励创造精神

学生辨疑、析疑时，教师无论如何都不能以自己思考问题的范围给学生"画地为牢"，叫学生"就范"。学生思考问题通常有一种习惯性的思路，如怎样根据种种事实下判断，怎样进行分析、进行归纳等。有时由于某些因素的触发，会突破习惯性思维的羁绊，闪发出创造性的火花。教学中教师要善于把握种种因素，培养和鼓励学生的创造精神。如教《变色龙》时，为了让学生理解文中主人公奥楚蔑洛夫多变的现象背后掩盖着谄上压下的不变的本质，我以一条波浪曲线和一条直线表述。有学生提出不同意见，认为波峰波谷不能等距离，前后振幅应有变化，当主人公确实知道那条小狗是将军哥哥家的狗时，巴结拍马的心情更急切了，频率应加速。学生思维的火花令人兴奋，我立即鼓励、表扬，并请他修改黑板上的线条，说明修改的理由。一石激起千层浪，其他学生积极性高涨，七嘴八舌，不断提出修改的意见，读课文，谈看法，课堂上热气腾腾，语言、思维双锻炼。

学生十分可爱，教师要理解他们。他们最感兴趣的不全在长知识，更在于独立开展抽象思维过程本身，也就是喜欢长知识和长智慧相互结合的智力活动过程。学生学习语文过程中常有"吃不饱"的感觉，多半是由于教师对学生这一心理特征缺乏认识，有意无意对他们的创造性思维起了抑制作用的缘故。

在辨疑、析疑的过程中，特别要重视课堂上的"神来之笔"。因为此时此刻，学生情绪高昂，内心喜悦，求知的欲望倍增，语文能力、认知能力往往超水平发挥，推动教学往纵深发展。

三、重点突破

课堂上常有这种情况：举手、质疑、辩论常集中在某些学生身上，他们学习得特别主动积极，而有的学生主动性就差些。对他们除须深入了解原因外，还要采取重点帮助的办法，为他们创造条件，促使他们开动脑筋，提高他们使用语言的能力。思考能力是逐步培养的，发表见解的能力是逐步锻炼的。

怎么突破呢？

在难易适度上做文章。教练员训练运动员要善于发挥每个运动员的才能，教师训练学生也是如此，要认清学生的差异，使程度好的、中的、差的，思维敏捷的、迟钝的都开动脑筋，有所进步。对学习困难的学生尤其要保护他们的点滴进步，不挫伤他们的积极性。在设计课堂提问时应有难有易，有简单有复杂，高低兼顾。如教《哥白尼》一文时，我对哥白尼学说的重大作用设计了三个台阶式的问题启迪各类学生的思维，组织他们进行语文能力的训练。先要求学生找出表现哥白尼的学说对人类思想发生深刻影响的关键词语。学习困难的学生也能迅速找出，这就是"天翻地覆"。接着要求他们迅速改变词序而不变本义。"地覆天翻"，"翻天覆地"，一般学生都能答上。然后要求学生说明怎样天翻地覆，天动——地动，中等程度的能用完整的语句抓住要点回答。最后要求学生组句，用这个关键词说明哥白尼学说对人类思想发生怎样的深刻影响，这就有了一定的难度了。"哥白尼的学说不只是在科学史上引起空前的革命，而且对人类思想的影响也是极深刻的，深刻到把人类的意识天翻地覆地倒转过来。"设计阶梯式的问题，由简到繁，由易到难，程度差的学生不仅能当堂积极思考，而且由于给他们指出了攀登的途径，攀登的勇气也就被激发出来了。

变换训练的方式，不总是教师提问，学生举手回答。有时约定不举手，大家思维都处于兴奋状态，教师指人答。有时可七嘴八舌地答，有时采用轮流答、重复答、跳答。采用多种多样的方法的目的都是让学生的脑子动起来、转起来。

注意加温。教师教说、帮说，寻找学生优点，真心实意地表扬、鼓励。思考能力是逐步养成的，发表见解的能力是逐步练好的，学生每有进步，必予充分肯定。

总之，教师要妥善组织和安排好每一堂课，指导和鼓励学生通过自己的脑力劳动学习语言文字，千万不能依靠灌输与注入。

学生在学习中要记住一些知识，但更重要的是理解，托尔斯泰在其教育论文集中说，靠记忆力来掌握未检验过的概括，是破坏思维进程的最大祸害。这一论断是很有道理的。培养学生能独立思考、独立解决问题，从来是教育学中一个重要课题。

弘扬人文　改革弊端 *
——关于语文教育性质观的反思

一、扑朔迷离的现状

眼下，语文教育现状常遭到种种非议。高校教师反映：学生语文水平不行，语文入学分数高，而读、写、听、说能力低，写作能力尤低的情况似乎越来越明显。中学教师也反映：语文能力强的常得不到高分，得高分的又常是极其一般的，不懂。社会上反映：别说中学生了，有些大学生写的东西也不太像样。语文是中学打基础的事，当然很难要大学负责。但质量不尽如人意几乎是众口一词，到了不得不正视、不得不认真对待的时刻。

70年代末吕叔湘先生曾在《人民日报》上发表文章，郑重指出语文教学少、慢、差、费情况严重，亟须改变（见1978年3月16日《人民日报》）。语文教育工作者因此而震动。此后，语文教改之风兴盛，各抒己见，百家争鸣，对于文与道、语与文、

---

* 本文发表于《语文学习》1995年第6期。

语文讲练与思维训练关系的认识取得不小的进展。然而，遗憾的是好景不长，许多做法还来不及开展充分的实验，许多课题还来不及上升到理论上做科学探讨时，就被席卷各门课程的"标准化题"笼罩了。中华人民共和国成立前、中华人民共和国成立初期，粉碎"四人帮"后不久，语文升学考重点是一篇作文，语文教育有相当的弹性。改制为"标准化题"，初衷是扩大考核面，增强客观性，岂料各式各样的变异题型应运而生，汇成题江，汇成题海。初三、高三毕业班的语文教育几乎是以题带教，以题代读代写，教师非自愿，但不得不为，不敢不为，学生在题海中浮沉，不堪其苦。师生如此辛苦，如果教学质量上乘，倒还情有可原；可惜事倍而功半，在新的基础上重演少、慢、差、费。出路在哪里？不时有人发表这样那样的见解，但是未能引发有焦点、有力度、有规模的论争，未能对语文教育实践产生显著的推动作用。现状扑朔迷离，与良好的愿望相左，须集思广益，寻点根，刨点底。

二、关键在性质观

现状令人忧心，不少人都怪罪高考地位特殊，认为它指挥了整个中学语文教育，影响所及，甚至到小学低年级。这种责怪并不十分公平。升学考试从来是指挥棒，其他学科如此，国外也如此。问题的实质在于，操纵这根指挥棒的是只无形的手，那就是语文教育观念。

教学行为受教育观念支配。群体性的教学行为往往受到某种思潮的教育观念的支配。语文教育观念是对语文教育诸问题的看法，从语文教育性质到目的任务，到教材教法，到师生作用，到质量评估，到考试方法，到课外教育等，构成体系。教育观念附着于教育者脑中，形成心理定式，有意识地或不完全有意识地指挥教学行为。在语文教育观念体系中最为核心的是性质观，它统率语文教育的全局，决定语文教育的发展方向，由此而引发出目的观、功能观、承传观、教材观、教法观、质量观、测试观、体制观等一系列观念。

作为对"文革"期间语文课上成政治课的一种否定，20世纪70年代后期语文教育十分强调工具性，甚至有些纯工具论的倾向。于是，产生了继20世纪60年代初期之后的新的"文""道"之争。不过，这场争论并未掀起大波，思想教育不能外加，应渗透于语言文字的教学之中的看法较快地得到认同。多数论者认为，任何一篇课文都是思想内容和语言形式的统一体，思想性是语文的固有属性，它蕴含在语文教材里，贯串在语文训练中。语文学科的思想性与工具性一样，都得到了认可。1992年颁布的《九年义务教育全日制初级中学语文教学大纲（试用）》（以下简称《大纲》）从不同的角度对这二者先后加以肯定。即"语文是学习和工作的基础工具。语文学科是学习其他各门学科的基础"。在"教学目的"中提出"在教学过程中……培养健康高尚的审美情趣，培养社会主义思想品质和爱国主义精神"。

在特定的社会文化背景下，对语文学科的性质做出以上的理解和判断，无疑是有十分积极的意义的。我曾经乐观地认为，从此，语言教育的航向已够清楚明白，只需循章行事便是。然而，现在看来，20世纪80年代涉及语文学科性质的讨论，主要是在语文教育界内部，在操作性层面上展开，未能吸引相关学科的共同参与，未能利用国内外语言学、心理学、教育学、人类学、社会学等领域的新的研究成果，未能对母语教育和外语教育进行系统的比较研究，视界不够开阔，学理缺乏底气，若干有价值有新意的理论观点又没有得到充分的论证和及时的整合。在多种因素的作用下，"语文课就是基础工具课"的思潮广泛地支配着群体教学行为。

三、准星发生偏差

按照《大纲》的精神，工具性与思想性在语文教育中应是统一体，互相依存，不可分割。可是在阐释与实施的过程中偏线了，正好像瞄准靶子打枪一样，准星发生偏差，当然发出去的子弹乱了套。近些年来，工具性的砝码越来越重，许多文质兼美的文章的思想意义在相当程度上形同虚设，只是寻词摘段，用解剖刀肢解，作为训练语言的例子，学生在知、情、意方面有多少收获要打个问号，与《大纲》的要求相距甚远。若不信，请看下面的事实：

1994年，语文高考写作占50分，据广东省抽样统计，全省平均为29.07分。各项得分率是：内容51.39%，语言60%，结构60%，书写69%。从统计看，内容项的分最低。考生在写《尝试》这篇作文时，写了学骑单车、学走路、学说话、学煮饭、学炒菜、学洗衣服，甚至学谈恋爱、学做小偷等，不一而足。很明显，文中所反映出来的生活与高中生的实际生活是很不相称的，所表现出来的肤浅甚至丑陋的思想是不可等闲视之的。

作文的思想性当然不能也不必由语文教育包揽，但是，思想性的失落，与语文教育在导向上的偏差密切相关。

在简单片面的语文教育工具化思潮的冲击下，尽管作文的题型花样翻新，套路一套又一套，但作文教学与往昔比，不是日益发展、日益火红，而是有点萎缩。首先，是重视程度减弱。作文是语文能力、认识水平的综合反映，要拿高分不易，须细水长流，难收突击之效。下功夫不上算，考试只要题型对路，就可应付。其次，是写得太少。刀不磨不锋利，笔少用必笨拙。一学期写四五次作文，有的只写一二篇，学生怎能练得出过硬的本领？这且不说。学生写，怎么指导，标准是什么，大有讲究。标准似乎越来越低，"读普通文，写普通文"，只要成为"生活工具"就行。学习上有个十分平凡的道理，就是取法乎上，由于种种原因，有时也只能得之于中。写文章总要往高处看，有基本要求，抽去内容或忽视内容讲文字形式、文字技巧，学生学了干什么呢？"诗言志""文以载道"是写诗文的基本道理。凡是经得起时间考验的优秀诗文，无不具有深刻的思想力量，给人以无尽的启迪。我们虽不要求学生都能写出优秀文章，但文章要有充实健康的内容，总是应该的吧。

早在1958年，郭沫若在《文风问答》一文中就明确指出："文章是人写的，因此，首先是人的问题。古语说'文如其人'，这是说什么样的人，就写什么样的文章。文章要写得准确、鲜明、生动，首先要看写文章的人的思想、立场、作风怎样。你的思想正确、态度鲜明、作风正派，那么，你写的文章也就有一定的准确性和鲜明性。这是基本问题。"学生习作重点不在于探讨文风，而在于懂得作文与做人的关系。作文教学训练学生写作能力时应二者有机结合，否则，一手"硬"（文字技巧，其实并非真硬），一手"软"（思想内容），质量无法保证。这种情况看来似乎是方法问题，实质上是错误的语文教育性质观在起作用。

作文教学如此，阅读教学呢？"不闻读书声琅琅，但见习题如海洋"恐怕是极形象的概括。将文质兼美的文章肢解成若干习题，抠这个字眼，抠那个层次，文章的灵魂不见了。有些佳作名篇学生学过后对文章的脉络、作者的写作意图、文中思想的闪光点竟然不甚了了，脑子里如马蹄杂沓，堆砌了许多字、词、句的零部件，这个知识点，那个知识点，用以"备考"。

肢解也非易事，见段不见文，见层不见段，有些教师实在手不熟，赶不上趟儿，于是种种命题专业户诞生。不管什么文体的文章，都能排出一套套题目以飨师生。你推波，我助澜，一时间遍及城市农村。阅读教学究竟该担负怎样的任务？阅读教学走向何方？许多教师困惑了。至于语文的听说训练、思维训练、课外教育，也因准星发生偏差而大受影响。

四、究竟怎样定位

语文教育的"位"究竟定在哪儿？有老师发出这样的疑问："语文教学是什么？语文教学干什么？现在仍然在扯皮。把语文教学看作文学教育，看作文化教育，看作审美教育，看作政治教育，看作道德教育，看作思维教育的议论与做法真是说不清，道不完。"（见《反传统，不在于方法，而在于思想》一文，《语文教学通讯》1995年第2期）

这位老师的想法和情绪是有代表性的。在我看来，这恰恰反映出进一步认识语文教育学科性质的重要性和紧迫性。人类文明发展史上，任何一门学科的成长，总是与"自身到底是什么"的争论相伴随。人文学科中，哲学、文艺学、美学、历史学、语言学、心理学、教育学，有哪个门类不是至今还在讨论定位问题？特别是在一门学科面临突破性进展的时刻，更要对自身的性质进行深入的反思。著名语言学家张志公先生早就提出，现有汉语语法学"基本上不符合汉语特点"（《闲话语言》，《扬州师范学院学报》1980年第2期）；不久前，他向《语文建设》记者发表谈话，指出中学语法难教"根本原因在于语法系统无论哪个流派哪个学派都是从西方引进的"，"实事求是地说，到现在为止，恐怕还没有任何一部是真正汉语的汉语语法"，"语法学乃至整个语言学，是一门应用科学，不是纯理论科学……如果不是为了应用，不是为了提高应用能力，那就不必研究语法，不必教语法，不必学语法"（见《语文建设》1995年第2期）。张志公先生对汉语语法学、语法学乃至语言学的状况和性质所发表的意见，正预示着学科内部孕育着深刻的变革。时处世纪之交，语文教育的社会文化背景变化迅猛，语言环境日趋复杂。语文教育现状不理想，对《大纲》的阐释有歧义，师资队伍和教育对象出现许多新情况、新问题，现代教育技术日新月异……所有这些，都在要求语文教育须对自身性质进行新的探讨。矛盾是回避不了的，分化，综合，再分化，再综合。语文教育学科建设，将围绕以性质观为核心的教育观念的讨论，在多元化的观念和实验的碰撞中，在否定之否定的辩证行程中，赢得螺旋式的上升。

给语文教育定位，先得给语言定位，给汉语定位。长期以来，语文教育界强调语言的工具性，这是无可非议的。然而，它绝不等同于一般的生产工具,如机器或犁锄;也绝不等同于一般的生活工具,如筷子或拐杖。语言是表达思想进行交际的工具,是思维的物质外壳,是信息的载体。这种工具、外壳、载体,都是只有人类才拥有的符号。在符号的意义上把握语言的工具属性,恐怕较为恰当。问题更在于,"语言是思想的直接现实"(马克思、恩格斯《德意志意识形态》)。各民族的语言都不仅是一个符号体系,而且是该民族认识世界、阐释世界的意义体系和价值体系。符号因意义而存在,离开意义,符号就不成其为符号。这就是说,语言不但有自然代码的性质,而且有文化代码的性质;不但有鲜明的工具属性,而且有鲜明的人文属性。

西方学者把语言看作开启人类社会文化起源和发展奥秘的钥匙(意大利,维科),认为语言是一种创造性的精神活动(德国,洪堡特),不仅视语言为一种文化现象,称语言基本上是一种文化和社会的产品(美国,萨丕尔),还把语言看作文化建设中的一种力量(德国,魏斯格贝尔),认为语言和文化相互塑造,相互渗透,相互从属(美国,沃尔夫)。如果说,世界各民族语言都具有人文性,那么,汉语汉字的人文性可说是特别突出。在中国古人看来,"人之所以为人者,言也。"(《春秋穀梁传》)"不知言,无以知人也。"(《论语·尧曰》)著名的名实之争,文道之论,言意之辩,在某种意义上,都关涉到汉语人文性的阐发。朱熹说:"道者,文之根本。文者,道之枝叶,维其根本乎道,所以发之于文,皆道也。三代圣贤之章,皆从此心写出,文便是道。"(《朱子语类》卷百三十九)从此类论述中,可以体悟古人是如何把语言同人性、天道、事理联结在一起的。

中国现代学者对于汉语的人文性也多有创见。20世纪80年代后期关于中国文化语言学的理论探索和争鸣，论争双方都为如何理解汉语的人文性提供了丰富的思想资料。汉语言文字不是单纯的符号系统，它有深厚的文化历史积淀和文化心理特征。汉语和其他民族语言的工具性和人文性，是一个统一体不可割裂的两个侧面。没有人文，就没有语言这个工具；舍弃人文，就无法掌握语言这个工具。

弄清楚语言的特质，语文教育是什么，具有怎样的性质，也就迎刃而解。法国学者加斯东·米亚拉雷曾指出："学校的语言首先是占统治地位的文化的传播工具。因此，所谓母语教学的问题从来就不是一个纯技术问题……在母语教学中，社会学和政治方面的因素占举足轻重的地位。"人们在给语文学科定位时，使用的"性"超过10个。我想"人文性"较之"思想性""情意性""科学性""文学性""社会性""政治性""民族性"等，似乎更为合适。语文学科作为一门人文应用学科，应该是语言的工具训练与人文教育的综合。

五、弘扬人文，改革弊端

语文教育人文性是一个古老而年轻的课题。汉语文教育有优秀的人文传统，培育出一代代道德文章彪炳千秋的文人学子，哺育出千千万万的美诗佳文，传播中华民族的优秀文化。今日的语文教育对汉语文的人文性未给予足够的重视，甚至感到陌生。要走出困境，提高质量，须弘扬人文。

不承认语文的人文性，必然是只注重语文形式，忽视语文内容。文化内涵本是语文的固有根基,教材中的任何课文都是思想内容和语言形式的统一体,不可分割。只讲形式,就会架空内容,语言形式就失去灵气,失去光泽,变成任意排列组合的僵死的符号。对这个问题,叶圣陶先生从修改文章的角度谈到过:"修改文章不是什么雕虫小技,其实就是修改思想,要它想得更正确,更完美。"语言文字是载道明理的工具,"道"与"理"不讲究,这个工具又怎样有生命力,怎能完美呢?忽略语文的人文性,必然只强调语文工具而看不到使用语文工具的人。学语文不是只学"雕虫小技",而是通过学语文学做人。语文教育就是教文育人。语言文字是文化的载体与结晶,教学生学语文,伴随着语言文字的读、写、听、说训练,须进行认知教育、情感教育和人格教育。只强调语文工具,用解剖刀对文章进行肢解,枝枝节节,只见树木不见森林,闪光的启迪智慧的思想不见了,吸引人、凝聚人、感人肺腑的情感被肢解得无踪影了,留下的是鸡零狗碎的符号,充塞学生脑海。

  弘扬人文,不是照抄过去,而是在继承的基础上出新,赋予时代精神。今日的语文教育要有中国特色,就要弘扬优秀的民族文化精神,就要有面向新世纪的浓郁的时代进取精神,变语言形式教学的单一功能为知、情、意教育统一的多功能,变低效率为高效率,尊重和发展教的个性与学的个性,探索与现代教育技术结合的途径,开创百花齐放的新局面。

  要变语文自我封闭性为开放性,开发语文教育空间,面向生活,面向社会,面向活泼泼的中学生,不用机械训练消磨学生的青春。

要坚持汉语文教育自身的特点,学西方语言,学西方测试,要在"化"上下功夫。照抄照搬,不仅淡化甚至有悖民族文化精神,而且会把许多语文教师引入误区,他们一旦进入考试怪圈,局囿其中,脱身不得。

对语文教育性质观的反思,目的在求得语文教育健康发展,使莘莘学子深受其益。

谈素质教育背景下的语文课堂教学改革 *

全面推进素质教育的根本宗旨是提高国民素质。素质教育的重点主要是两方面：一是实践，我们培养的人不能只会动口，不会动手，虽然奥林匹克学科竞赛我们名列前茅，但是我们的动手能力还不怎么行；二是创新，如果我们永远跟在人家后面走，就永远都不能超越。既不能超越自我，也不能超越他人。教育说到底就是培养人，培养怎样的人是个大问题，一定要认真研究。所以，要在全面推行素质教育的背景下来看我们的语文教学，其实也不仅是语文教学，各学科的课堂教学确实都必须认真改革。

知识经济社会是以知识的生产、交换、分配、使用和消费为特点的一种新的经济类型的社会。这样的社会最重要的生产力不是我们原来工业社会的石油、机器。知识经济社会最重要的生产力是知识，而教育是生产知识的生产力。理论形态的知识，怎么能够转化成现实的生产力呢？这就需要教育。要求教育为人的发

---

* 本文是作者 1999 年在上海市青语会（上海市青年教师中学语文教学研究会）年会上的讲话。

展提供四个支柱。第一，就是学会学习，就是具有理解力、分析力、知识系统化的能力、创新能力等。对中小学基础教育来说，怎样让学生学会学习、学会求知，是非常重要的，因为任何一名好的教师都不可能在课堂上把今后学生所需要的知识本领全部教给他，但是他学会学习，学会求知，就可以一辈子受用。要教会他们怎么阅读，怎么分析，怎么辨别。第二，就是学会做事，学会做事就要有首创精神，要有合作精神。第三，就是要学会共同参与，现在很多科研都要共同参与，再也不是过去小生产的时候，个人去发明创造，现在很多合作都是跨学科的，因此在课堂里就要培养合作精神、参与精神。现在根本不可能某一个人去搞一个高科技的东西。第四，就是学会生存，学会发展，个人的潜能是怎样的，个性是怎样的，要开发，要教育培养。我认为，到现在为止最好的教学大纲就是目前供试验用的高中语文新教学大纲，中华人民共和国成立以来第一次提出要发展个性，这是要有胆量的，是很不容易的。我们教育的很大问题是一个模式，而人不是一个模式的，人有个性、特点。我想钱锺书这样一个学问贯通中西的大学者是考不取现在的大学的，他升学数学才考了28分，但是我们要几百年才出这么一个大学者。要发展学生的个性，发展他们的聪明才智，课堂教学必须改革。

最重要的就是要更新教育观念。我教学几十年，在课堂上站了几十年。长期以来，教学中有"三多三少"困扰我的思想。第一，是眼前的学生看得多，将来建设者的要求考虑得少。第二，是知识看得多，能力看得不够。实际上，成才的不一定是考高分的学生，而是综合能力很强、思维敏捷的学生。第三，是分数看得多，实际才干看得不够。学生有很多才华，但有时候在它萌芽的时候就被压制掉了。长期以来，这"三多三少"困扰了我们的思想，因此目光短浅，其结果是重术轻人，只看到具体的技能技巧，而没有看到完整的要培养的人。21世纪我们国家要在世界上立于不败之地，其他的因素很多，但最重要的就是拼人才，谁的人才素质高，谁就能立于不败之地。这一点很多人还没有认识到，实际上培养怎样的人是非常重要的。我从80年代开始就试图破这个"三多三少"，就是要"目中有人"。1978年，我曾经写了一篇文章——《既教文，又教人》，后来刘国正同志给我写了封信，肯定了这篇文章，说我切中时弊。切中时弊，就是能够在那样的情况下看到问题。我们的教育始终是培养人的，千万不能重术轻人。现在的状况是淡化人，人似乎是虚拟的，是概念化的。实际上，培养人是要放在特定的历史条件和特定的社会环境下来认识的。我们现在需要的人是要基础扎实，思维敏捷，应变能力很强，有创新精神，而不是培养书呆子。然而，大量的题海战术让学生真的没有时间读书，说语文水平不好我们是很冤的。现在要确定语文教学的地位，这一点非常重要。这是要争的，不争就没有。听说上海新一轮课程改革行动纲领高中语文无必修课，我是不能接受的。70年代末，福建会议上我曾就这个问题发表过意见，我说学生初中三年语文是过不了关的。当时有个思潮叫"三年过关"，因此有的中学校长就说，这下语文课不要排了，只要排数学、物理、外语。我不知道这过的是"嘉峪关"还是"山海关"，因为我教了那么多年高中了，到高中有些学生语文还不过关。这是一个大问题。初中的学生跟高中的学生完全是两码事，初中是孩子，是少年，他们对阅读、对问题的理解、对事物的认识，跟十七八岁的高中生完全不同。我想语文在中学素质教育中的地位要确定，它到底有没有作用，这是一个比较大的问题。还有，我觉得观念要改变，要认识现代社会对我们的需求。我们不能关起门来教学，因为语文是最开放的学科，应该放在社会生活这样一个大环境中来培养学生的语文能力，所以最重要的就是要更新教育观念。现代教育观念是建立在对现代社会认识的基础上的，如果不认识现代社会，就不可能对培养目标有清醒的认识。我在教学时有八个字："教在今天，想到明天。"教育事业是未来的事业，是为未来培养人的，因此要以对明日建设者的要求来指导和确定今日的教育教学。要根据需求来工作，用明日的建设者是怎样的这个要求来促进今日的教育教学工作。实际上对这个问题的认识，世界上各国都很清醒。日本就提出要培养21世纪世界通用的日本人。他们的口号是"世界通用的日本人"。美国为了培养21世纪的美国人，投入了大量的资金，90年代初期就进行了调查研究，研究21世纪美国就业的人员需要怎样的本领，同时对美国教育的现状进行了调研。最后美国劳工部对21世纪美国就业者提出必须具备三大基础。三大基础是能力基础、思维基础、素质基础。能力基础中要求有较高的读、写、算、听、说的能力。他山之石，可以攻玉。如果只把语文看作技能技巧就是小看它了。它是民族文化的根，它对外是屏障，对内是黏合剂。秦始皇统一中国的文字功劳极大。因为统一了文字，我们几千年的文化才流传下来，我们才能够享受祖先创造的中华文明。因此不能把语文只看成技能技巧，应该完整地看到语文的全部，看到它深刻的内涵。不管从现实状况还是从国外来讲，我们确实要更新教育观念。第三个问题就是课堂上怎么办，现在课堂上学生大量的时间是在做作业，无穷无尽的每日一练，根本没有时间读写。有限的课堂无论如何要进行改革，课堂是我们最后一块阵地。

我想素质教育背景下的语文课堂教学有四点可以考虑。

一、出发点要转换好

长期以来，教师都是从教出发，现在要转化到从学生的学出发。我们的教是为了学生的学，教会学生会学语文。课堂不是教师演讲的地方，而是学生学的地方，教师引导、点拨，让学生做学习的主人，一定要让学生读教材，再好的教材读不进去也是没用的。读，要思考，自己说，自己写。因此课堂是在教师指导点拨下学生的用武之地，千万不能越俎代庖。我们现在大量的教师在做演员，特别是公开课。过去叫"满堂灌"，其实我们这些人都是被灌出来的。过去教师不讲究方法，但是他们有学问，我们很佩服。现在方法五花八门，但我总觉得方法无论如何是第二位的。教师有真才实学就能点拨，就能点在点子上，点在要害处，否则就是乱点。现在的教学一直在打外围战，学生忙得要死，攻都攻不进去。因此我觉得教师不能做演员。我们现在的教学是平时上课满堂灌，公开课满堂问，热闹非凡，说完了也就没有了，或者是满堂灌加上满堂问。我总认为教课不能教在课堂上，教在课堂上就会随着声波的消失而消逝殆尽，课要教到学生心中。教过不等于教会，教过所有的教师都可以做到，教会却非常不容易。

我谈的都是教训。所以我讲第一个是转换出发点，一定要从学生的学出发，让学生做学习的主人。教师做教练，做学生脑力劳动的指导员。

二、课堂结构要改变，要优化课堂教学结构

从单向型的课堂结构转换成网络型的结构。单向型往往是教师讲、学生听，或者是学生问、教师答，是单向型的直线交流。这样只是有一部分学生在听，其他都是陪客。我们是要教会所有的学生，要让他们在原有的基础上有明显的提高，要把所有的学生组织到课堂教学中来，所以课堂教学要网络设计，像太阳辐射。这样的好处是各个层面都能照顾到，也就是教师的"教"作用于所有的学生，而所有的学生的"学"都应该反馈到教师的"教"这方面来。学生跟学生相互作用，也就是说是一个共同探求真理的伙伴关系，共同寻求知识和真理，共同寻找解决问题的方法。这样的好处是所有的学生都被组织到课堂教学中来。教师总体上是超过学生的，但是在某一点上并非如此，师生完全可以起到教学相长的作用。我觉得课堂教学辐射的网络设计是非常重要的。我有一次上课，课上到一半，一个女生站起来，她说："茅盾先生讲白杨树怎么好怎么好，白杨树是不成材的，楠木是贵重的，我这个初中生人微言轻，您可能不相信。"她拿出一本屠格涅夫的《猎人笔记》，跟我较量。她说："屠格涅夫讲，白杨树叶子硬得像金属，枝条也不美。"听后我表扬了她，谢谢她用课外的读物来印证课文，是动脑筋的表现。然后我讲，这是用象征的手法讲的，景随情移，客观的景物是随作者主观的情而改变的。有

一个男生立刻站起来说:"别的我还想得通,有一个句子想不通,'白杨树算不得树中的好女子','是树中的伟丈夫';说它'伟岸,正直,朴质,严肃,也不缺乏温和'。严肃是使人敬而远之的,温和的人是使人容易亲近的,在一个形象身上又温和又严肃,是不是茅盾先生说话说矛盾了?"这位学生胆子很大,敢提出问题。一石激起千层浪,大家七嘴八舌,课堂气氛非常活跃。在这种情况下,教师一般表态是不行的。我脑子里突然跳出一个句子,《论语·述而》里,有人问孔子是怎样的人,回答说:"温而厉",温和而很严厉;"威而不猛",很威严但是不凶猛,不像张飞、李逵那样;"恭而安",既恭且安。因此,一个人既严肃又温和是不矛盾的。讨论问题,教学相长,师生的关系亲密无间,非常和谐,使得教学研究向纵深发展。因此,我教了几十年,也是向学生学了几十年。有些学生的思维非常活跃,有的问题我们教师想也不敢想。我刚刚教初一的时候,教《纪念白求恩》,下课有一个男生对我说:白求恩是一个伟大的人,我很感动,但我觉得作者对他不尊重。他说我们普通人死了,可以用"死",而一个伟大的人不远万里来到中国,为了中国人民,就这样牺牲在战场上,作者却用"对于他的死,我是很悲痛的"。他觉得"死"只能平常的人用。学生年龄小,不懂得毛主席的语言风格,这且不去讨论。我问他觉得应该怎样用,他说:"依我来看,应该这样用——'对他的逝世,我是很悲痛的',这样对白求恩就很尊重了,或者是'对他的以身殉职,我是很悲痛的'。"这样的学生怎能学不好语文呢?

三、要拓展创造思维的空间

课堂上语言训练和思维训练是同时进行的，一个不会思考的人，怎么学得好？读也是有口无心，说也是词不达意，因此课堂里一定要拓展创造思维的空间，给学生发展的天地。教语文是一种享受。中外古今那么多佳作我们学了，使我们认识社会、体味人生、认识自然，有无穷无尽的乐趣。人不是站在平地上，而是不断地在登山，无限风光在险峰。所以我说课堂上一定要有拓展思维的天地。精华是千锤百炼留下来的。比如范仲淹的《岳阳楼记》，登岳阳楼的文人骚客太多了，诗词也很多，那么这篇为什么能流传千古？"先天下之忧而忧，后天下之乐而乐"，这种思想境界就超越了他同时代人的水平。这就是精华、精髓，人类思维的结晶、智慧的结晶，因此流传千古。我想这种精华无论如何是不能丢的。不可否认，我们的传统教育有很多弊端，比如重结论、轻过程。教育就是一个过程，就是教师培养学生成长、成人、成才的过程。所谓"三成"，只有茁壮成长他才能成人，成人到一定程度才能成才。还有就是重记忆、轻创造。记忆是需要的，死记硬背不对，但积累非常重要，否则腹中空空，怎么写得出文章来呢？文化人和野蛮人有两大区别，北大一位哲学家讲，人和禽兽两大区别，一是人能够用工具生产、劳动，二是人有语言文字。能读书著书是人跟禽兽的最大区别。因此我们要积累，但是不能轻创造。知识当然要有，但是能力非常重要，千万不可忽视。从静态的维度来看，知识是人类社会实践经验的总结；从动态的维度来看，知识更是认识的过程，是探求知识形成的过程。因此我们在培养学生求知的时候，千万不能忘记探究、发现、探讨这个知识是怎么来的。有些知识已经有了定论，比如，牛顿的经典力学。许许多多的物理学家都认为物理的大厦全都盖好了，今后就是怎么装修了。但是有人认为天上晴空万里还有两朵乌云，用牛顿的定理不能够解决，因此拉开了近代物理学的序幕，这就是探究。所以探究的过程无论如何是不能忘的。比如，三角形的内角和等于180°，但在球面体上，三角之和就不等于180°，它可以大于180°，可以小于180°。所以从静态来看，知识是认识事物的结果，但是从动态来看，它是认识事物的过程，意义更大。因此教学中这一点也是非常重要的，就是要拓展学生创造思维的空间。

课堂教学中，有两个方面必须重视。

一个方面是要把语言训练和思维训练放在同等重要的位置，教语文就是要让学生正确理解和运用祖国的语言文字，要培养读、写、听、说的能力，但是我们不能十年寒窗苦，就读一本书。学生要读那么多书，因此思维训练显得非常重要，教师要把学生的思维调动起来。学生学习不仅用感觉器官，也要用思维器官。孟子说"心之官则思"。心的功能就是思考。学生不会思考问题就学不好。越是学习好的学生越是问题多，学习不怎么样的学生，你问他有问题吗，他总说没有，他认为都懂了，实际上并没有懂。要让学生能够发现问题，分析问题，从而寻求解决问题的方法和途径。所以在教课当中要启发学生发现问题，这个能力是培养的。然而，学生发现问题没那么容易，我是捧着人民教育出版社（以下简称"人教社"）的教材，要学生先从教材当中发现问题。怎么发现呢？要"三看"，看课文，看注释、提示，看后面的思考问题。教材的前前后后都要看，看了以后想一想哪些懂了，哪些没懂，还有哪些问题。然后要查，查工具书、查资料。"三看一想一查"，这样学生能从最简单的字词入手，然后到篇章，到写作方法、写作特点，最后再跟生活这个根联系，跟课外阅读相联系。这样问题就很多，有时学生能够问出一二十个问题，而且非常有质量。因此要给学生思维的空间，一定要让学生有发现问题的能力。因为语文教材是宝藏，是宝库。我们教的只是千分之一、万分之一，根据教学要求，不可能把其中所有闪亮的东西都挖掘出来。所以一定要让学生有宝藏意识，学语文是来探宝的，要动脑筋去探求才能获得珍宝。有的时候一个很简单的句子，学生有一点想法，教师要立即捕捉。高中教材里的《林黛玉进贾府》，王熙凤的出场描写是天下妙句，她的语言表现也是非常精彩的。她看到林黛玉，说："天下真有这样标致的人物，我今儿才算见了！"这，学生当然是看得懂的，用现在话说是新闻炒作、吹捧。接下来说"况且这通身的气派，竟不像老祖宗的外孙女儿，竟是个嫡亲的孙女"。学生问，王熙凤貌美如月，怎么讲话疙疙瘩瘩的，用两个"竟"干什么？不像个外孙女，倒像个亲孙女，不痛快吗？有的学生说你捧林黛玉就够了，为什么还要讲外孙女、嫡亲的孙女？学生对封建社会外亲、嫡亲的区别不太懂，因此要启发学生思考句子的妙处，让他们有思维的空间。比如，这样一个吹捧、赞赏，绝不是一般的阿谀，这种吹捧是不留痕迹的，是"高品位"的。王熙凤工于心计，她是不是只想捧林黛玉呢？她其实主要是捧老祖宗。老祖宗怎么个捧法？这个很有讲究。老祖宗讲过她最喜欢她的女儿，女儿的女儿就是这个外孙女林黛玉，因此王熙凤捧的是老祖宗。但是旁边的邢夫人、王夫人、迎春姐妹怎么办？要皆大欢喜，这样就显出了王熙凤语言的功力，因此她说"竟不像老祖宗的外孙女儿""竟是个嫡亲的孙女"这样的话，邢夫人、王夫人、老祖宗皆大欢喜。中国语言文字的表现力、魅力真是世界上少有的。这样，在探究的过程中学生就理解了语言的魅力，就看懂了。

第二个方面是一定要留给学生创造思维的空间，留出空间让他们想象。因为诗情画意一定要想象，想象时脑子里意境就出来了，内情和外景交融的时候意境就出来了。要拓展创造思维的空间，想象是不能够忘的。学生要思接千载，视通万里，这是很重要的，因为课堂是有限的，有限的课堂就好像画在框里一样，要开拓无限的想象空间。想象是创造思维最重要的东西，想象是一种酶，它能够活化知识。脑子里要有具体的图景。比如地球，所谓的纬线、经线、赤道，实际上地球上都没有，这是好多学者搞出来的理论框架，如果没有创造思维，就没有这个理论框架。有了这个理论框架学起来就方便了。又如，我在教《变色龙》的时候，听课的人很多，教到快结束的时候，一名学生突然站起来说："老师，您教错了。"我觉得好像没有错，更不知道错在什么地方，于是就请她上讲台来讲。这名学生语文成绩差，考文言文不及格，但是她胆子大，什么听课、录像、旁若无人，我觉得这很好，经常鼓励她。她慢慢就悟到点子上了。她说，这个变色龙是沙俄的警官，您对他的理解还不够。我在教这篇时，因为初中的学生小，会对多变的现象感兴趣，狗的主人是将军，狗就变成娇贵的狗，如果不是将军家的就变成野狗。根据这个现象我画了一条波浪,表示多变。我说这多变的现象是由不变的本质决定的,我又画了一条直线,代表不变的本质,这个不变的本质就是趋炎附势。于是她说:"您想,现在这个警官已经知道这条狗是将军哥哥家的了,他巴结拍马的心情就更急切了,您用这种等距离的波峰波谷怎么能够表达呢?这时他的心跳得更快了,频率更高了,就该是这个样子。"她做了一个波峰突然升高的样子。她讲得非常好,我给予充分的肯定。其他学生讲:"老师,您怎么没有想到?"我在备课的时候,根据学生的实际,只想到了现象和本质的关系,是单向思维,实际上要多向思维。在现象变化的过程中,警官也在变,从这一点来讲,学生思维的严密性超过我了。我让学生上来改我的板书,用红笔修改我的白笔,大家都很高兴,学生最高兴的就是老师"挂黑板"。我老老实实,因为教育就是老老实实的,我告诉学生我确实没有想到现象在变的过程当中其他因素也是变化的,应该是多向思维的,这样一改学生就满意了。师生是平等的,求知不存在尊严,谁说得对就听谁的,服从真理,这就叫伙伴关系,这就叫合作关系,这就叫和谐发展。把学生发动起来,思想高度集中,就能够爆发出智慧的火花。教师要善于把一个人的火花变成集体的火花。这样,对课文研究就深入了,就水涨船高了。课外也应该是大大的一块。如果星期六下午没有课,我的时间都给学生,这个星期看灯展,下个星期看画展。假如我没有时间,就叫我的徒弟带学生去游览。我的特级教师津贴全部给学生买书。有的学生看《静静的顿河》,写了很多页笔记,对人物进行评论。学生可以写出对《傅雷家书》不同的看法,提出各种各样的问题。我觉得教课要胸中有书,使教材如出自己之口、自己之心,这样才能运用自如。最不好的就是照抄参考书。我们那时候没有参考书，所以必须自己读懂，不读懂上课就没法讲话。现在参考书太多了。我觉得人教社新编高中语文课本的参考书比较好，教学参考书就应该只提供相关资料，教师自己去组合。有的可以只给起个头，其余由教师自己去找，这样才能够培养青年教师。我认为一套好教材不仅能培养学生，还能培养教师。我这个教师就是教材培养出来的。我是老老实实地钻研教材。另外，就是要"目中有人"，时时刻刻不要忘记我们的使命是教育人。怎么教，方法多得很。如教鲁迅的《一件小事》，半个世纪前的小资产阶级知识分子跟我们现在的区别很大，要把它教得让学生理解，就要把教材和学生的距离缩短。车夫扶老夫人进巡警所，"我"看到车夫的背影很高大，他越走越远，越来越大，写作者心灵震动。学生要理解这种心灵的震动太难了。于是我说，这个时候车夫的形象是非常高大的，你打个比方看，高大到什么程度？学生讲，像高山一样，像青松一样，像高山上的青松一样。我都没有表态。学生又说，都不像。我说，任何一种修辞手法都有它的局限性。鲁迅先生在这里就没有用一个比喻来讲车夫是怎样高大的。车夫越走越远越高大，你们想想，这就好像是电影镜头一样，连续转动的，我们的视觉形象是越近越大，越远越小，而这里，是一反视觉形象，越走越大，越远越大，用连续转动的镜头表示心灵震动，去仰视，高山仰止。再精彩的语言都要经过教师的思维和学生的思维才能从中吸取营养。因此，课堂要留给学生充分的思维空间和时间，跟学生一起探究知识的形成与结论。这样，学生就会越学越聪明。这样，教学就成功了。

四、搞好课堂教学改革，最重要的是教师自身

我 22 岁从复旦大学毕业，站课堂站了几十年。最乱的班级、最乱的年级、最乱的教研组、乱得不堪的学校，我都带好了，还担负许多社会工作，写许多文章，我真的很累。前两年重病，我到医院里话都不能说，筷子都拿不起来，我才体会到四个字的分量：心力交瘁。我要把乱年级带好，六点钟集合，五点五十我就站在操场上，要学生做到的我自己先做到，教师应该是学生的榜样。我们这所学校要求教师一身正气，为人师表，我这个校长坦坦荡荡，没有不可告人的事情。我时常觉得对不起学生，尽管备课很认真，但上完了就觉得这个地方有毛病，那个地方有毛病。因此我想到大文学家罗曼·罗兰讲的："累累的创伤，就是生命给你最好的东西。因为在每个创伤上面都标志着前进的一步。"我教了一辈子课，不断地看到自己的创伤和缺陷，正因为看到了不足、缺陷和创伤，因此战战兢兢，感到自己要努力学习，这样才对得起学生。什么叫敬业？就是认认真真，恭恭敬敬。学生是我们的后代、国家的希望，我们要对他们恭恭敬敬，认认真真，稍有疏忽就是大问题，因此，不仅要尽力，而且要尽心。我一天只睡四五个小时的觉，我曾经想过等我退休了别的什么都不干，就睡觉，实际上是做不到的，因为年龄大了，就睡不着了。我爱人对我很有意见，他说："我没有别的爱好，只想看看山水。"我说："等我退休了一定去。"现在年龄都大了，山水看不成了，但是我觉得心里很充实。做教师站在课堂上就是生命在闪光，非常愉快。不能因为语文难教就觉得苦，如果你只感到苦怎么能教得好呢？它是苦中有乐，那种对情感的熏陶，对语言文字的品味，你会觉得乐在其中。当然要下功夫，不花时间、不下功夫哪有乐呀？我觉得再好的大纲、教材，还要教师创造性的劳动，才能够教好。德国教育家第斯多惠说过："教师要找到最强的刺激。从事教学要有活泼泼的生命力，就要找到最强的刺激，这个刺激就是自我教育。"（《西方资产阶级教育论著选》）不断地自我教育，自我学习，就能够不断地提高本领。打铁还需自身硬，要把学生锤炼成才，自己先要锤炼成才，把学生教好了，自己也就成长了。基础教育不像高等教育那么辉煌，不像发明创造那么名满天下，但是基础教育是对人从事基本建设，基本建设时期是长知识、长文化、长身体的时候，陪伴人一辈子。我们基础教育虽不辉煌，但是"齐鲁青未了"，绵延一片。生命是有限的，但是教师的生命是在别人身上延续的。我的写作能力就是我的语文老师教出来的。我的逻辑思维来自数学老师，他逻辑思维的严密使我刻骨铭心。所以说，我老师的生命在我身上延续，我的生命在我的学生身上延续。人是要老的，这是自然规律，但是事业是常青的。我想教育不仅是太阳底下最光辉的事业，而且是太阳底下永恒的事业，社会要进步就离不开教育。将来还要终身教育，青少年成长仍然离不开学校教育，因此，教育是永恒的事业。教师的价值在学生身上体现。教师是用自己的肩膀把学生抬上去，学生的成长是对教师最大的安慰，因此我觉得我没有什么遗憾的，很忙很累但生命非常充实。教育教学非常艰难，但是，不艰难要我们教师干什么呢？正因为难度大更要迎难而上。刻苦再刻苦，创造再创造，我们的国家总会成为顶尖的世界级国家。我们这么一个大国，有人说世界知名的教育家就一个孔子、一个陶行知,如果真是这样,实在是太少了。我们教师要立大志,艰苦奋斗,成为有中国特色的真正的语文专家。长江后浪推前浪,年轻教师要快快成长,不辜负国家对你们的期望。

聚焦在文化认同上[*]

《教育新观察》2005年3月在《谁动了我们的"母语权"》一文前有这样一段话：

> 汉语的丰厚悠久和诉诸直觉的灵性，几乎令世界上其他文字望尘莫及。然而，中国人从来没有像今天这样几乎疯狂地学习英语。蓦然之间，我们发现汉语似乎已经不再重要，人们的求学和晋升必须依靠一门本不属于我们的语言。汉语沦为二流语言了吗？我们没有说母语的权利了吗？谁动了十三亿中国人的"母语权"？

话说得很重，到了触目惊心的程度。然而，它反映的又是不争的事实。幼儿园的孩子要熟练地用英语背唐诗；双语班外文和中文的学习比例，小学为8∶2，中学为6∶4；英语证书是求职的敲门砖；英语是评定职称的门槛；大学生求学花在外语上的工夫

---

[*] 本文发表于《中学语文教学参考》2005年第8—9期。

大大多于专业课程攻读的时间,凡此种种,不胜枚举。形成这种局面,原因复杂多样,非我辈能左右。但我们语文教师必须直面这种情况,认真思考,寻觅良策,提升语文的价值与功能。

站在文化的平台上

教语文,必须站在文化的平台上。

忽略了这一点,语文教学就会在有意无意之间降格为技能技巧的操作,就会有悖于实施素质教育的宗旨。

汉语是联合国的六种工作语言之一,也是世界上使用人数最多的语言,我们理应为之骄傲与自豪,无须感到自卑。然而,由于外语的过分炽热,汉语被冷落,我们不那么重视母语了。由于母语和外语的本末倒置,有些研究生组织不好一篇像样的论文,锦绣文章更是罕见,汉语运用中的粗糙化、低俗化比比皆是,屡见不鲜。汉语的正确、纯洁以及其蕴含的极其深厚的中华文化面临着严峻的挑战。

世界上各民族的语言都是其本民族的文化地质层,它们记载着这个民族物质的和精神的历史。讲语言,必然与文化血肉相连。语言本身是一种工具,但同时,它又是一种文化,一种语言是一种文化的承载体,对于培育民族精神、孕育民族情结、发扬民族文化有极强的凝聚作用。汉语言文字记载着中华数千年的古老文化,这个"形体"不是无生命的僵硬的符号,而是蕴含着中华民族独特性格的精灵,它本身就是文化。汉字是象形表意的文字,常诉诸视觉形象,能给人以丰富的感性认识,与西方拼音文字迥然有别。西方文字着力于听觉与抽象概念。只要稍加比较,就清楚明白。自古至今,文化随着文字的记载、文字的运用而传承、发展,文化是语言文字的命脉。

有人说:"母语是父母给的,母语是家给的。家给的语言,是一种有形无形、有声无息的存在,是历史流注的民族精神,是万方辐辏的智慧融合。她宽厚地孕育涵养着每一个子民,全息地体现着民族流动不息、丰富多彩的生活。"确实如此,母语教育绝不是识多少字,背多少词,做多少练习,写几篇文章,而是使学生在理解祖国语言文字的同时,受到民族文化的教育、民族精神的熏陶和民族情结的感染。余光中先生说得好,中文乃一切中国人心灵之所托,只要中文长在,汉魂则必然不朽。

就拿字来说,传说仓颉造字,弄得鬼神不安,竟至于"天雨粟,鬼夜哭"。文字的魔力可谓大矣!其实,教学生识字,辨别字形、字音、字义时,就是在传承先民造字的文化。字的造形是了不起的文化,有了文字,人类社会的文明就大大跨前了一步,它传达思想、情感、意志,传久行远。如"山"是象形字,甲骨文字形"〰",正如山峦起伏的样子,像隆起的三座山峰;到小篆,"山"成了"山"形,是地面上隆起的地貌,有一定的高度。"嶽"(现写为"岳"),形从"山",声从"狱",形声字,表示高大的山脉。"嵩",由"山""高"二字组合而成,表示山大而高,是会意字。"岔"是会意字,由"分""山"二字组合而成,表示山被分开歧出,为"山岔",引申指河流、道路的分歧。"峡",由"山""夹"二字组合而成,表示两山夹着水,河道在两山之间,也用来表示两山之间狭深的地方。可以看出,无论是象形字、会意字还是形声字,都反映了先民认识事物、思考问题的文化。站在文化的平台上来看，一个个字都是鲜活的、有生命的，可以从那一幅幅画、一个个故事中受到多种多样的启发。学生掌握了字形，理解了字义，读准了字音，就不会求助于无数次的机械操练，而是通过辨别、思考，在理解的基础上记忆。

有时一首小诗看来通俗易懂，稀松平常，但诗中涉及的时间、地点、人物的背后往往会有令人深思乃至令人震撼的故事。杜牧的《清明》诗，儿童都能背得滚瓜烂熟。"清明时节雨纷纷，路上行人欲断魂。借问酒家何处有，牧童遥指杏花村。"清明时节，行路人路上遇雨，盼望能找个酒店，避雨，歇脚。"清明节"，都说是祭扫祖先的日子，它是怎么来的呢？有文化内涵。两千多年前的春秋时期，晋国公子重耳逃亡国外避祸，流亡时饿极，其随从介子推不得不从自己腿上割下一块肉让他充饥。十九年后，重耳做了晋国的国君，即晋文公。他即位后，介子推带着母亲去绵山隐居，拒受封赏。介子推孝顺母亲，晋文公认为放火烧山，会把介子推逼出山来，哪料介子推母子均被大火烧死。后人更传说介子推死前写下遗诗一首："割肉奉君尽丹心，但愿主公常清明。柳下作鬼终不见，强似伴君作谏臣。倘若主公心有我，忆我之时常自省。臣在九泉心无愧，勤政清明复清明。"此后，晋文公下令，把介子推烧死那天定为"寒食节"，严禁烟火，只吃冷食，并规定祭奠介子推；有说以"清明节"来纪念介子推。至于以后如何演变到人人祭拜各家祖先，就无可查考了。然而，根据史料记载，或根据传说，就可领悟到人的思想、道德、愿望、追求，人的行为、语言，人与人之间的关系，如主从关系、母子关系、君臣关系等，这些都在人文范畴之内，都洋溢着浓郁的文化气息。

一首小诗中提到一个民俗，就可让人知晓其中的感人故事，其他如端午节、中秋节等无不如此。中华文化深厚，源远流长。从这个层面上认识我们的语言文字，理解要学习的诗词文章，不仅能准确地把握文字的"形体"，而且能洞悉"形体"内蕴藏的"神韵"，形神俱备，教学就会打动学生的心灵。

我们常带领学生诵读、背诵山水诗。凡有名胜之处，几乎都有古迹，中华文化平铺在祖国九百六十多万平方千米的土地上。如杜甫的《登岳阳楼》，诗的意境十分广阔宏伟。杜甫晚年游洞庭湖名胜，登上岳阳楼古建筑，亲眼看到这一片湖光山色的美景。诗的首联是："昔闻洞庭水，今上岳阳楼。"究竟是怎样的美景呢？诗的颔联这样描绘："吴楚东南坼，乾坤日夜浮。"洞庭湖水广阔无边，划分开吴国和楚国的疆界，日月星辰都像漂浮在湖水中一般。仅仅十个字，就把洞庭湖水势浩瀚的形象、豪迈的气势给描绘出来了。杜甫晚年漂泊西南，居无定所，故接着一联写："亲朋无一字，老病有孤舟。"泛着一叶扁舟，到处漂流。尽管政治生活坎坷，壮志难酬，但杜甫毕竟是杜甫，尾联仍然表现忧国忧民的广阔胸襟："戎马关山北，凭轩涕泗流。"眼望着万里关山，想到天下到处兵荒马乱，诗人倚凭阑干，北望长安，禁不住涕泗滂沱，声泪俱下。游览与抒怀、喜悦与伤悲交织，自然界的宏奇伟丽与社会上百姓的颠沛流离相映，诗人的多难遭遇与"致君尧舜上，再使风俗淳"的抱负的强烈反差，构成了诗的意境、诗的灵性、诗的精神。看似写山水，借景抒怀，实则有深厚的文字底蕴。吴、楚历史是铺垫，一个"东南坼"，活画出洞庭湖水的气势。前人写诗，日月在湖中、在海中的物象，信手拈来，就炼成"乾坤日夜浮"的佳句。有名胜,就有古迹。洞庭湖水浩浩荡荡无边无际之势,均为登上古迹岳阳楼所见,滕子京重修岳阳楼是后事。"戎马关山"是现实,写山川含历史,讲现实含文化,也就成了历久不衰的名篇。历代名家写山川古迹的作品,意味隽永,是语言文字的宝库,也是思想文化的宝库。

随文渗透,不露痕迹

改革开放的深化,为我们创造了一个更为开放的环境。多元经济并存,多元文化碰撞,有利于学生开阔眼界,增强对世界文明成果的了解。尽管我们的学生对实现中华民族伟大复兴的事业充满热情与期待,但多元经济、多元文化承载的不同的意识形态、价值观念和生活方式,也潜移默化地影响着学生的思想观念。一些学生不同程度地存在国家意识淡漠、民族自信心和自豪感减退、对民族优秀文化传统漠视、对中华民族的归属意识不强等现象,在行为表现上,诚信、社会责任感、勤俭自强精神、和谐相处能力等也有相当薄弱之处。面对新情况下出现的新问题,我们要研究教育的针对性,寻觅和创造行之有效的对策,真正做到以促进学生的发展为本,让学生身心均获得健康的发展。学科教学是培育学生成长、成人的主渠道,学生在学校的大量时间在课堂里度过,接受怎样的教育,直接影响知识、能力的增长,情感态度与价值观的形成,我们千万不能掉以轻心。语文教育从事的是母语教育,有传承和弘扬中华优秀文化的天然优势,当然应该义不容辞地担当起民族精神教育的责任,尤其在文化认同教育方面应有所作为。

首先，要十分重视民族语言文字的教育，切实落实课程标准中"应培育学生热爱祖国语文的思想感情"的要求。教学中要引导学生了解语言文字是民族意识、文化传统和道德观念的载体，关系到国家的统一、民族的团结、社会的进步和国际的交往。学生在学习、使用祖国的语言文字时，要感受语言文字丰富的文化内涵和审美价值，提升自己的文化品位，深化热爱祖国语言文字的感情。这种教育可进行专题讲座，可开展课外活动，但大量的应在课堂内进行，随文渗透，相机而行。比如带领学生学习都德的《最后一课》，学生往往被这篇短篇小说的悲剧美所感动，从小弗朗士和韩麦尔先生的身上，清晰地看到了亡国使法兰西人民宁静、自由的生活遭破坏，取而代之的是占领者施加的无比沉重的痛苦。更使学生感动的是文中有关语言的阐述。"法语是世界上最美的语言——最明白，最精确"，"我们必须把它记在心里，永远别忘了它，亡了国当了奴隶的人民，只要牢牢记住他们的语言，就好像拿着一把打开监狱大门的钥匙"。紧扣这两段话，可从两个方面渗透民族语言教育。一是移情，移到对祖国语言的赞美。用学生中的问题激起波澜。有学生读到前一句话时突然发问："韩麦尔先生说法语是世界上最美的语言，是这样吗？那我们中国的语言呢？"教室里沸腾起来，大家七嘴八舌，教师相机行事，肯定学生的认识，举一两个典型例子，让学生沉浸在民族自豪的感情之中，盛赞祖国语言的优美。带领学生推敲第二段话蕴含的深意时，可辅之以一些名言助学生深入思考，如梁启超说："欲新一国之国民，必新国民之精神，欲新国民之精神，必新国民之语言。"法国总统戴高乐说："语言是一个民族最宝贵的财富。"

苏联作家帕乌斯托夫斯基说:"根据每个人对待本国语言的态度,不仅可以非常准确地断定他的文化程度,而且还可以断定他的公民价值。""没有对本国语言的爱,对自己国家的真正的爱就是不可思议的。"引导学生理解语言是一个国家、一个民族存在与发展的标志,如果某种语言消失,就意味着这个国家、这个民族的彻底灭亡。因而,韩麦尔先生的那段话十分深刻,说到了语言的本质,说到了民族语言和国家、民族的血肉联系。

至于教本国的诗歌、文章,语言文字的美可说是无处不在。比如写字,汉字具有诱人的形态美。同样是方块字,写起来却可千姿百态。一个字犹如一幅画,有粗,有细,有直,有曲;结构的方式多种多样,有上下的,有左右的,有内外的,各部分之间讲究比例,讲究间架,讲究匀称,讲究整体美。那种一节课下来,黑板上一个字都没有,只会打电脑,只用多媒体的课堂,汉字教学无形中被弱化,就语文教学而言,是不可取的。又如词语的辨别,让学生体会到汉语同义词的丰富和近义词之间极其细微的差别。就拿"看"这个最普通的字来说吧,与它意义相近的词可列出近百个,有常用的口语"瞅""瞟""瞧",有书面用语"睥睨""谛视""骋目""凝眸",有看的角度不同——"觑""俯视""仰望",有看的程度差异——"瞪""瞥""扫""盯",有看的范围大小——"顾盼""环视""纵观",等等,不一而足。在怎样的语言环境里选用怎样的词语,须深入理解,辨微析毫。只要认真咀嚼推敲,不仅能选准表意中的"那一个"名词、动词、形容词,而且进入词汇宝库觅宝,其乐无穷。随文辨析词语,能让学生从具体、生动的例子中体悟到祖国语言文字反映了数千年中华民族深厚的文化，增强对母语热爱的感情。

其次，要随文进行民族历史教育、革命传统教育和人文传统教育，以中华民族在文明创造过程中展现的执着追求的精神风貌陶冶学生情操，使他们明确自身肩负的历史使命；充分利用语文学科中包含的中国哲学、历史、文学、艺术、教育、民俗等多方面资源，对学生进行优秀人文传统的教育和熏陶，引导他们热爱民族文化遗产，传承中华民族的传统美德，继承中华民族的人文传统。

例如，孟子的《鱼我所欲也》这篇文章，选自《孟子·告子上》，孟子的性善学说主要表现在此篇。文章重点论述了"舍生取义"是人的本性。人生有各种机遇，也存在各种抉择，何舍何取要合乎做人的准则。孟子在文中阐明：为了"义"，生命也可放弃，在任何时候，都不能迷失人的"本性"——"非独贤者有是心也，人皆有之，贤者能勿丧耳"。文章先以比喻说理，提出"舍生取义"的观点，然后进行逻辑推理，得出结论，当二者不可兼得时，人们会舍生而取义；论述了人人皆有的本性不能迷失。再用事实证明观点，正反论证，再次证明"舍生取义"是人的本性的中心论点。什么是"义"，如何对待"义"，古圣先贤在不同时代、不同情况下做了诸多精辟论述，许多志士仁人为国为民身体力行，实践着舍生取义的壮举，留给后世无尽的思考和永恒的怀念。孟子站在人性的高度，用层层对比的方法生动形象地阐明"义"比生命更重要，批判、抨击见利忘义的种种行为。数千年来，对生命价值与意义的探讨、寻求，形成了中华文化优秀传统中的宝贵财富，时至今日，不仅有历史意义，而且有现实的教育意义。

带领学生学习这样的课文，在疏通文句、重点把握几个文言词语和句式的同时，至少在以下几个方面可引导学生：（1）借语言的形象、生动，推理的精密，例证的褒贬，让学生反复诵读，读出文章的精魂，让"义"，生命的价值与意义，让"非独贤者有是心也，人皆有之"在学生脑中留下深刻印象。（2）紧扣有关语句，化概念为具体，增添感性认识，帮助理性思考。如"所欲有甚于生者，故不为苟得也"，"所恶有甚于死者，故患有所不辟也"，让学生明白哪些"欲""甚于生"，哪些"恶""甚于死"，褒扬高尚的思想、高尚的情操，斥责卑鄙、枉法、贪赃等黑暗心理、卑劣行径，使学生在熏陶感染中提升辨别能力，追求美好。（3）让学生在诵读、理解的基础上，联系实际，评价文中观点的意义。探讨在社会转型期，青少年究竟应该树立怎样的价值观，哪些人仍然把"义"作为自己的主心骨，甚至舍生取义。

不管从哪个角度切入，都要尊重课文本身，挖掘其丰富的内涵，培养学生赏析、判断的能力，绝不是穿靴戴帽，外加什么东西。深入阐发内涵，不泛化，不面面俱到，突出重点就行。至于是感情的激荡、理性的思辨，还是二者结合，须视教材特点、学生对象而定，没有固定程式。

语文教材中许多诗文都从某一个侧面反映了中华传统美德。在金钱至上、见利忘义的社会，人情必然薄如纸，一碰就破，乃至不碰就碎。传统美德中人与人之间十分重情义，父母情、兄弟情、亲朋情、师生情、故乡情、山水情等，举不胜举。有时一篇短文写家常琐事，因为浸透真情，故而非常感人。如归有光的《项脊轩志》，文字平淡，但其中蕴含着极为真挚的人情。今昔盛衰的悲凉，物在人亡，睹物思人之惆怅、悲凉渗透纸背。老祖母的垂问、关爱，"吾儿，久不见若影，何竟日默默在此，大类女郎也""比去，以手阖门"的细节令祖孙情跃然纸上；母亲时刻关心儿女饮食起居，一听到哭声就叩门扉，"儿寒乎？欲食乎？"慈母情刻骨铭心；"庭有枇杷树，吾妻死之年所手植也，今已亭亭如盖矣"，睹物伤情，夫妻恩情尽在不言中。长辈和妻子对自己情深意切，因而，忆往事如在昨日，"泣""长号不自禁"，悲从中来，泪如阑干；对妻子的感情更是深沉含蓄，以至"室坏不修"。把文中语言、动作、情态蕴含的真情挖掘出来，以情激情，滋润学生的心田，就会培养出学生们对长辈的感恩之情，对同辈、对他人的深厚情谊。一个人如果对长辈、对家里人都缺情少义，怎可能有心怀天下的胸怀？又怎会爱祖国、爱事业呢？在熙熙攘攘追求个人利禄的时尚风气下，把爱撒播到学生心中，犹如甘霖洒到禾苗上，让他们茁壮成长。

　　思想内容和语言文字应力求随文渗透，不露痕迹。实际上这二者水乳交融，浑然一体。语言文字的表现力、生命力得到准确的阐发，文章的思想就闪出光芒；文章蕴含的思想、情感得到准确的阐发，语言文字的魅力也就充分显现。问题在于我们有时把"二而一，一而二"的东西人为地割裂开来，其结果不是这里缺失，就是那里缺失，价值与功能都被弱化。比如，有些教材的教育功能十分显露，只要方法得当，学生就能受到熏陶。革命传统教育教材《清贫》即如此。方志敏身居"高官"，经手的款项有数百万元之巨，自己却一贫如洗，"确实是一个铜板也没有"。

这种舍己为公的共产党员的美德是通过"一桩趣事"来揭示的，因而事情的来龙去脉，具体场景，人物对话、表情、动作等，要让学生通过朗读去体会、感受，特别是方志敏的语言，要读出浩然正气，读出从容、坦然。在朗读、理解的基础上，思考这些语言的分量，思考为什么要用诙谐的口气说明自家的"传世宝"。一个人的言行是思想道德的反映，受思想道德的支配，为什么方志敏能一向过着清贫、洁白朴素的生活？今日他的价值与意义何在？组织学生展开讨论，各抒己见。学生能懂得什么是共产党员美德、什么是优良传统，懂得丢弃优良传统是背叛的开始，心灵由此受到洗礼，"矜持不苟，舍己为公""清贫，洁白朴素的生活"等观念就会印在脑子里。

课教得清楚明白已十分不易，要教到学生心灵深处就更难了，靠的是"随风潜入夜，润物细无声"，点点滴滴入心头。

变无意为有意

只要是美文佳作，其中包蕴的文化含量、人文精神必然可圈可点，因为这是文章的客观存在，并非什么人任意外加。然而，为什么有些充满激情、充满智慧、充满深刻内涵的佳作，学生学起来并不振奋、味淡趣寡呢？关键在文章的精神没教出来，人为地使文章"失魂落魄"，站立不起来。对学生进行语言文字的教育，培育学生阅读、表达的能力，这是天经地义的，丝毫不能放松。然而，文章的精魂出不来，又怎能充分发挥它的育人功能呢？当然，也包括语言文字使用的准确、精当、深刻、含蓄，鲜活的表现力与生命力。倒不是执教者故意如此，而是这方面缺少强烈的意识，无意探究底里罢了。

要使所教的文章如其原样站立起来，学生从课文的学习中受文化认同之益，教师就要变无意为有意。钻研教材时，从语言文字到思想内容的探究，从思想内容到语言文字的咀嚼、体味，都要反复推敲，文章的精、气、神就会显露无遗。我们常说，学生浅阅读对长知识、长见识、长能力、长思想帮助甚微，如蜻蜓点水，总难领略水的温存、水的多变、水的活力。学课文也是一样，如果只是浏览，粗知大意，或只在文字表层上推敲，就会像浅阅读一般，一篇篇文章如流水般流走，留不下痕迹，更不用说镌刻在心了。

变无意为有意，首先要树立一个高度。任何一个学科教学都是为培养人这个大目标服务的，语文学科也不例外。把带领学生学习语文、学习一篇篇课文看作育人必不可少的有机部分，眼睛就会明亮起来，就会发现文字背后的宝藏，就会聆听到文字向你诉说的深意。因此，站在育人的高度钻研教材，就能慧眼识别文章的真谛，向学生输送育人的琼浆。其次是要弄明白什么是文化认同，它有哪些内容，所教课文蕴含的是哪些，学生在相应的问题上鲜活的思想动态是什么，应设计怎样的教学过程以实现中华文化的认同感、归属感。弄清楚这些问题，就能把握住所教课文的个性特征，确定重点，因势导引，而不会乱联系、乱发挥，乃至无中生有，把语文课弄得四不像。

例如，《向中国人脱帽致敬》是一篇弘扬民族精神、坚持文化认同的显性教材，要让学生懂得文章记述的这堂对话课绝非一般的师生对话，而是斗语言艺术的课，斗智慧的课，斗民族志气、民族自尊的课。即使这样显性教育的教材，同样不能空讲大道理。教材的特色是语言艺术，而这语言艺术又是通过环环相扣、步步紧逼的材料组合来实现的，故而须牢牢抓住这个特点。"刁难""我"的教授问了一系列问题，这些问题分为几组，由问工作入手，进而问来自哪里，再进而问中国富强的标准；每一组又有若干小问题，特别是关于台湾问题揪住不放。这些问题怎么问，又怎么答，如不深思熟虑，成竹在胸，就不可能问得"刁钻古怪"，答得义正词严。这就不能用一般朗读的方法来处理，而是要创设对话场景、氛围，用说话的口气来表现。起始的问答比较平和；发展进程中犹如"拉锯战"，几度纠缠，气氛开始紧张；触及国家尊严是问题的实质，紧张气氛加剧；最后气氛急转，由紧张而缓和而轻松。一方步步紧逼，一方寸步不让，说话的意图、气势、分寸、分量，生动形象而又准确无误地表现出双方各自的思想、气质，敏锐、深沉，语言锋芒旗鼓相当，而答方的睿智、不屈、自尊自傲更胜一筹。表面看来，一攻一守，其实，答方守中有攻，节节取胜。比如"先生，我没有听清楚您的问题"，表现了欲擒故纵；"只有一个中国，教授先生，这是常识"，这是反击，严肃中有几分调侃、几分奚落；最起码的一条是"任何一个离开国门的我的同胞，再也不会受到像我今日承受的这类刁难"，更是字字铿锵；再伴以"我""竟恨得牙根儿发痒，狠狠用眼戳着这个刁钻古怪的教授"，捍卫国家尊严、大义凛然的形象如在眼前。捍卫国家尊严的人必然受到尊重，这位教授大声宣布"向中国人脱帽致敬"，不是向一个学生，而是中国人，不仅"致敬"，而且"脱帽"以表示真诚。显然，抓住文章的个性特点，挖掘语言的内涵，文章的精髓就会闪光，给学生以熏陶感染，乃至形成对心灵的冲击力。

讲究文化认同，绝不是排外。中华民族历来有吸收外来文化的优良传统，择优秀者兼收并蓄，在"化"上下功夫。今日改革开放的新时代，善于借鉴，善于吸收，更是非常必要。然而，在借鉴、吸收的同时，必须"以我为主"，有中华文化的主心骨。如果学习外国而丢失了自己，那必然事与愿违，结局可悲。作为语文教师，确实要清醒地认识这一点。

课要追求"三动"的境界 *

一名今年夏天考入复旦大学中文系的学生谈及中学语文课时说了这样一番发人深省的话:"语文课至少不能让学生厌烦,不能让学生一无所获。同样一个作者的文章,不同的教师教,对我的影响真可说是天壤之别。初中时学史铁生的《秋天的怀念》,这样一篇感人至深的文章,老师却只做了一点客观的叙述,只说:'这是怀念母亲的记叙文,读后要弄清楚叙事要完整,有头有尾。'课就这样上完了,我心中未留下半点痕迹。老师只是作为一个旁观者,轻描淡写地讲了讲与己无关的事。高中时学史铁生的《合欢树》,老师教得激动万分,甚至把自己的坎坷遭遇袒露在学生面前,用自己刻骨铭心的体验剖析史铁生的心灵倾诉,在大难临头、精神濒于崩溃的情况下,母亲是最无私、最有力的支撑和抚慰。两年过去了,老师唏嘘的神情和文中一个个形象镌刻在我心里,我第一次认识了邻居的真挚情谊,我第一次感受到亲情的无私无价,'悲伤也成享受',那无言的悲痛常在我脑中萦绕。

---

* 本文发表于《中学语文教学参考》2005 年第 12 期。

老师教课总要有点打动学生心灵的话啊！"

　　学生的语言很具体，也很实在。是对语文课的评价，是对语文课的怀念，也是对语文课的期盼。无个人好恶感情的纠缠，无丝毫功利色彩的阴影，是纯朴的、真诚的。谈到自己在语文课上受到的教育与感动，对老师充满了感激之情。由此，我联想到我们的语文课究竟应该追求怎样的境界，是雁过无声，还是感情搅动，留下不尽的思考？显然是后者。这究竟是怎样的一种境界呢？这是凸显语文课程工具性与人文性统一的基本特点，把语文教学的任务落到实处，把课教得有情有义、有声有色。

动听：愉悦，快乐

　　教师授课常忽略"听"的环节。学生求知十分重要的是打开认识的窗户，善于用自己的眼睛摄入种种物象，提高观察的准确度、精密度；与此同时还要用耳听，听真切，无差错，抓要点，梳条理，既储存，又舍弃。学生锻炼和提高听的能力，在求知过程中与"视"同等重要。语文课上学生看文本，看黑板上的书写，看画面，听教师的讲述、引导，听多媒体中播放的种种音响，实现特定的求知目的。许多事例说明，听的能力强的学生，会听课的学生，求知的质量比不善听的要好得多。于是就有个听什么的问题须研究。与"看"一样，首先是教学内容的确定与选择，其次是怎样输送这些内容，怎样传送到学生的耳中，使学生有愉悦、快乐的感觉。学生有了这种感觉，对"听"产生兴趣，听的能力也会随着专心致志而日益提高。

　　教师怎样传递信息、诠释文本，怎样激发兴趣、引人入胜，都与教师的语言息息相关。语文课常见到这样的情况：有的是情趣横生，课堂气氛活跃，学生兴趣盎然；有的是平板乏味，课堂沉闷窒息，学生昏昏欲睡。课堂效果的好坏虽然受多种因素的影响，但教师的语言修养，运用语言的艺术，往往起特别重要的作用。"语言不是蜜，但是可以粘东西。"教师的语言应该有磁性的魔力，对学生有吸引力，牢牢吸住学生的思维，启发他们动脑动心，在求知的海洋中搏浪前进。

教师语言的底线是必须清楚明白，不含糊其词；通俗易懂，不佶屈聱牙。真正做到这一点，并非易事。课文中就某个问题开展讨论，学生或各执一词，或正误纠缠，教师要立即判断，不能含含糊糊、闪闪烁烁。语言是否清楚明白，很大程度取决于思路是否清晰，是否符合逻辑。心里清楚，说出来才明白。对问题的认识、分析，要洞若观火，否则，就会东一榔头西一棒子，枝叶蔓生。说，就有"序"的问题，先说什么，后说什么；怎样开头，怎样过渡，怎样结尾；从哪些方面、哪些角度，按怎样的顺序排列，凡此种种，均须认真琢磨，训练思维的条理性。心明，言才明；思路井然有序，讲述就条分缕析。锻炼"心明"，可以促使"言明"。

要教学生学懂、学会、会学，再深奥的知识教师也要善于用通俗的话讲出来。口头语言和书面语言有区别：前者作用于人的听觉，瞬息即逝；后者作用于人的视觉，读的人遇有艰深之处，可反复阅读，仔细咀嚼，思索理解。因而，口头语言较之书面语言来说，通俗易懂更为重要。教师诠释性语言很有讲究，如果只是照本宣科，照搬课本中的书面语言，从概念到概念，从抽象到抽象，就会失去口头讲析、评论的意义。语言能否通俗易懂，一是在"透"上下功夫，对教学内容的重点、难点了如指掌，懂得抓住哪个节骨眼儿一点就通。透彻理解，融会贯通，就能深入浅出，讲到精要处，说到点子上。二是有赖于遣词造句的能力。要善于用最常见、最鲜明、最易听懂的有关词语表情达意，深者浅之，难者易之，生僻的、易有歧义、易引起误解的少用或不用。长句要化短，繁句要化简，多用短句，少用复句。有人习惯于外来语的句式，让人听起来佶屈聱牙，苦不堪言。

语言要清楚明白，通俗易懂，还得注意清除语言中的杂质。要坚持讲普通话，力戒掺杂方言土语，更不能加不三不四的时尚语、网络语，夹两句外语卖弄；要避免啰唆、重复，"这个""那个"等口头禅。语言芜杂，拖泥带水，犹如良莠齐生，把该表达的思维感情湮没在莠草之中，大大降低表达效果。清除口语中的杂质，净化语言，努力做到吐字准确，声音响亮，语句完整，语言精练，"丰而不余一言，约而不失一词"，学生听起来就愉快，接受起来就比较方便。

当前，教师语言要动听，激发学生求知的热情与愉悦有两点很重要：一是语言的文化含量，二是语言的人文关怀。

教师讲课所用的语言应该是加工了的口头语言，炼字炼句，有文化含量。教师如若说来说去就那几句话，用来用去就那些可怜的有限词语，语言干瘪枯燥，学生真是如同嚼蜡，提不起精神，感到厌烦。语文课应沉浸在语言美的氛围之中，让学生感受到语言表情达意的魅力。典范、优雅、深邃、隽永的文字固然是学生学习的楷模，而教师的语言，不仅是教学用语，在课堂上与学生交流思想、剖析作品、启发思考、撞击心灵的语言同样要讲究生动、优美，有文化含量，有文化品位，对学生起潜移默化的作用。

要使语言有文化含量，有几点须努力。

一是注意积累词语，掌握大量的词汇。汉语的词汇丰富如海洋，它反映了中华民族数千年的悠久的文化，又吸收了各民族与外来语中语言的精华。它反映客观事物、表现思想感情的精密度，同义词、近义词之间的细微差别，在世界上是罕见的。平时广为采撷，认真储存，教课时一旦需要就会源源涌入脑际。善于用同义词、近义词转换，善于运用成语、俗语、专业语，信手拈来，脱口而出，语言的风采就会大增。

二是掌握和运用各种修辞手法，注意句式的变化，增强语言的形象性。教师的语言戒单调重复，根据文本内容和教学情境需要，可绘声绘色，增加可听性。贴切的比喻能启发学生的联想与想象；精当的设问、反问能造成悬念，启发学生深究底里；气势流畅的排比能激发学生感情的波澜；适时的反复、强调能加深学生的印象。句式参差有致，听起来就自然和谐。

三是用心提炼，能抓住课文中的精髓、要害、关键，抓住文句、段落中的关节，切中肯綮，要言不烦，一语中的。挤去水分，显露语言的要义。语言有无文化含量是语言修养问题。苏霍姆林斯基曾这样说："教师的语言修养在极大的程度上决定着学生在课堂上脑力劳动的效率。我们深信，高度的语言修养是合理地利用时间的重要条件。"（《给教师的建议》）三尺讲台方寸地，教师语言发挥的作用往往能超越时空，在学生心中弹奏，经久不衰。语言的闪光来自思想的深邃，语言的激昂慷慨来自感情的激荡。不断地锻炼自己敏锐的目光和洞察事物的能力，不断地陶冶自己的道德情操，是提高语言修养、克服平淡无光的有效途径。

　　语言的人文关怀并不是只在"好""很好"的表扬层面上打转。首先，从思想深处真正承认学生是人，尊重每一个学生，尊重他们学习的权利，平等相待。"以学生为本"不是口号，每个教学行为都须体现。这一点真正做到了，那种教学中的冷淡，用语中的"这么简单，你怎么还不会"等挫伤学生自尊心、积极性的话就会烟消云散。其次，要转换位置，经常设身处地为学生着想。语文能力的提高确实不易，它与学习者的认识水平、文化基础、生活经历、周围环境、悟性等紧密相连，不良的读写习惯已经形成，要改变，更是需水磨的功夫。从理解、指点、帮助的角度交流沟通，学生就会感到亲切、温暖，增强学习的信心。再次，是坚持正面疏导，既不可劈头盖脸地批评，也不可冷嘲热讽。即使阅读中或写作中产生这样那样的毛病，也要满腔热忱地分析、指导，让学生分清正误，辨别利弊，端正学习态度，掌握学习方法。师生之间要有情有义，有共同的目标。春风化雨，才能真正暖学生的心。语言的人文关怀不是是非不分，更不是夸大其词地捧学生，而是实事求是地培养与提高学生的语文能力、语文素养，心贴心地呵护，让语言的溪流滋润学生的心田，让他们喜爱语文、学好语文的愿望不断滋长。

　　有一种误解，认为现在的语文教学主要是学生阅读、感悟、讨论，教师课上不说几句话，有什么值得考究的？提倡学生自主学习，不是不要或限制教师发挥作用。学生都能无师自通，要教师干什么？课堂上教师当讲则讲，不当讲当然不必赘言。教师讲述不仅是专业知识、文化底蕴、人格素质的表露，也是语言素养的检验。教师应该是语言运用的行家里手,课上的语言表达悦耳动听,学生遨游于母语的丰富美感之中,会感到学习母语的快乐与幸福。

动情:涟漪,波澜

白居易在《与元九书》中说"感人心者,莫先乎情","诗者:根情,苗言,华声,实义"。写诗作文,无非是以情感人,以理服人,而文学作品尤重以情感人。"情动于中而形于言"。在诗文中,有的作者直抒胸臆,有的作者借景借物抒情。总是"有必不可解之情,而后有必不可朽之诗"。教学生学语文,离不开"情"和"理",而要以理服人,其中必渗有情感,以情为基础。

学生学习一篇篇课文,能在情感的世界泛起涟漪,或在动情之处掀起波澜,必已深入作品,与作者心灵感应,必能对语言的魅力体悟到一二。学生学习要达到这个程度,教师的积极引导、相机启发起相当大的作用。

作者写作是"情动而辞发",教师教作品,自然应"披文以入情"。要进入作品,读懂作品,真正领悟作品中作者要表达的情和意,教师先要会读课文,读懂课文,身历课文描绘之境,倾听作者的心声,才不至于拿到课文就思想却步、情感枯竭。否则,教师就成了课文的"文外汉",冷漠旁观,无半点热情。读课文,要像当代俄罗斯小说家尤·邦达列夫说的那样:"一个人打开一本书,就是在仔细观察第二生活,就像在镜子深处,寻找自己的主角,寻找着自己思想的答案,不由自主地把别人的命运、别人的勇敢精神与自己个人的性格特点相比较,感到遗憾、怀疑、懊恼，他会哭，会笑，会同情和参与——这里就开始了书的影响。所有这些，按照列夫·托尔斯泰的说法，这就是'感情的传染'。一个不醉心于读书的人，就抛弃了第二现实和第二经验，因而，最终就缩短了自己生命的时日。"（《大学活叶文库》第7辑）显然，阅读是心灵的浅唱低吟，是一种心力劳动。读课文，备课，走进去，进入角色，就会有情感的激荡，就会有独特的认识与体验。只有自己感动，才能感动别人。自己未从书中获得"感情的传染"，又如何能"传染"给学生，让学生动情，受到感染？

总观各类课文，稍加思考，就可辨识与感受到它们呈现出或隐含着的各种各样的感情。文章不是无情物，不是小情，就是大情，有个人之间的情谊、亲情、友情、景情、物情、乡土情，有祖国情、民族情、天下情。只要是发自肺腑的真情，总能扣人心弦，给人以感染。而这些"情"又是通过语言文字，尤其是一些饱含深情的文字传送的，因而，对文字的推敲、咀嚼、感受就至关重要。

前面提到的《秋天的怀念》是史铁生在母亲离世后写成的，通篇浸满了怀念母亲的悲情。然而，仅是"怀念"，又怎能装载得下作者钻心的痛苦？母亲离他而走了，生死两茫茫，才真正体会到母亲对自己博大无私的爱，体会到母亲在灾难降临儿子身上后，无法抗争、无力拯救的揪心痛楚。"母亲扑过来抓住我的手，忍住哭声说：'咱娘儿俩在一块儿，好好儿活，好好儿活……'"这哪里仅仅是安慰、排解，制止儿子"狠命捶打"腿的动作？这是以生命相许，以炽热的慈母心支撑儿子活下去的勇气。"她昏迷前的最后一句话是：'我那个有病的儿子和我那个还未成年的女儿……'"生命的全部是为儿女付出，生命结束未了的心愿永远的遗憾仍然是未为儿女尽责。母爱的光辉永照人寰，读到这些文字，怎能不潸然泪下？作者写对母亲的怀念，不仅追忆母亲对自己的慈爱、宽容、体贴入微，笔端还处处流露自责的感情：无知，愧疚、悔恨，永远无法补偿与回报母亲对自己的深情。亲情无价，以教师之情激发学生之情，学生怎会不受到感情的传染？

有些课文不是直抒胸臆，而是采用了比较隐晦的表达思想感情的手法。尽管如此，稍加探究，仍然可以触摸到作者的动情之处，通过默读、朗读、品味、鉴赏等不同的教学手段，传送到学生心中，让学生有所体验。如散文诗《雪》，有一定的深度、难度，学生不可能对其主旨一眼见底。当时北京处于北洋军阀统治之下，鲁迅"总还想对于根深蒂固的所谓旧文明，施行袭击，令其动摇"（《两地书》），然而"因为那时难于直说，所以有时措辞就很含糊了"（《〈野草〉英文译本序》）。"难于直说"的是什么思想感情呢？不少作家、文人对此从不同角度评说，确实是"横看成岭侧成峰，远近高低各不同"，教师可引导学生思考、借鉴，开阔思路，学会探究。有些基本的思路、情感能有所体会，学生的感情世界也会受影响，起变化。

这首散文诗脉络十分清晰，从哪儿下笔，怎样收笔，中间怎样转换，一条线索清清楚楚。暖国的雨（引出）江南的雪—朔方的雪—死掉的雨，雨的精魂。简言之：雨—雪—雨。身处寒冷的北平，由朔方落雪的自然现象，回想到江南的温暖，一近一远，一实一虚，构成了鲜明的对比。江南的雪"滋润美艳"，笔调已饱含赞美的感情，从触觉和视觉角度描绘，精确传神。这样写还不足以表达心中的冲动，于是在"滋润美艳"词语的后面加上"之至",似乎是尽善尽美,到了极点。紧接着揭示这种至美形象中蕴藏的令人振奋、令人向往的丰富内涵——"那是还在隐约着的青春的消息,是极壮健的处子的皮肤",给人以追求美好、感受美好的无限希望。由江南的雪引出"冬花开在雪野中"的美景,色彩斑斓,景物错落有致,不仅调动视觉,也调动了听觉,仿佛听到了蜜蜂们"嗡嗡地闹着"。一切景语皆情语,作者笔下这番山花烂漫、生机盎然的美景,饱含着甜美的怀念,透露了向往春天的情意。冬花雪野已经够动人了,更动人的是孩子们塑雪罗汉的情景,七手八脚,共同创造,这种纯真无邪的欢乐双手可掬。美丽的江南雪景犹如一幅引人入胜的画,是作者倾注深情一笔笔勾画而成,从"滋润美艳"到"色彩斑斓",从"色彩斑斓"到"欢乐有趣",每添一彩笔,就加深对美好理想的追求和向往。追求美好理想的感情是高格调的情感,是人生奋然前行的重要支撑。学生进入饱含情感的文字之中,身历江南雪野的情境,会情不自禁地感受到春天的温暖与生活的快乐,胸中升腾起对美好事物的向往和追求。文中描绘的朔方的雪是另一番景象,这番景象同样是作者思想驰骋、感情浇铸而成。尽管有"孤独"之感,但要"奋飞",要战斗,雨的活泼流动的精魂不散。整首诗托义于物,用象征手法成功地表达了复杂的、"难于直说"的思想感情。"物"的特征把握,了解了写作的背景,就能体会作者"情"的踪迹,从而扣动自己的心弦。

情多种多样,有的诗文激昂慷慨,如岩浆喷发;有的如潺潺流水,叮叮咚咚。或悲,或喜,或憎,或爱,或同情,或怜悯,等等,教学时均要把握作品的本意,体会作者的感情,千万不能添油加醋，使作品走样。教学时不是为情而情，更不是虚情、浮情。否则，就是做戏给学生看，教学效果适得其反。《庄子·渔父》中早就说过，"不精不诚，不能感人，故强哭者虽悲不哀，强怒者虽严不威"。只有真情实感才能感动人。比如学杜甫的《茅屋为秋风所破歌》时，读到"安得广厦千万间，大庇天下寒士俱欢颜，风雨不动安如山！呜呼！何时眼前突兀见此屋，吾庐独破受冻死亦足！"，怎能不心灵震撼，动情动颜！诗人已处于生存绝境，但想的不是自己，而是"天下寒士"，只要"天下寒士"得以安居庇护，自己冻死也心甘情愿，无比满足。这种舍己忘私、关心他人安危的仁爱之心、博大胸怀，不仅令利己者汗颜，更是对当今学生的精神哺育。教师自己真正为此而动情，就能以情激情，以情传情，丝丝缕缕牵动学生的情怀。

动心：思考，抉择

语文课既要善于让学生动情，感情激荡，又要善于让学生动心，在思想深处留下难以磨灭的印象。怎样才能留下深刻的印象？关键要千方百计引导学生学会思考。理想的阅读过程，应该是阅读的人将自己的全部智力，包括注意力、记忆力、思考力、想象力、创造力等组合在一起，同书本进行化合，产生增长知识、开阔视野、认识世界、感悟人生、完善人格的奇妙作用。其中，"思"最为重要。《孟子·告子上》说："思则得之，不思则不得也。"黑格尔曾在《美学》一书中指出："构成心灵的最内在的本质的东西正是思考。"其实，想象也是思考的产物，奇特的想象源于不落俗套的思考。不会思考的大脑是一片沙漠，只有荒凉，没有花朵，没有美感；善于思考的大脑是一片汪洋，浪花翻滚，船只穿行，珍珠，珊瑚，异彩纷呈，美不胜收。

　　教与学均需要激情，但激情并不等于真理，它需要积淀，需要净化、深化、浓化、凝化，深入事物的本质，因而，理性思维的锻炼必不可少。理性思维并不是什么神秘玄妙的东西，它是一种依据客观事物之间的内在联系，把事物加以整理、分析和概括，从而更深刻地认识事物的能力。语文课就其本质而言，就是要让学生看到、悟到、感受到他们自己阅读时看不到、悟不到、感不到的东西，包括文与质两个方面。如果教师的"教"和学生个人的"学"在一个平面上移动，课必然让学生感到索然无味，课上不上没有什么区别。因而，课须在启发学生"发现"上下功夫，思考围绕着问题而发生，要让学生在看似无疑处产生疑问，学就深入了一步。学生脑中问题萦绕时，要引导学生分析、比较、讨论、交流，做到"疑义相与析"。读课文，分析是不可少的能力。正如朱熹所说："学者初看文字，只见得个浑沦物事，久久看作三两片，以至于十数片，方是长进。"混沌一片是学不好语文的，整体感悟应建立在对每个部分、部分与部分之间的联系和区别了如指掌的基础之上。对局部的个性特征认识得准确、深入，整体感悟就能上层次、上台阶，有独特的见解与体会，这又是综合能力的体现和检验。

　　要引导学生对文本有所发现，经分析、综合，解开问题的奥秘，在心中留下痕迹，教师自己就要善于发现，善于分析综合，有解读和挖掘文本的本领。课是扎扎实实，还是浮游无根？与教师的业务功底、解读本领紧密联系。也就是说，要动学生的心，首先自己在阅读文本时要真正动心,在思考上下一番功夫。比如周国平的《生命本来没有名字》,从一名穷城僻镇的女孩写给他的一封信说起,阐明了一个须直面正视的十分严峻的问题——生命的本色是什么。身居尘世,终日喧嚣,我们有时连最基本的道理都糊涂了,懵懂得非常可笑而不自知。读了此文,突然心惊,有醍醐灌顶的感觉。别的且不说,就说下面这段文字:

> "生命本来没有名字"——这话说得多么好!我们降生到世上,有谁是带着名字来的?又有谁是带着头衔、职位、身份、财产等来的?可是,随着我们长大,越来越深地沉溺于俗务琐事,已经很少有人能记起这个最单纯的事实了。我们彼此以名字相见,名字又与头衔、身份、财产之类相连,结果,在这些寄生物的缠绕之下,生命本身隐匿了,甚至萎缩了。无论对己对人,生命的感觉都日趋麻痹。多数时候,我们只是作为一个称谓活在世上。即使是朝夕相处的伴侣也难得以生命的本然状态相待,更多的是一种伦常和习惯。浩瀚宇宙间,也许只有我们的星球开出了生命的花朵,可是,在这个幸运的星球上,比比皆是利益的交换,身份的较量,财产的争夺,最罕见的偏偏是生命与生命的相遇。仔细想想,我们是怎样地本末倒置,因小失大,辜负了造化的宠爱。

这是何等精彩、深刻的生命教育篇章,振聋发聩。与每个人,不论年龄、性别,不论职业、职务,均息息相关,无一能回避、逃脱。仅从这一段中就可发现不少大大小小从观点到文字须凝神深思的问题。为什么"很少有人能记起这个最单纯的事实"？"生命的本然状态"是怎样的？"比比皆是"的"交换""较量""争夺"和生命是怎样的关系？"生命与生命的相遇"应是怎样的状态？怎样才不"辜负了造化的宠爱"？可以提出一连串问题激发学生思考的热情，寻根究底地觅求解答。在觅求解答的过程中咬文嚼字，联系实际，分析判断，做出抉择。珍爱生命，尊重生命，平等相待，生命的价值与意义，这些做人的根本性的问题绝不是空洞的口号，而是要靠学生在求知中、在生活中领悟。读书可以明智，学生学语文，读课文，思考、抉择，就是明智的有效举措，在学习语文知识、提高语文能力的同时，价值取向也受到教育。

有些课文的内容切中时弊，锋芒毕露，引导学生学习，思辨的能力就非常重要。正误、褒贬、现象本质、整体局部、主流非主流等，均要通过对语言文字的推敲、理解，准确地把握。只有仔细辨别，准确把握，思维才能得到锻炼，做出正确的抉择。例如《如果优美的文字离我们而去》这首诗情感浓烈，给人以强烈的冲击波。作者对文学大师们优美的文字——屈原的恣肆、李白的潇洒、杜甫的沉郁、但丁的深邃、列夫·托尔斯泰的浩瀚、雨果的雄奇……正遭受没有灵魂的时尚文笔的冲击，渐渐远离我们，感到痛心疾首，针砭时下的浮华，呼唤文学应有的真诚和诗意；运用多种修辞手法、艺术技巧、繁复凝重的意象抒发忧心如焚的沉重忧思。读此诗，在受强烈感染的同时须沉思、须判断、须抉择。"优美的文字"曾给我们怎样的影响？"优美的文字"渐渐"离我们而去"的原因何在？是作者吗？是读者吗？只是简单的谁之错？谁负责任？还是有众多的复杂因素？你能说出哪些因素？面对这种现象，你应该怎样做？为什么要这样做？在做的过程中会碰到哪些困难、哪些障碍，打算怎样解决？……举出这一连串问题不在于要学生做书面答卷，而是要他们脑海里翻腾，择其要思考、判断，做决断，在心中留下深深的痕迹。有些痕迹甚至会刻骨铭心，影响自己一辈子。

　　动听、动情、动心并不是教师唱独角戏，师生互动，各尽其责，才能实现"三动"的境界。这种境界不可能一蹴而就，有个逐渐攀登的过程，需要的是热情，是毅力，是不懈的追求。

语文教学现状的思考 *

  我们的语文教学常常是在指责中艰难前行的，尽管许多教师付出了艰辛的劳动，但效果往往不够理想。面对这些指责，语文教师有不少无奈和委屈，这源自教学中的两大困惑：其一，当前教育中的花头太多了，课不知道怎么教；其二，整天埋着头以考纲为准绳教课，因此对整个语文教学的状况几乎是隔绝的，不了解。在有些评审——甚至在特级教师面试中，问起当前语文教学状况如何，有的也几乎是一无所知。如此封闭性地从事教学，怎么能够提升我们的语文教育质量，又怎么能够使得我们教师自身得到提升呢？

  因此，对语文教学现状做一些系统的深入的思考，有助于教师廓清对语文教学的一些模糊认识，走好语文教学之路，进而形成自己的教学特色，提升语文教学的质量。

---

  * 本文是作者对上海市语文德育实训基地学员的讲话，发表于《语文教学通讯》2016 年 10A。

一、现状：林林总总，目不暇接

当下的语文教学现状，已经不是《钱塘湖春行》中的"乱花渐欲迷人眼"，而是"乱花已经迷人眼"。跟其他学科比起来，语文教学的现状恐怕更是林林总总、花繁叶茂，有点让人目不暇接。对这些状况大致分析，有以下几个方面。

（一）语文教育内部的风起云涌

语文课程改革的初衷之一，就是要充分发挥每位教师自身的积极性和创造性。语文教育内部的风起云涌，从某种意义上来说，正是语文界部分优秀教师、研究人员乃至语文媒体，参与语文课程改革的积极性和创造性的具体表现。关键是我们广大语文教师要对这些不同的理论话语和教学主张有一个比较清晰的认识，这样才能不被牵着鼻子而"随人说短长"。

语文教育内部的风起云涌，主要表现在如下三个方面。

其一，来自高校语文教学研究专家以及一些出版社的主张。高校专家的理论话语，都有各自的学术背景，并且往往注重理论体系的构建，虽然实践不多但是理论研究还是比较深入的。我们广大语文教师从事的是语文教学工作，它的一个最重要的特征就是鲜明的实践性。我们当然要学习语文教学理论，这对于深化认识、提升教学自觉非常重要。但理论与实践之间毕竟还是有距离的，因此无论看似多么高深、多么正确的理论话语，都必须接受语文教学实践的检验，并转化为语文教学的实践话语才行。所以我们要用创造性的实践去理解这些理论话语的体系，择其善者为我所用，而不能被其框住、套死。一些出版社作为语文教材、教学著作的出版发行单位，往往会有一些语文类的期刊、报纸等媒体。媒体搞活动的特点就是注重影响力，它为了达到预期的宣传效果，提出的主张、运用的语言常比较火爆，吸人眼球。对于这些宣传、做法，要关心、思考，寻求其中的奥妙。

其二，来自第一线教师的设计及各种各样的改革。比如黄荣华老师的"生命体验"和"文化贯通"相融相生的语文教学实践，黄厚江老师的"本色语文"，以及最近修改提出的"共生教学"，等等。一线教师进行这些教学改革是值得提倡的，哪怕不周全，但是只要教师有想法，是想把语言文字的基因种到学生的心里，这些都是合理的。也有教学尝试引起语文教育内部的争鸣与碰撞，当然这其中也会乱象丛生，需要我们思考，需要我们辨析。

其三，行政部门基于基础教育的教学实施。我们面临的最大困难是，实践中讲得最多的是教育教学方面的术语，而对语文学科本身的研究却很少，更多的是用强势的教育教学理论来指导处于比较弱势地位的语文学科教学。这种一刀切的强势指导影响很大，而对于小学语文教学影响尤甚。比如，通过行政手段的干预，某个阶段所有学校的教学关注点都是教学内容，某个阶段所有学校的教学关注点又都集中在教学过程，再过一个阶段，所有学校又全都在研究作业设计。不少一线教师诉苦，他们几乎成了标准的"操作工"。这种过分强调基于标准的指导，实际上就是把教师标准化。我们常说教学要培养学生的主动性、积极性、创造性；但是，首先教师本身必须有主动性和创造性。当然，教育行政部门的出发点是好的，希望一线的语文教学最好能够都是统一的，能够都达到相同的质量水平；但是标准化是工业化的大生产方式，人的教育和培养是不能这样的。语文教师最最重要的是学科素养和专业能力，也就是教师个体的阅读量、理解力以及教学的能力。语文教学不是工厂里的大工业生产的标准化操作，谁都不能包办代替教师的创造性劳动。有些教师讲，自己也知道阅读的重要性，但是很多时候无奈，只能偷偷地做些个性化的阅读指导。我觉得我们语文教师的教学自主性和创造性受到了抑制。

（二）西方强势语言的入侵

这些年的情况稍微好些，我们能够理直气壮地讲中国语文是多么重要，我们可以理直气壮地讲要传承发展中华优秀文化。但是有一个阶段，我们讲的全部都是外来的语言和理念。我们当然要开放，难道在21世纪办教育还要闭关锁国吗？但是有一点必须弄清，任何一种教育理论、教学原则，都是在特定时代背景和地域中产生的。那些教育家正是在特定时代中发现当时教育的弊病后，有针对性地提出解决问题的方法，比如杜威"儿童中心"的理论，是基于当时儿童总是处于一种被动学习的状态而提出的。当把特定时代、特定背景下产生的理论视为普遍的要求，不加辨析地全面推广甚至强制执行，就会带来很大的困惑。

之所以会如此，正是因为缺乏哲学思考。其实，所有的教育学者提出的教育思想与一些具体的做法都是有利有弊的。我们进行教育改革应该有开放的心态，采取"拿来主义"的做法。正如古语所说："他山之石，可以攻玉。"拿来"他山之石"是为了"雕琢"我们自己的"玉"，而不是抄袭；现在教育中存在的问题是把外国的有些做法拿来，不加辨析，把它无限扩大，说到底还是我们缺乏教育自信。其实，中国基础教育有很多可圈可点的东西，问题在于我们自身没有很好地认识，深入思考不够。

因此，当我们面对外来理论时，我们应该想想这个理论提出的背景是什么，能够解决什么问题。教师遇到新理论，要想一想，不能够盲从。而当下，我们会发现有种怪现象：我们教的是中国语文，本来应该最有发言权；但是，语文学科教学和研究中，很多理论和做法却都是源自外国的，比如进行写作指导和研究时，不少人言必称"外国人怎么讲"，阅读教学也是这样，几乎都以洋为荣，甘愿用我们自己的教学充当外国教育理论的论据。我觉得，我们的教师绝不能甘愿把自己当成弱智听凭别人说长道短，绝不能甘愿做"学徒工"，绝不能甘愿做"思想的矮子"。我们要有学科教学自信，要有哲学眼光，不能对外来的理论全搬照抄。西方的文化背景、文字形态与我们很不一样。比如欧美国家学生在低年级主要是学习语言，到中学阶段文学的分量就加重了，他们基本上是语言、文学分开，而我们是语言、文学综合；就文字形态来讲也不同，西方主要是表音文字，而我们的汉语则是音、形、义紧密结合的双脑文字。所以，我们对西方教育教学理论要秉持"拿来主义"，要有开放的心态，但是一定要有自己的立场。

（三）粗俗、粗鄙语言的作祟

伴随着网络时代的到来，大量粗俗甚至粗鄙的语言随之出现，这对语文教学冲击很大，它破坏了语言的健康和准确度，还带来了巨大的危害。语言品质的下降，继而带来的是文品的下降，文品下降带来的是人品的下降。这种连锁反应式的品质下降是在无意识中发生的，而我们还可能不自知、不自觉、不自省。我曾经带领我的基地学员开展"优雅汉语"的主题教学来研究过这个现象,尝试探索解决方法,但是很难。这些都将对语文教学质量的提高产生很大的冲击。

(四)最有力量的还是考试指挥棒

对考试指挥棒顶礼膜拜成为教学中比较突出的情况。教学实践中考试操练过多,以考定教,将原本属于基础教育的主阵地——课堂拱手让给了考试。以考定教,让学术、学生没有了尊严,而教育价值可怜到只能体现在分数上了,于是各种各类补习班、培训班应运而生,知识沦落到"待价而沽"的境地,这使得教师队伍的集体荣誉受到很大的伤害。

上述四个方面的影响,加上媒体的炒作、商业利益的驱动,最终就形成了我们所面对的"乱花已经迷人眼"的教育现状,形成了"育分不育人,求学不读书"的怪现象。那么,作为一名当代的语文教师,面对这些林林总总的、正确与错误纠缠在一起的现象,我们一定要有认识,有思考,才能够保证我们在各种乱象中保持头脑清醒。当然,就现象谈现象是弄不清楚的,必须探寻导致出现这些现象的源头。

二、探源:认真梳理,了解发展脉络

上面所说这些现象的产生,都是有源头的。我们认真梳理、了解语文发展脉络,才可能不被表面的现象蒙蔽和忽悠。认真梳理语文发展脉络后,我们可以很清楚地看到是两条线索。

(一)一条线索是百年现代语文教育发展史

1904年(清光绪三十年)1月,清政府颁布并实施了由张百熙、荣庆、张之洞拟定的学制和独立分设学科的教学体制,后世称之为"癸卯学制"。当时新学堂的学制、课程以至教材，大都从日本等国引进，但语言文字独立设科，须由我们自己探索建设。那么该科如何定位？《学务纲要》中载明："并宜随时试课论说文字，及教以浅显书信、记事、文法以资官私实用。但取理明词达而止。"又断言："中小学堂于中文辞，止贵明通。"从中，我们发现它比较注重实用和训练，根据文辞的训练，达到实用的目的。

实施新的学制和独立分设学科的教学体制，"中国文学"独立设科，本有众多教育宗师参与其中，如罗振玉、蔡元培、梁启超、钱基博、胡适等。但对百年中小学语文教育影响最大的是叶圣陶先生。由于他纵跨新旧两个社会，又长期从事基础教育的课程和教材编写与出版，他的语文教育观念便具有权威性，影响至深。

尽管中国现代语文脱胎于传统教育，但就时代背景而言，则更重视当时社会的"现代性诉求"。叶圣陶先生就曾明确地说过："一般人就以为国文教学只需继承从前的传统好了，无须乎另起炉灶。这种认识极不正确，从此出发，就一切都错。"他在《国文教学》一书中说得更为直白："国文教学固然要重视精神训练，但尤其要重视技术训练，即重视了解文字和运用文字能力的训练。"老先生还有一句话："把精神训练的一切责任都担在自己肩膀上，实在是不必要的。"

语文工具论是叶圣陶先生几十年语文教育思想的结晶。在清政府将语文独立设科的时候，中国正处于积贫积弱的状态下，有学之士认为要强国，就要向西方学习，故而当时对西方的科学技术顶礼膜拜。在这样的时代背景下，西方技术至上的观点影响了中国的方方面面，其中也包括了国文教育。再加上当时先辈们要超越"书同文"的视野，要实现"言文一致""语同声"，与五四新文化运动相呼应，意图突破区域性隔阂，在这样的时代背景下，强调语文工具论自有其现实合理性，不足为怪。

"语言专门化"训练的历史线索从独立设科开始，可说是延续至今。从《国文百八课》一直到20世纪60年代、80年代的语文教学大纲清晰可见，直到90年代的教学大纲，还很明确地提出要严格地进行语文训练。百年语文现代化，就是要求知识点清晰有序，要系统化、科学化、线性化地进行训练，认为这是一条学好语文的科学道路。除了"文革"对教育的摧残，这根工具训练的线索从未断过，因而标准化试题入境，不费吹灰之力就在极短时间内对基础教育领域包括语文学科实现了全覆盖。

然而，母语教学是很难做到一切都那么清晰的，其实叶老也一直在不断地修正自己的想法和做法。因为"工具训练"几十年走下来，情况并不理想，这引起了大家的讨论。当时在全国影响最大的就是1978年3月16日吕叔湘先生在《人民日报》上发表的责难语文教学"少、慢、差、费"现象的文章。这篇文章引发了语文改革的热潮，激发了不少一线教师的自觉改革行动。2000年颁布的《全日制普通高级中学语文教学大纲（试验修订版）》才第一次提出"语文是最重要的交际工具，是人类文化的重要组成部分"，而在此之前的语文教学大纲里基本上都是这样表述："语文是学习和工作的基础工具"，"中学语文教学必须教学生学好课文和必要的语文基础知识，进行严格的语文基本训练"。所以说，"训练"和"实用"这两个关键词一直贯串百年中小学语文现代发展史，其影响之深远不可估量。

（二）另一条线索是千年语文教育传统的继承与发展

"癸卯学制"颁行之前，中国语文虽未单独设科，但中国的语文教育有悠久历史，有优良传统，绝不是只有百年历史。追根溯源，还有千年传统，现代语文也是从千年传统脱胎而来的。在千年的历史中，中华民族出了多少优秀的文人！出了多少世界级的顶尖作品！因此，我们要知晓千年语文传统，要重视优良传统，在新时代加以发展、创新。

新世纪语文课程改革的基本理念从何而来？依我看主要来自四个方面：千年的积淀，百年的探索，世纪末的大讨论，跨世纪的思考。千年的积淀里有"四个注重"符合语文学习的规律，需要我们关注：其一是读书感悟，其二是整体把握，其三是熏陶感染，其四是积累沉淀。当然值得继承发展的远远不止这些，而这四个关注点，恰恰是碎片化教学所忽略的，这16个字说来容易，要真正落到实处却很难。语文课程开宗明义提出的基本理念，就是尊重传统，继承发展。

中国百年语文教育的探索很艰辛，很不容易。比如半个多世纪前叶圣陶先生就做出"语文是工具"的论断，语文是生活的工具，是思维和交际的工具，是其他学科的工具。这一"工具论"的论断对我国语文教育有积极的影响。叶老始终把反对封建科举、反对"八股"精神、反对古典主义和利禄主义作为个人的目标。他的"工具论"正是在反对"八股"教育的基础上提出的，强调尊重学生个性，培养学生面向实际、贴近生活的能力，强调要学以致用，在具体操作方面也做了许多有益的尝试，而且在每一次提出时都有强烈的针对性，都增加了新的内涵，对语文教育的发展做出了很大的、积极的贡献。

历史总是不断向前发展，现实也总是处在不断的变化过程中，个人的认识总是有一定的局限性；再加上我们执教者的误解偏差，因此，随着时代的发展，把语文教育仅仅看作维持物质生活的一种技能，丢失了人的发展，丢失了对人的精神世界的拓展，这种实用主义立场，就不可避免地显现出局限性来，因而出现了20世纪末的语文大讨论，许多学者专家针对这一局限提出了非常尖锐的意见。这场大讨论不仅是纵向思考，更有横向视野，讨论者既回顾历史，又把西方的母语教育和语言理论作为比较参照。这次跨世纪的思考是把我们的语文教育放在中国发展的时代大背景之下和世界大环境之中来展开的，其讨论的广泛度和思考的深刻度，超越了之前任何一次关于语文教育的讨论。

正是在这次大讨论的基础上才诞生了新的课程标准。在新的课程标准中，语文课程的核心概念是语文素养，是人的整体素质在语文方面的体现，而不只是局限于过去所说的知识和能力。它既包含阅读理解能力和表达交流能力方面的要求，也包括对人的心理素质和人文修养方面的要求。而今，高中语文课程标准修订稿把语文素养具体化为四个方面：语言建构与运用，思维发展与提升，审美鉴赏与创造，文化传承与理解。

（三）对两条线索的认识

厘清语文发展的两条线索后，我们会发现，林林总总的语文现象都可以找到背后的根源。其实，两条线索并非完全对立，水火不相容，二者之间相同相融之处很多，而后一条线索本就是百年现代语文教育的继承与发展。

既然如此，那为什么语文教育又会有那么大的分歧，甚至于乱象丛生呢？分析原因，主要有三点：

第一，从思想方法看，是二元对立思想作怪。当下有不少人思考问题很容易二元对立，非此即彼，非彼即此，不照我做，即非我族类。其实我们应该多元思考。

第二，从思想意识看，是唯我独大、唯我独尊的意识作祟。一旦有所主张，则俨然学术权威，再伴随着利益驱动，形成所谓的"圈子"，遂使学术影响力蜕变而成为话语威慑力，容不得"异端"存身了。

第三，从专业素养看，是对教育中"人"和"术"的关系缺乏深层次的思考和准确的把握。技能当然要教，但是在什么背景下运用，怎么来掌握，这就需要教师的专业素养和专业眼光来做出准确的判断。

当我们把各种现象分类、溯源后，就可以很清楚地看到前因后果。厘清这些线索，辨析这些现象，是为了我们自己更好地成长，让成长不受干扰。在社会和教育转型过程中，学科的每一步发展都是非常艰难的。我们现在真的是需要大师级的人出现，这样的人，是通才基础上的专才。因为是通才，所以他视野开阔；因为是专才，所以他研究深入。这样的大师能够在纷纭众说中提出正见，在一片迷茫中探寻到正途，引领学科健康发展。而教学第一线的教师所做的这样那样的改革，同样十分可贵，应该受到欢迎，得到支持，即使不周全，仅这种为提高语文教学质量的探索精神也是十分可贵的。

三、立业：独立思考，自主创新，走好自己的路

文天祥有诗云："臣心一片磁针石，不指南方不肯休。"对语文，对语文教育，我们教师确实要一片忠贞、一片痴情。为了学生能有良好的语文素养，能学会学好用中国话讲好中国故事，我们教师在教育教学中就要做"高人"——思想的深刻，要做"情人"——痴情于教育。语文教师的权威是人格魅力和学术魅力构建的，我们要用我们的人格魅力和学术魅力，让孩子受到中华优秀文化和人类进步文化的熏陶滋养，做有中国心的现代文明人，在世界文化潮流当中站稳脚跟，从小学会挺起民族的脊梁。

如何做好一名语文教师？我有两点建议。

（一）心中要有准绳

语文是什么？语文教育是什么？对于这些根本性的问题，教师要反反复复思考，努力想清楚。这里面我觉得有三点应考虑。

1. 语言文字是民族文化的根

德国语言学家洪堡特曾经说："民族的语言即民族的精神，民族的精神即民族的语言，二者的同一程度超过了人们的任何想象。"语言的背后是文化的深层编码，是一个民族的集体意识。每一个汉字的故事当中都无不蕴含着中华文化的基因。每一个文字都是一个故事，是民族的故事，比如说"孕"字，形象生动。语言文字里有哲学智慧，有伦理道德，有风俗习惯，有审美意识，稍加触摸，就会感受到它的博大精深，感受到它的无穷魅力。民族精神是民族文化中最优良内容的结晶，实施语文教学，我们实际上是在传递民族精神，是在孩子心中栽种中华民族文化的根。

2. 语文教育是母语教育

中国古人将语言和人性、天道、事理联系在一起。汉语言文字不是单纯的符号系统，而是有着深厚的文化历史积淀和独特的文化心理特征，是一个文化系统。杭州 G20 峰会文艺晚会上突出西湖元素、杭州特色、江南韵味、中国气派、世界大同，体现的就是中国文化的特色和中国独有的思维方式。通过母语教育可以培养学生对民族文化、民族精神的认同感和归属感。在人文精神的熏陶下，学生的道德情操、审美观念、人格塑造均能获得提升，这是为做"中国人"打精神底子，对学生的成长影响深广，乃至终生，这是其他学科难以替代的，如果只注重物质层面的工具性就很难达成。事实上，当下许多国家的母语教育也不仅仅满足于知识和能力的传授，不只是关注其实用性，而是大多比较重视课程的人文性和课程的现代化。

3. 语文教育的基本特征是工具性和人文性的统一

语文教育有多种属性，比如工具性、实践性、综合性、科学性、思想性、人文性等，可以讲很多。但是，因为我们基础教育的语文教学，从事的是语言文字的学习和训练，所以其基本特征应该是工具性和人文性的统一。

那么如何来把握这个观点？我想起码应该从三个方面来认识。

第一，语言是什么？语言是表达思想、进行交际的工具，是思维的物质外壳，是信息的载体。这种工具、外壳、载体非常特殊，是跟人紧密联系的，是只有人类才拥有的符号。因而，在符号的意义上把握其工具属性和工具的特殊性才比较恰当。

第二，语言本身是一种创造性的精神活动。西方学者不仅视语言为一种文化现象,而且称它是文化和社会的产品,是文化建设的一种力量。比如高铁,它是社会的产品,我们马上就有"高铁"这个名词了。语言在创造文化,文化也在创造语言,二者相互塑造,相互渗透,相互从属,语言是文化创造的力量。世界各民族的语言都有人文属性,不是一个简单的工具属性所能概括的。

第三,语言和思想、情感同时发生。语言不仅仅是对思想的翻译,不仅仅是思想的载体,它本身就是意识、思维、情感、人格的组成部分。洞悉语言的本质,其基本特征就一目了然。

综上所述,可知工具性与人文性是语文教育这一统一体不可分割的两个侧面。没有人文,就没有语言这个工具;舍弃人文,就无法掌握语言这个工具。黑格尔的"洋葱说"对我们深刻理解这一问题很有启发意义,语文的工具性和人文性,犹如洋葱的皮和肉,对于洋葱来说,皮与肉本来就是合二为一、难以剥离的,如果执着一念硬要剥下去,到最后只能一无所有。

因而,语文学习不仅是外在的"形式学习",更重要的还有其内在的"心灵成长",包括思维、情感、性格、能力等的成长。

心中有准绳,施教、改革就有方向,而不会"暖风熏得游人醉",乃至乱了方寸,迷失了方向。

(二)要有历史眼光和批判精神

跨入 21 世纪的新时代,计算机已经成为我们这个时代的标志性工具,而互联网是我们这个时代的平台。面对信息化、全球化、个性化的时代,教育体制、教育内容、教育方式一定要适应这个社会的未来需要而谋求生存和发展,我们要进行基础教育全局性的课程改革,就是出于这一考虑。因此,中小学语文教育改革责无旁贷，为了适应时代的发展，满足未来的需要，语文教育必须做出自己的思考和应对。

1. 课程理念、课程实施要适应时代要求而发展

课程改革，实际上本身就是语文教育百年探索的完善与发展。朱自清先生曾经谈到他与叶圣陶先生改革语文教学的初衷，就是为了改变当时语文和经史不分的传统，这一出发点无疑是正确的。在东西方文明激烈碰撞与融合的大背景下，在民族文化与外来文化、传统文化与现代文化、科学主义与人文主义之间，中国语文教育面临着艰难甚至是痛苦的选择与变革，坚定不移地选择语文教育现代化道路，其中有诸多学界泰斗探索追求，做出了开创性、历史性的贡献。

然而，时至今日，社会的发展、教育的发展、语文课程的发展、语文教育的现状，都需要对语文教育有新的认识，包括性质、目的、功能、承传、教材、教法、质量、测评等观念与做法。在跨世纪大讨论中，不少学者都对语文教学表达过自己的看法，有学者说："用一句话来说，把这么一个富有诗性的、情感的、想象的学科变得工具化、机械化，这对孩子们的灵魂塑造所带来的负面影响不言而喻。"（夏中义）还有学者说："中学语文教学的种种问题，一言以蔽之，是人文价值、人文底蕴的流失。将充满人性之美，最具有趣味的语文变成枯燥无味的技艺之学、知识之学，乃至变为一种应试训练。"（杨东平）因此，语文教育一定要改。

种种弊端告诉我们，语言文字是"体"，人文内涵是"魂"，二者要融为一体，"魂"要附"体"，"体"中要有"魂"。硬要剥离开来，语言文字就变成僵死的符号，"魂"就无处安身。

只是"训练"与"实用",远不能适应培养语文素养的要求。

至于脱离语言文字,空讲内容,无限拓展、延伸,不是对人文的误解,就是故作高深,哪还是什么语文课!

"发展是硬道理",刻舟求剑的思维总是不行的,有些乱象因此而生。强调要回到过去,难以自圆其说。

2. 教师要有批判精神

批判性思维是思维中最高级也是最核心的能力。批判并不是否定,而是进行科学的分析,在原有基础上把好的发扬光大,而把不足的加以弥补,把缺点加以克服,把错误的加以扬弃。当教师最怕的就是人云亦云,照单全收。今天吹东风便说东风好,明天吹西风又说西风好,这是不行的。教师一定要勤于思考,独立思考。批判精神,就是有个正确的传承观。传承不是照单全收,而是首先要弄清楚继承什么、扬弃什么。

语文教学现在面对着三个传统:一个是千年"大传统",从李斯的小篆改革开始;一个是百年语文的"中传统",从"癸卯学制"语文独立设科开始;一个是改革开放以来的"小传统"。三个传统中都有优质的资源,也有不少糟粕。比如,"大传统"中有许多符合语文学科专业规律和学生认知规律的优质教育资源,但"三百千""弟子规""二十四孝"能照单全收吗?又如,"中传统"在坚守语言文字学习上功不可没,其弊病在于重"术"轻"人",价值取向和质量观难说毫无瑕疵。又如,"小传统"中百花齐放,流派纷呈,符合教学规律的好的经验自然不少,但表演、作秀者也不乏其人。有些课无视文本的核心价值,无视学生理解接受的可能性,只是为了显示教师的功底和能耐,等而下之者,目的就是为了制造爆炸性新闻，获得"博眼球"的效果，这不仅让学生学无所得，而且还歪曲、践踏了经典作品。在语文教学中，教师对学生、对经典一定要有敬畏之心，上课不能任性，不可随意。

"权威"并非全都是无可非议的，关键在尊重事实、尊重真理。教师一定要有批判性思维，要勇于说"不"，同时一定要有正确的价值取向。批判的目的是为了深入思考、深入学习。不盲从，就会有自我的独特认识，故而我们要独立思考，择善而从，见贤思齐，而不是照单全收。

3. 选点突破，自主创新

在语文课程改革的大框架下，我们需要清楚自己教学中的瓶颈，选准课改的突破点来切切实实地提高学生的语文素养，提升教学质量。教学改革中必须注意以下几点。

（1）学生是第一立场

改革的第一立场是学生，要清楚学生的需求、认知水平、兴趣爱好。我们都知道，婴儿是要吸吮奶水的，一上来就喂糖醋排骨肯定不行，因为他还未长牙。我们现在有一个毛病——几乎是通病，就是无限制地加深、无限制地拔高，似乎一堂课想把全世界都教进去，这是违背常识的。我们必须清楚，上课最重要的是把学生教会。上课绝对不是教师做演员自我卖弄，适合学生的当前状态是最重要的。

教学有三忌：一忌让学生做听众和旁观者，二忌空讲大道理，三忌让学生没有满足感和成就感。教学中要清楚地认识到这"三忌"，在此基础上用心设计教学环节，通过有效的教学行为去破解它。

比如精心设计课堂导入语。导入语要新奇、有趣才能抓住学生的心,有知识含量才能激发学生的求知欲。要根据课文的特点,让学生的感觉器官、思维器官处于兴奋状态,可以调用一切积极手段,比如把其他学科的东西结合进来。我教《花儿为什么这样红》首先用化学实验导入,教《核舟记》时让学生根据课文画核舟,学生被调动起来,文章也就落实了。

比如问题设计须有坡度,让各层面的学生均有展示机会,有满足感。除了要设计好针对大多数学生的主要问题外,教师还要设计一两个非常简单的问题,让语文水平比较薄弱的学生也能回答;而对于优秀的学生,也要设计一些有深度的问题,让他们的学习充满挑战性和成就感。

教学过程中及时恰当的评价,也能让学生学有兴趣、学有干劲。

(2)解放思想,大胆取舍

每一个文本都有其核心价值,我们可以通过教学将其变成学生的文化积淀。从教学的角度来说,每一个文本也必然有其教学核心价值,要牢牢把握文本的教学核心价值,根据不同文本的不同特点,设定不同的教学目标,采用不同的教学方法和教学程序,打破"千课一面"的模式。文本的教学处理,既要尊重文本本身,又不能被文本牵着鼻子跑,千篇一律的教学设计,"千课一面"的模式化教学,只能让学生学而生厌。要驾驭文本,为教学目标服务。课文可以按顺序教,也可以倒过来教,只要教学目标明确,教学重点突出,怎么教都是好的。为此,我建议教师们要解放思想,大胆取舍,在驾驭文本的基础上,一定要"有所为,有所不为"。一旦决定"有所为"之处,就必须要"为"得扎扎实实,一定要让学生记忆深刻，学有所得。千万不能把课上成一锅粥，什么都教但什么都不突出。

（3）引进时代的活水

我们生活在时代的潮流中，语文课堂就应该要有新东西。比如报刊上的诗歌短文，花三两分钟进行课堂交流，既能激发学生的表达能力，又能让学生感受语言的魅力。像这样一首小诗：

前天，我放学回家
锅里有一碗油盐饭

昨天，我放学回家
锅里没有一碗油盐饭

今天，我放学回家
炒了一碗油盐饭
放在妈妈的坟前

在贫贱忧戚的生活中，一碗油盐饭所寄托的浓浓母爱和痛失母爱后的泣血哀伤，令人动容。长此以往地不断引进时代的活水，既可拓展学生的视野广度、加深思维深度，又能帮助学生形成语言和思想情感的双重积淀，还可缩短师生之间的心理距离。

（4）反思修正，坚持不懈，形成特色

课堂教学是教师的安身立命之本，改革永远在路上，需要不断地调整，积累正反经验，把它条理化，上升到理论的高度加以认识，这样就容易形成特色，走好自己的语文教学之路。

"三寸粉笔，三尺讲台系国运；一颗丹心，一生秉烛铸民魂。"教师的工作是铸造国民素质之魂，所以，今日的教育质量，就是明天的国民素质。语文教师从事母语教育，应该是冲锋在前，做排头兵，能够做出榜样。教师生涯是双重奏，一重是过好自己的人生，第二重是引领学生过好他们的人生。我老了，朽了，老朽了，教育的希望在年轻同志身上。祝愿广大中青年语文教师意气风发，走好语文教育的路，在系国运、铸民魂的语文教育伟业中做出成绩，做出榜样！

解放思想,释放语文教学的活力[*]

课程改革以来,从理论到实践,语文专家和语文教师做了大量的探索,积累了许多经验,对培养学生语文素养做出了贡献。但毋庸讳言,我们投入的时间、精力与语文教学现场的实效仍有很大距离。教师教得很累,学生学得很苦。对语文无兴趣、厌学,比比皆是,语文之美的熏陶几乎荡然无存,更不用说诗意的课堂栖居。

语文教学对成长中的青少年而言,本该有巨大的吸引力,语文课堂应该美不胜收,因为语文学科与其他学科最重要的区别在于,它始终是指向人的,与人的思维、情感、品质和能力密切相关。语文就是人生,伴随人的一辈子。语言文字来自人生,而不是来自书斋,学生与它有天然的联系,有心灵感应。他们的成长、发展,内心思想情感的表达都离不开语言文字。因为三尺讲台演绎的都是古今中外经典中的历史风云、社会更替、世事人情、人生感悟,

---

[*] 本文是作者2016年12月9日在华东师范大学语文教育研究中心第三届语文教育论坛上的讲话。

其中思想的精辟深邃、情怀的宽广厚重、语言的精妙斑斓,对心灵正在发育的学生而言,无疑是琼浆和醍醐,可享受到吮吸精神养料的快乐。汉字具有特别的魅力。清华大学教授、诗人郑敏说,每个汉字都是一张充满了感情的向人们倾诉生活的脸。确实如此,你打开学生的语文课本,就好像进入画廊,无论是象形字、会意字,还是指事字、形声字,都会争先恐后地向你诉说自己的神韵,让你悦目、娱情。而今,人们崇拜物质,物欲膨胀。英国哲学家早就说过,物质是以它感性的诗性光辉向着人们微笑。物质当然也就有巨大的吸引力。我国的语言文字"天生丽质",风情万种,它应该以诗意的光辉向着学生微笑,来感染与影响学生。当然,还可以说出其他的理由。

要回归语文教学的本源,改变教得累、学得苦的状况,须解放思想,突破某些思想障碍和教学行为的栅栏,充分释放蕴藏在师生中教语文、学语文的活力。

现在的语文教学既存在"过度",又存在"短缺","过度"与"短缺"二者并存,在一定程度上构成了"怪圈",影响师生教与学的活力。择其要而言,有如下几点。

一、教育理念及实践操作上的过度强势和语文教学本体专业研究与实践的弱势、短缺

课程改革中教育理论、教育理念当然重要,对教学能起总揽作用。但是语文课程的改革更应注重本专业的性质、功能与规律的探讨研究。实际情况是教育口号、教学概念、教学方法以及教学评价无处不在,一个阶段有一个阶段的教育主题的落实,来

推进学科教学。如这个阶段专门落实教学过程的安排,那个阶段专门落实重视学习经历等,以此来衡量是不是改革,在"怎么教"上做足了文章,不少教师也讲得一套又一套,而对语文本专业的源流、框架、精要、关键所在,常缺少深入钻研,讲不出个一二三四。"教什么""怎么教"都很重要,但"教什么"是保证与提高教育教学质量的基础与前提,对此若明若暗,就丢失了根本。高大上的教育理念、教育术语与碎片化的学科专业知识、技能,不可能创造语文教学的精彩。语文教师的看家本领是语文专业。本体知识、本体素养短缺,再用什么教育理论包装,学生也难以受到良好的语文素养教育。

二、单打一训练功能的强势与语文综合素养培养的短缺

目前,为考而教,为考而练,为应试而训练得过度的现象相当普遍。由于连篇累牍的习题、试卷操练应试的技能技巧,能够独立思考、自主阅读的学生已十分罕见。训练本没有错,但"过度"就忽略了语言文字背后支撑的文化的深层编码,导致所有教学行为都只为了获得分数,只为了功利,只为了应试的实用价值。马克斯·韦伯曾把理性分为两种:价值理性与工具理性。理想主义就是一种价值理性。他指出,现代人采取了一种新的理性标准,用工具理性代替价值理性,终极目的、价值不重要,重要的是设定一个具体的、功利的目标,采用最合理有效的方式。其实,"工具"浸透"功利",还有什么理性可言?民族的语言文字是本民族的文化地质层,它无声地记载着这个民族物质和精神的历史。母语,是民族文化的根。母语

的盛衰，意味着一个民族生命力的盛衰；母语被不妥对待，实质上是对民族心灵的挫伤。语文教育本丰富多彩，其中蕴含的中华优秀文化的基因、哲学智慧、伦理道德、风俗习惯、审美意识、语言神采等，对学生而言，能悦目、悦耳、悦心，进入文学宝藏，努力追求，其乐无穷。可如今，为了"应试"这个所谓的"伟大的事业"，我们"没心没肝地把孩子撞倒了"。

人干活不是只用一种功能，因为人是一个完整的有机体，要发挥多种功能。语文教学也是如此。语文是综合性、实践性很强的课程，语文教学应追求综合效应，发挥多功能作用，全面培养学生的语文素养。语文教学有实用功能、认识功能、思维功能、教育功能、审美功能，它的主旋律是语言的建构与运用，也就是落实实用功能。与此同时，根据不同的学段要求和课文特点，挖掘文本中固有的育人资源，进行思想交流，精神沟通，情操陶冶。教学时适时适度阐发、熏陶，力求学生的能力、智力、素质都获得培育，实现"学力形成"与"人格形成"的统一。即既有形成语文能力的侧面，又有形成人的思想情操、道德品质、价值追求的侧面，二者有机、和谐地统一，学生能多方面获得培养。机械训练，剥离后者，教学失魂落魄，吸引力、感染力丢失，语文素养也就成了空中楼阁。

什么叫教育？教天地人事，育生命自觉。既要教育有用之用，掌握语言文字理解运用的技能技巧；又要注重无用之用，引领学生沉浸在优美、精湛的语言文字中，鉴赏、品味其中奥妙，享受吮吸成长养料的快乐。

三、统一规格的过度与自主创新的短缺

教学当然要有规格，没有规格不成方圆。但执教者如不能充分发挥主观能动性，拘泥于标准、规格，教学活力就大受损伤。放眼当下教育，教学目标要规格，教学过程、课堂结构、作业安排等均要求规格统一，整齐划一，并以检查为手段，考试规格更不待说。一边要求进行个性化教育，要改革创新；另一边是标准化措施严严实实。语文教学不是大工业生产，不是制作标准件。教师与学生都是人，人是有差异的，语文能力、语文素养，包括对语言文字的敏感程度也是大相径庭的。过度的统一规格，过度的标准化，把原本具有的兴趣、爱好、才气、特长等在无形之中逐渐消解。要相信绝大多数语文教师能把课上好，把学生教好，都是有追求的。只要目标明确，从学情出发，从自己的业务优势出发，有目的、有计划地做点改革实验，发挥自主创新能量，对切实提高语文教学质量是有益的。教师虽不是先知先觉，但毕竟不是不知不觉。课堂本应充满师生生命的活力，若只做别人思想和行为的传声筒、复制品，哪还有思想的闪光、语言的魅力与生命的光彩？尊重教师教学的自主性、积极性，鼓励教师自主创新，教学才会涌现出多种多样的风格。百花齐放，才会万紫千红春满园。语文教师自身也要不为他信力所左右，树立自信，有语文专业理想，不仅心向往之，而且身体力行，不懈追求，更是重中之重。

教育不是把不同的人培养成相同的人，而是把不同的人变得更加不同，使其特点、长处更加发展，变得更具良好的个性，更具鲜明的特色，成为有用之才。教学中教师成就了学生，也成就

了自身。

　　要创造语文之美，担当教学之责，归根结底，教师要读书，要打厚实的业务底子，增强文化底蕴。读书短缺，给教学带来的损伤难以用数字计量。西汉目录学家刘向说："书犹药也，善读之可以医愚。"此乃旷世箴言，可当作座右铭。承载着中华优秀传统文化和人类精神文明的书能治愚昧、愚蠢、愚笨，是脱愚的良药。

　　感人的教学境界背后是扎实的学识支撑。研究古诗词的大家叶嘉莹回忆她的老师顾随先生上课时的情景，满怀敬意地说："先生之讲课，真可说是飞扬变化，一片神行。"那真是左右逢源，出神入化，美不胜收。顾随先生曾把自己的教诗比作谈禅，"禅机说到无言处，空里游丝百尺长"，缭绕不断，启人心扉，这是何等的美妙。教学上的气象万千，靠的是教师倾心投入，敬畏专业，以心相许，努力攀登。当今，尤其须减"过度"，补"短缺"，练就语文教学真本领，创立为师者的风范。

第 三 篇

课堂教学实践的多彩与遗憾

初心浅述

在本书"第二篇　语文教育真谛的探究与反思"中选有《课要追求"三动"的境界》一文。当时撰写此文，是针对语文课教学效果迥异的现状剖析缘由，阐述语文课应追求怎样的境界，怎样的课才是有情有义，有声有色，让学生入耳入心。

课不是教在课堂上、教在黑板上——当然现在不大重视黑板，而是多媒体，声、光、电——如果是教在课堂上，教在多媒体上，语文就会随着声波消逝而销声匿迹。课要教到学生身上，教到学生心中，成为他们良好素质的基因。要研究学生的学习状态、心理需求、成长规律，为此，我提出课要动听。"语言不是蜜，但可以粘东西"，教师的语言应有魔力，对学生有吸引力，课上得生动，学生遨游于母语的精妙之中，会感受到学习母语的快乐与幸福。文章不是无情物，不是小情，就是大情，有亲情、友情、景情、物情、乡土情，有祖国情、民族情、天下情……只要是发自肺腑的情，总能扣人心弦，给人以感染，教师就是要通过语言文字的咀嚼、推敲、赏析，让学生受到感染，在情感上或泛起涟漪，或掀起波澜。这种精神上的哺育，有助于培养仁爱之心与博大情怀。语文课不仅要以情激情，让学生感情激荡，而且要让学生动心、思考、抉择。激情不等于真理，它需要积淀、净化、深化、凝化，深入事物的本质，因而，理性思维的锻炼必不可少。紧扣语言文字的具体运用，激发学生思考的热情，寻觅解决问题的途径与方法，培养思维的能力。思考、判断、做出决断，在心中留下深深的痕迹。课的"三动"境界的出现靠的是师生互动，各尽其责，靠的是不断改革创新、不懈的追求，靠的是珍惜学生的青春年华，真正使学生从一节节课中获得成长的精神养料，形成良好的语文素养。

我的课堂教学经验与这些想法紧密相关。从20世纪70年代末开始的课堂教学改革在两个方面探索，双线同时并进，以求提高教与学的质量。

一是课堂结构的转型。从教师讲学生听的满堂灌或偶尔学生问教师答的线性结构转换为网络式、辐射型的课堂结构。即教师的"教"作用于全体学生的"学"，各个层面学生的"学"反馈到教师，学生与学生之间相互作用，教与学、学与教、学与学之间构成网络，使信息交流畅通。朗读、口述、剖析、讨论、争辩、判断，教师及学生中语言的正误、认识的高低、情感的丰盈贫瘠，不再是少数几个语文尖子的"专利"，而是辐射到所有学生的耳中、心中，促使学生积极思维，发表自己的认识和独特见解。有些学生思维高度运转，力求能"一语惊人"，赢得大家的首肯与惊异。这样的改革，意图改变课堂上部分学生做旁听者、旁观者的局面，激发每个学生生命的涌动，充分发挥学生内在的聪明才智，还学生课堂主动学习的神圣权利，增强学生学习语文的自信与旺盛的求知欲。

要出现如此美丽的风景线，一是须尊重与相信每名学生都有学好母语的良好愿望，都有学好母语的可能。母语教育不能简单地、片面地理解为实用工具，语言文字的运用与人的成长、发展须臾不能分离，语文就是人生，一辈子相守相随。适时适地从具体场景中感受到母语蕴含的民族情结、民族睿智、民族精神，学生就会滋生出对母语的骨肉亲情。有了这份情、这份意，主动学习障碍就会减少许多。二是既要发挥班级教学的优势，合作、交流、集思广益，告别"独学而无友，孤陋而寡闻"，又要注意因材施教，让不同层面的学生都有获得感、满足感、成就感。学习课文，提出主要问题，就要注意设计的层次，有面对大多数学生的，有简单、基础一点的，有跳一跳方能攀登到的，形成阶梯式的坡度，既有所得，又悟到如何进步、发展，保持旺盛的求知欲。三是要营造一种磁场，保护每个学生学习的积极性。只要有精彩之处，无论是思想的火花，还是语言的亮丽，立即在全班点燃，形成你追我赶的氛围。从教学过程中，让学生真切体会到上课绝不是只有老师发光，只要专心致志，努力发挥潜能，每个学生都是发光体，课堂是自己阅读、思考、表达、理解与运用祖国语言文字的用武之地，是提升语文素养、实践能力与创新精神的宝贵阵地。课，实质上是一首交响曲，师生精心合作的交响曲，每个音符、每种乐器都重要，生命涌动，心心相印，就能演奏出悦耳动听的乐曲。乐曲演奏的首席是教师，演奏的质量如何就看教师的德、才、识、能如何发挥。

二是教学内容的选择与完善。语文教学大纲与语文教科书都已颁布与编好，只要照章行事、按部就班地教，似乎没有问题。但我在教学实践中却碰到不少难题，有不少困惑，迫使我不断思考：语文究竟是什么学科？学生学习语文究竟应达到怎样的目的？语文课程在学生成长中究竟具有怎样的价值与意义？我回顾自己接受语文教育的情景，剖析学生语文学习的态度与效果，参阅国外语言学习、文学学习的状况，了解国内外语言学术研究的进展，更觉得语文"教什么"确实应该认真研究，不能大而化之。这些年来，教学方法的研究风生水起，国外引进的名词术语一大堆。但我历来认为"教什么"比"怎么教"更重要，它是第一位的。课程建设反映了育人的国家意识，教什么不能有丝毫的忽略与马虎。较长时期以来，语文教学大纲对教什么的表述基本是两层意思，第一层意思是提高学生正确理解和运用祖国语言文字的能力，学好课文与必要的语文知识，进行有效的语文训练，提高阅读、写作与听说能力；第二层意思是在教学过程中，培养学生热爱祖国语言文字，培养社会主义道德情操和爱国主义精神。教学大纲供试验用的及修订本在第二层意思中不断增添新的内容，并指出语文训练与思想政治教育相统一。在教学实践中教师往往把第一层意思作为硬任务，语文"双基"，即基本知识、基本能力的传授与训练抓得很实，把第二层意思视为软任务，很少考虑，有的甚至认为这不代表语文水平，也无法用分数衡量、评价。因而，语文教学中实用功能一直处于主导地位。语文教学对学生而言只有实用功能吗？只是训练语言文字工具吗？显然不是。语文三尺讲台演绎的都是古今中外经典中的历史风云、社会更替、世事人情、人生感悟，其中的思想、情怀、语言，对心灵正在发育的学生而言，无疑是琼浆和醍醐，可享受到吮吸精神养料的快乐，因而，语文教学对学生的培养绝非单一功能，而是多维的、综合性的。比如，它有思维发展的功能，理解与运用语言文字不只是形式上的推敲，而且要着力促进思维的发展与提升，培养良好的思维品质。它有道德、情操的教育功能，与课文中贤者、智者对话，身入其中，就能受到熏陶感染。至于审美功能，从内容到结构到语言，无处不在。为此，我在课堂教学中坚持立体化施教，全方位育人，充分发挥语文教育的综合性效应，引领学生形成良好的语文素养。

我之所以这样做，在于敬畏祖国语文，还母语教育的本来面目。任何一篇文质兼美的文章，都是语言文字形式和思想内容的统一体。作者思想的精髓、智慧的结晶，用精湛的文字表达出来，形式和内容相得益彰，不可分割。只重视工具训练，有意无意间就把语文学科原本蕴含的宝藏丢失了。由于内容里宝藏的缺失，课的吸引力、感染力就大大降低，学生常有厌学情绪就不足为怪了。我之所以这样做，还在于我们的语文教学不能等同于国外的语言课。他们是语言与文学分列课程，我们的语文，包含语言、文字、文学、文化，综合性极强。我们的语文教育，进行的是母语教育，必须通过语言文字把中华优秀传统文化植入学生心中，成为他们的优秀文化基因，在人生道路上不管是顺境还是逆境，都能从容对待，一辈子受益。语文教学的多种功能是有机结合体，它的育人价值就在文本本身，不是外加什么，贴什么标签，而是要有敏锐的目光，通过语言文字的栅栏触摸、发掘思想、智慧和情怀的宝藏，引领学生树立宝藏意识，在探宝、觅宝、得宝的过程中，体验语言文字的表现力、生命力。久而久之，坚持不懈，浅阅读的现状就会逐步得到改变。

课堂结构的转型在于让学生的语文课堂学习加强实践性，不是只听教师讲述、"如临其境"，而是自己"身历其境"，听、读、说、写，思考，辨别，锻炼语文真本领。教学内容的选择与完善，目的在落实综合性。课不仅要有"体"——语言文字的咀嚼、推敲、赏析，而且要有"魂"——教育价值的闪光，"魂"要附"体"，不能失魂落魄，影响学生母语精神家园的营造。基于双线共同推进的认识，我在教学实践中积极尝试。本篇选载的七篇阅读课教案与一篇课堂教学实录就是尝试的记录，有初中的、高中的，也有各种文体的。除上述课堂结构转型与教学目的多功能外，特别注意学生知识库存的运转与课外阅读的拓展，保护与激发学生求知的积极性，培养他们热爱阅读的好习惯。

《掌握知识宝库的钥匙——人物传记习作讲评教案》，是针对学生写作的指导。学生学习写作与阅读能力培养一样，须有目的、有计划，一步一步坚实地往前走，切忌随意性，切忌不着边际地说一说优缺点，或写个"阅"字完事。学生写的作文要篇篇有交代，让学生具体真切地摸索到一点"作文之道"。比如我教1982年的初中生，三年写50篇作文，先规划好，多种文体练习交叉进行，循序渐进。抓住学生读有字书与无字书（生活）两个环节，指导学生阅读、思考、观察、想象、记忆、积累，丰富写作素材，克服怕写心理，读写结合，生活支撑，使写作训练进行良性循环，逐步提升写作能力。作文从命题、指导、写作到批改、讲评是系统工程，每个环节都有各自的要求，但都要从具体的学情出发，激发学生想写的愿望，鼓励学生爱写的冲动，逐步进入会写的境地。在几个步骤中，我着力抓住习作讲评这个关节点。每次讲评选几篇有代表性的习作，根据特定的写作要求评头品足，扬写作之长，补写作之短板，明确改进的途径与方法。习作讲评在活跃学生思维、训练和提高学生表达能力方面发挥着独特的作用。它是作文批改的继续，但又不同于教师的批改，而是师生结合的全班性的面批面改；它是作文指导的继续，但又不停留在作文前指导的水平，而是以习作为依据，进行从实践到理论的概括。讲评的材料来自学生的笔底，写作者尝过笔耕的艰辛，讲评时点拨剖析，特别能入耳入心；同窗者感到文在眼前、人在身边，优点与不足的判断，倍感亲切，或羡慕，或惊讶，或警惕，或惋惜，情感涟漪推动了写作的上进心。三年50篇作文讲评下来，学生掌握了若干写作知识、写作方法，扎扎实实提高了书面表达能力。

  这些毕竟是30多年前的事。"文革"后，1978年3月才制定《全日制十年制学校中学语文教学大纲（试行草案）》，才着手编写全国通用教材。那时还处在拨乱反正时期，对语文学科究竟如何认识还比较迷茫与混乱。在这种情况下，自己虽有改革的强烈愿望，并付诸实施，但毕竟由于见识与水平所限，粗糙，浅表，挂一漏万，比比皆是。每篇教案后的"教后"，不过择其要简写了几点。说起来真是汗颜，一辈子就没有上过一节十全十美的课，反思，琢磨，总觉得缺这少那，正是这种遗憾，促使我不敢有丝毫懈怠，一直振奋精神，努力前行。

《七根火柴》教案

【教学目的】

1. 了解红军过草地的艰难困苦,学习红军战士对党的事业无限忠诚的崇高品质,立志继承先烈遗志,投身伟大的无产阶级革命事业。

2. 理解本文结构情节的特点,学习截取人物性格历史的一段来刻画人物的写作方法。

3. 加强朗读,体会文章巨大的感染力。

【教学重点与难点】

重点:截取人物性格历史的一段来刻画人物的方法。

难点:结构情节的特点。

【教学时数】

两课时。

第一课时

一、提出问题,造成悬念

今天学习王愿坚同志的短篇小说《七根火柴》。火柴,我们生活中天天用到，看起来是那么微不足道。可是，你们可曾想过：在艰苦的革命年代里，在红军行经荒无人烟的草地时，就是这小小的火柴，发出多少热，放出多少光，它具有怎样的价值和意义？我们今天学习的这篇课文，作者就是紧紧扣住火柴，描述了一个动人心弦的故事，谱写了一曲感人肺腑的悲壮赞歌。

同学们已预习过，请说说看：

这篇文章的主人公是谁？（学生们发表意见）

为什么主人公是无名战士？既然是无名战士，作者又为什么花费许多笔墨写卢进勇？认真学习课文之后就可明白其中道理。

二、讲读分析第一部分（第1—7自然段）

1. 提问思考：主人公无名战士是在怎样的环境里出现的？他是怎样被引到读者面前的？他的出现给人以怎样异乎寻常的感觉？

2. 指定一位学生朗读第一部分，并对下列字注意正音：

冰雹（báo）　撮（zuǒ）　蓦（mò）地

3. 先看集中写环境的1、2两个自然段。请学生阅读，找出描绘草地的气候、草地的天、草地的特点的关键词语。

学生回答。教师点明：作者先用"怪"点出草地气候的特征；又用"明明""忽然""霎时""接着"，准确而具体地描绘草地气候的变化莫测、变幻无穷。草地气候真是瞬息万变，忽而月朗星稀，忽而雨雪交加。

接着又抓住天、地的特点，渲染环境。天，阴沉沉的，草地沉浸在一片迷蒙的雨雾里。地，是烂泥、污水、荒草，路看不清。

这样抓住草地气候、天、地的鲜明特征来写，告诉读者这儿的环境怎样（艰苦、阴森、荒凉）。红军在这样艰苦的环境里行军，正如毛主席说的,有"说不尽的艰难险阻",更何况是因伤口发炎而掉队的同志。

4. 略讲第4、5、6自然段,过渡到无名战士的出现。

卢进勇经过一夜暴风雨的浇淋,清晨凉风一吹,他强烈地感到身上怎样?(冷,连打了几个寒战)肚里怎样?(饿得难以忍受)他渴望着什么?(要是有堆火烤烤该多好啊!)然而,早就没有引火的东西了。就在他渴望有火烤,正要把从裤袋里找出来的、已经捏成长条的青稞面送到嘴边时,主人公出现了。

5. 朗读第6、7自然段。请学生回答:主人公是怎样被引出来的?他给人以怎样异乎寻常的感觉?

主人公的出现,别具特色。未见其人,先闻其声。一声低低的叫声"同志",使得在阴森荒凉环境里的卢进勇"蓦地听见",从而主人公被引到读者面前。卢进勇起了"引出"主人公的作用。主人公的声音异乎寻常,那样"微弱,低沉,就像从地底下发出来的"。

这像从地底下发出来的声音使卢进勇"愣了",也把我们读者的心给紧紧抓住了。这声音从哪儿发出来的?为什么那么微弱、低沉?他究竟是怎样一个人呢?让我们随着蹒跚而行的卢进勇的足迹去寻找吧。

三、讲读分析第二部分(第8—21自然段)

1. 指名学生朗读第8、9自然段。

启发思考:无名战士的形貌是怎样展现在读者眼前的?无名战士的形貌告诉我们,他已是怎样的一个人了?

学生思考后回答,教师补充:无名战士的形貌是由卢进勇的"看"展现在读者眼前的。他的形貌明白地告诉我们，他已是一个生命垂危的红军战士。就眼睛与身子来说，眼睛"努力地闭着""吃力地张开"，说明他眼皮已不听指挥，身体衰弱到极点；身子"没有挪动""没有动得"，表明他已完全丧失活动能力。只有"抖动"的喉结、低沉的呼唤"同志"的声音，说明他还活着。

从无名战士的形貌我们可以想象，在革命征途中他经受了多少艰难困苦，冷风、暴雨、冰雹的袭击，长期的饥饿疲劳，耗尽了他的精力。他已奄奄一息，但却以惊人的顽强毅力支撑着、等待着，干裂的嘴唇一张一翕地呼唤着"同志——同志"。他为什么这样期待着同志的到来？此时此刻，他想的是什么呢？

2. 指名学生朗读第10—13自然段。

学生回答。教师点明：卢进勇怀着对同志深厚的阶级感情，把自己仅剩的一点青稞面"递"到无名战士的嘴边，无名战士怎么样呢？他吃力地"推开"，拒绝了。从齿缝里挤出几个字："不，没……没用了。"是啊，粮食极端紧缺，他要留给同志。卢进勇要扶他走，他怎样？"摇了摇头"，又拒绝了。

两次拒绝，清楚地表明他盼望同志到来不是为了自己的生命，不是为了自己活下去。那又是为了什么呢？是另有希望，另有嘱托。

提问启发：嘱托什么呢？请抓住描绘无名战士动作、语言的关键词语，揭示他的精神世界。

学生回答。教师补充：无名战士积攒（zǎn）着自己浑身的力量，指着自己的左腋窝，急急地说："这……这里！"他顽强地支撑着，原来有十分重要的任务。无名战士的一"推"、一"摇"、一"指"，使我们深深感受到忘我的崇高思想在闪光，坚强的革命意志在闪光。

3. 指名学生朗读第 14、15 自然段。

提问启发：这位战士要奉献给党的珍宝是什么呢？火柴。哪个句子具体形象地描述了无名战士把七根火柴当宝贝一样珍藏着？

学生回答。教师补充归纳：因为是珍藏，故而火柴"干燥"。这"干燥"的火柴与"湿漉漉"的衣服、冰冷的胸口、脸上的雨滴、"身子底下一汪浑浊的污水"形成鲜明的对照。它告诉我们：为了珍藏火柴，他经受了多少痛苦，具有多么顽强的革命意志。

这火柴与比自己生命还宝贵的党证放在一起，并"压"在"朱红的印章的中心"。一个"压"，一字千钧，意味深长。这哪里是几根火柴？分明是一个红军战士对党的事业无限忠诚的红心啊！红红的火柴头、朱红的印章在一只抖抖索索的手里，犹如跳动的一簇火焰，升起在无边的草地上，划破阴沉沉的天空，横扫荒凉肃杀之气，给人以光明、温暖和力量。

4. 指名学生朗读第 16—21 自然段。

提问思考：无名战士是怎样极其郑重地嘱托战友的？作者是怎样描绘他初次嘱托时的语言和动作的？

学生回答后，教师补充：作者用细致感人的笔触绘声绘色地描写了无名战士对战友的嘱托，"招招手""伸开""拨弄""数""望"，这一连串的动词显现了庄重严肃，无限深情。

就在卢进勇高兴地点点头之时，一瞬间，神奇的情况出现了。无名战士的脸色"舒展"了，他的眼睛"爆发着一种喜悦的光"，他的抖抖索索的手，僵直的手指竟然能"捧"火柴，"放"到卢进勇手里，并且紧紧地把它连手"握"在一起。"捧""放""握"

这一连串的动作，倾注了无名战士的整个生命，光彩照人。

再启发思考：无名战士再次嘱托时留给人间的最后的话是什么？最后的动作是什么？刻画他怎样的内心世界？

教师归纳：他留给人间的最后的话是"记住，这，这是，大家的！"，"好，好同志……你……你把它带给……"。他离开人世的最后动作是"用尽所有的力气举起手来，直指着正北方向"。怀着对党的无限忠诚，他没有用一根火柴为自己取暖；怀着对共产主义事业坚定不移的信念，他忍受着难以形容的痛苦，在死亡线上挣扎而硬不咽下最后一口气。他一心想着大家，一心想着党，想着长征途中的毛主席，无私忘我，生命爆发出耀眼的火花。

这不由得使我们联想到尼古拉·奥斯特洛夫斯基的名言（请学生背诵），"人最宝贵的东西是生命。生命属于我们只能一次。一个人的生命是应当这样度过的：当他回首往事的时候，他不因虚度年华而悔恨，也不因碌碌无为而羞耻——这样，在临死时候，他就能够说：我整个的生命和全部的精力，都已献给世界上最壮丽的事业——为人类的解放而斗争"。

5. 教师小结。

（1）这一部分是文章的主体，七根火柴故事的核心内容。无名战士的形象，我们看到的虽然只是他临死前的一刻，但高大巍峨，不仅矗立在茫茫的草地上，而且活在我们的心中。这是由于作者紧紧"抓住人物性格历史的一段，抓住人物性格闪出耀眼光辉的一刹那"来刻画表现的。从语言看，他一共没说几句话，前后就出现了五个"同志"，言为心声，他心里念念不忘的是革命的同志，是党的事业。他的动作和一系列的细节描写，与语言一样，反映了他舍身忘己，一切为了战友、为了革命的内心世界的优美。作者选材精当，文字精练。

（2）既然主人公是无名战士，为何要用许多笔墨写卢进勇呢？这是为了要在二千字的短小篇幅里突出主人公而在结构上做的巧妙安排。文章以卢进勇作为故事的线索，展开情节。主人公的出现是通过他的"听"引出来的；主人公的外貌是通过他的"看"展现在读者面前的；他的"想"、他的"说"，衬托出主人公崇高的思想品质，也衬托出了主人公牺牲的全部意义。

特别是第 21 自然段饱含感情的描写，更是感人至深。指导学生朗读第 21 段，由缓慢而低沉乃至高昂。这是一个极其悲壮的场面。"模糊"与"清晰"同时运用，收到了独特的艺术效果，既表现卢进勇失去战友的无限悲痛，又给无名战士高擎的手再加上一个特写镜头。两者交织在一起，伴随着整个草地的哭泣，为顶天立地的英雄唱哀歌，唱赞歌。（要求学生运用学过的知识说明：英雄的品质像牡丹一样高贵，像荷花一样洁白，像菊花一样坚忍。）为了表示对献身革命的千百万烈士的永久纪念，人们在天安门广场建立起巍峨、雄伟、庄严的人民英雄纪念碑。碑的正面刻着：人民英雄永垂不朽！

四、讲读分析第三部分（第 22—24 自然段）

提问思考：卢进勇从战友身上吸取了力量，带着战友的嘱托飞快赶路。他把火种送到部队，给战士带去了什么？他是怀着怎样的心情把珍贵的火柴交给指导员的？

1. 指名学生朗读，理解：

卢进勇按照无名英雄的遗愿把火种送到了部队，火给含辛茹苦的战士们带来了光，带来了热。围着熊熊燃烧的火，战士们谈笑着，洋瓷碗里的野菜"吱—吱"地响着。卢进勇像天亮时无名英雄把七根火柴嘱托给他时一样，极其庄重地一根一根数着交给连指导员。

"悄悄走"，"颤抖的手指"，"异样的声调"，蕴含着复杂的情意，最后落在一个"数"字上。

2. 启发思考：他"数"什么呢？请同学们找出文中描写火的语句，并联系起来考虑，体会这几根火柴的意义与价值，重温无名战士的言行，想象卢进勇澎湃的心潮，说说"数"蕴含的发人深省的丰富内容。

学生回答。教师补充：这"数"，使我们认识到了火柴的意义与价值。在无边的草地上，在冷风、暴雨、冰雹无常的恶劣环境中，火柴是人们最需要的东西，可解除饥饿、驱除寒冷、救活同志。无名战士用自己的生命保存了这极其珍贵的东西。

这"数"，使我们认识到这几根火柴包含着无名战士的宝贵生命，反映了共产主义战士无限忠诚于党的事业的伟大心灵，无名战士的高大形象在我们眼前升腾、闪现。

这"数"，还饱含着卢进勇对战友牺牲的无限哀思，对战友伟大人格、高尚情操的无比敬仰，饱含着自己学习先烈、革命到底的坚强决心。

这"数"，也在我们面前提出了一个严峻的问题：在新的征途中，我们该怎样牢记先烈为革命付出的代价，立志以先烈为光辉榜样，继承他们的遗志，忠诚党的事业，把革命进行到底。

3. 总结全文,突出主题。

作者以饱蘸革命深情的笔歌颂了无名英雄的高贵品质。这无私忘我,忠于党、忠于人民的高贵品质是无名战士的,也是卢进勇以及全体红军战士所共同具备的。这就是文章的主题,是作者奉献给读者的一曲红军战士对党的事业忠心耿耿的悲壮赞歌。

文章以"数"着"一、二、三、四……"来结尾,言未尽,意无穷。

五、指导学生有表情地朗读全文,加深理解与感受

(略)

六、布置作业

1. 熟读全文。

2. 复述第二部分。要求:

(1)主次分明,突出无名英雄的形象;

(2)扣紧外貌、语言、动作及细节描写。

3. 课外阅读王愿坚同志的《草》,与本文比较异同。

【板　书】

生命垂危			选材精当
拒绝	推开	摇	结构巧妙
草地	(指)		听
珍藏	干燥	压	看
			想
嘱托	数	带	说

【教　后】

1. 采用挑起矛盾的方法有效果。课一开始,学生就围绕"作品的主人公究竟是谁"展开了争论。再采用制造悬念的方法引入课文的学习，学生兴趣甚浓。

2. 在学习过程中，学生提出不少问题，如火柴怎么会像一簇火焰在跳？无名战士浑身都是湿的，火柴怎么还会干？既然无名战士动不得，为什么他又有气力去推开卢进勇的手？第21段中写到眼睛"模糊"，既然"模糊"，又怎么会看得清晰？学生在阅读中能发现问题、提出问题，说明学习的深度有了进展。在这方面的能力要继续注意培养。

3. 加强了朗读训练。在表情朗读的时候，不少学生被感动了。有的学生在练笔中写道："学了这篇课文，我难以抑制激动的心情，回到家里，我拿起小小的火柴端详着，端详着……"

4. 一位学生问："既然有党证，为何不写上名字？"就这个问题开展了讨论。有的幼稚地说"忘了写"，有的说"不写比写好"，有的认为"这是小说，进行了艺术概括，看起来描写一个无名战士，其实写了许多为革命牺牲的同志。名字不写比写好得多"。我肯定了学生的第三种认识。

《驿路梨花》教案

【教学目的】

1. 理解梨花的深刻含义,学习助人为乐的雷锋精神。

2. 理解本文围绕具体事物层层深入地展开故事情节,最后点明文章中心的写法。

3. 培养概括段意和缩写全文的能力。

【教学时数】

两课时。

【教学步骤】

一、复习旧课,引入新课

学习《一件珍贵的衬衫》时,我们曾被文中表现的周总理热爱人民的崇高革命品质和人民热爱周总理的真挚感情所感动,特别是开头、结尾充满感情的语言更是给人以深刻印象。现在我们一起背诵这两段文字。(略)

这篇文章围绕着一个物——衬衫,记叙了一件事——衬衫的由来,歌颂总理平易近人的高贵品质,记叙的是一物一事一人,中心突出。今天我们学习的《驿路梨花》也是记物、叙事、写人,是一物多事多人，同样中心突出。记的什么物、哪些事、哪些人呢？

二、听课文录音，思考下列问题

1. 画出生字难词，圈出准备积累的词语。
2. 本文是围绕何物开展故事情节的？
3. 贯串全文的线索是一句话，试着找出来。
4. 文中描绘的主人公是谁？作者写他们的目的何在？
5. 这篇故事的最大特点是什么？请用四个字概括。

正音正字：

驿（yì）　陡（dǒu）　峭（qiào）　寨（zhài）

同行（xíng）（多音字）　篾（miè）　陋（lòu）

撵（niǎn）猎（liè）（与上海方言区别）　麂（jǐ）　葺（qì）

本文围绕小屋开展故事情节；贯串全文的一句话是"这是什么人的房子呢"；作品中的主人公是小屋的建造者和照管者，尤其是小梨花和梨花的妹妹；赞扬了助人为乐的雷锋精神；故事的最大特点是引人入胜——学生解答不周全，不急于统一答案，在讲读过程中逐步寻求答案。

三、解释题意，初步体会"引人入胜"的特点

1. 请学生试解"引人入胜"，着重领会一个"胜"字。胜：优美的，胜境，美妙的境地。

2. 看题思画。看到"驿路梨花"这个标题，你们脑中会展现怎样的画面？

驿路到处有梨花，标明了地点、景色。

标题截取了爱国诗人陆游诗句"驿路梨花处处开"的前半截，

既有诗情，又有画意。

驿路在哪儿？梨花开时是怎样的景象？在这样的环境里发生了怎样的事？题目引人入胜，使人遐想。

四、讲读课文，扣住"引人入胜"，厘清故事情节

1. 文章开头引人入胜。

（1）朗读第1、2自然段，思考回答：文章是怎样开头的？这样下笔有何作用？

"山，好大的山呵！"以惊叹语气开头，犹如异峰突起，气氛浓厚。群山起伏延伸，暮色迷茫。一起笔就展现了故事发生的广阔背景，渲染了环境气氛。渲染气氛的同时交代了故事发生的时间、地点、缘由，把读者带入了哀牢山南段的群山密林之中。

（2）就在"我们"找不到住处，心里"着急"，一筹莫展的时候，希望来到了眼前。这里哪个词用得好？"突然"用得好，点出了希望就在眼前。

（3）阅读第3—7自然段，思考回答：这个希望是怎样有层次地表现的？描绘了边疆怎样的景色？

两个"看"，一看梨花，二看人家，由花而人，故事逐渐展开。"一弯新月升起了……飘落在我们身上"描绘了边疆美丽的夜色：月光，晚风，梨树林，花瓣，人在花中走，花伴人夜行，好一派边疆优美的风光！

（4）犹如经过一组镜头的摇动，记叙的物——小屋终于推到了读者的面前。文章为什么不下笔就写屋，而到此时才写呢？3—7自然段去掉行不行呢？不写，缺少优美的意境；不写，缺少诗意的点题；不写，小屋展现显得生硬。总之，这样写味道浓，引人入胜。

（5）表情朗读第 1—7 自然段，读出诗情画意来。

2. 小屋情况非比寻常。

（1）有屋就有人，可是这座小屋非同一般，它有些什么特点呢？作者是怎样描绘的？为什么要描绘得如此清楚明白？

有物无人	外	草顶，竹篾泥墙
		门从外扣着
		白木板上黑炭写的字："请进！"
	里	漆黑，没有灯没有人声
		火塘里的灰是冷的
		大竹床铺着厚厚的稻草
		大竹筒里装满水
		墙上几行字：……干柴、米、盐巴、辣子

山间小屋里里外外被描绘得清楚明白。为何要如此描绘呢？其一，文章是围绕这座小屋展开故事情节的，应叙述清楚；其二，表现小屋的主人热情、周到，使读者和借宿者一样，想见见这位主人。

（2）行路人攆走了疲劳与饥饿，心里有说不尽的感激。"这是什么人的房子呢？""我"叫老余"猜"。老余说："可能是一位守山护林的老人。""可能"表明了猜测的意思。主人究竟是谁呢？情节向前推进。

（3）归纳段意或加小标题。

第 1—12 自然段是第一段。"我"和老余夜宿山间小屋。或"夜宿"。

3. 寻觅"主人"，初次解谜。

（1）正在投宿者怀着感激的心情猜测之际，"守山护林"的老人突然出现在眼前。

作者是怎样勾勒这个人物形象的？先"推"后"站"，手"提"肩"扛"，加上"须眉花白"一笔，老人形象活灵活现，俨然是守山护林的样子。

（2）"主人"是这老人吗？不是。作者是怎样描写这场误会的呢？

既写了"我"和老余，又写了瑶族老人，从两方面写，十分逼真。一方面是感激万分，"抓住""抢着"，迫不及待地对老人倾诉感谢的话；一方面是来不及解释说明，只得"眼睛瞪得大大的"。为什么会发生这场误会的呢？猜测中的形象与出现的形象如此吻合，情节安排得巧妙而自然。

（3）于是，出现了一场风趣而感人的对话。风趣在哪里？感人在何处？

请学生分角色朗读，抓表现风趣的关键词。一个"挂"字用得绝妙。感人之处在：小梨花用为人民服务的精神帮助过路人，瑶族老人以及其他过路人也尽力让后来人方便，老老小小把助人为乐作为自己的责任、自己应尽的义务。

初次解谜，情节不平板，由瑶族老人的"说"，引出赶马人，再从赶马人那儿引出梨花。侧面描写梨花。

（4）瑶族老人哪些话说的是当天发生的事？哪些话不是说当天的事？二者是怎样结合的？

前两个问题学生回答，然后补充。

用"白羽毛""红布"把二者连缀起来，连缀得天衣无缝。而且，这样的细节描写有浓厚的地方色彩。

（5）听了这番话，"我"有怎样的感想呢？齐读第27自然段，思考回答：作者是怎样描绘的？有何效果？

不写"想"，而写"梦"，用梦境表达自己深受感动，用梦境展现梨花姑娘的形象，意境美妙，引人入胜。"恍惚"一词准确地点出梦境，模模糊糊，不清楚，就如蒙上了一层轻纱。"香气四溢"用得好，一语双关，是梨花香，也是小姑娘助人为乐的思想香，芳香扑鼻，芳香四溢。用梦幻的场景歌颂心灵美的姑娘，有强烈的感染作用。

（6）归纳段意或加小标题。

第13—27自然段遇到瑶族老人，初步知道小屋主人是"梨花"，或"寻觅"。

4. 遇见"主人"，再次解谜。

（1）引路人受"香气四溢"的感染，第二天未立即登程，而是干什么呢？

修葺小屋，排水沟"挖深"，向小姑娘学习。时间推移，情节继续发展。

（2）正在学习的时候，小姑娘出现了，怎样出现的？"闪"起什么作用？模样怎样？与老人的出现有何异同？

朗读后回答：从梨树丛中闪出，"闪"写出了一群小姑娘走出来的速度，出现时的亮度，使人眼前豁然一亮；既写了树，又写了人，树密人稠，风光美丽。人从花中出，花白脸儿红。老人在"猜测"中出现，小姑娘在劳动时巧遇，都注意展现人物的形象。小姑娘生气勃勃，活泼可爱。

（3）"主人"是这群小姑娘吗？也不是，又误会了。作者怎样二写误会的呢？

先用"一定"，表示确信不疑；再写老人的动作，"深深弯下腰去"行大礼；然后用"吓""蹦开""哈哈大笑""赶紧摇手"等写小姑娘的毫无思想准备和天真稚气，场景动人，人物栩栩如生。

（4）谜底终于揭开。

情节经一连串的波澜起伏，终于通过小姑娘的讲述，解了"房子的主人"是谁的谜。房子是解放军盖的，动力是雷锋同志为人民服务的精神；照料者是梨花，学习雷锋、学习解放军的好榜样。

（5）谜底揭开后再生波澜。

"为头的那个哈尼小姑娘"不是梨花，梨花前几年已出嫁到山那边，梨花的妹妹，就是为头的那个，接过了照管小茅屋的任务。

小梨花自始至终是侧面描写，使人似见而又未见，从梦幻中，从她妹妹身上可以找到影子，这样处理，引人入胜。

（6）结尾同样引人入胜。

"我"知道了小屋的来历后，由"望"眼前的人与景，想到陆游的诗句。人花辉映，以物喻人，点明中心。

梨花洁白美丽，"处处开"，以此来赞美小屋的建造者、照料者以及为小屋做好事的种种过路行人。真是"忽如一夜春风来，千树万树梨花开"。

（7）归纳段意或加小标题。

第28—37自然段，弄清楚了小屋的建造者和照料者，或"解谜"。

五、快速把全文浏览一遍，思考回答

1. 文章围绕山间小屋写了好些人物，以哪个人物为主？为什么要以这个人物为主呢？

写了小屋的建造者和照料者，以及过路人，在这些人物中以小梨花为主，这个未出场的人是主人公。"小"，代表未来，代表希望。文章以"驿路梨花"为题，一语双关。既赞美自然界的梨花，又赞美未来的小主人梨花，赞美人们助人为乐的美丽的心灵。这样写，收到景美、人美、心灵美的效果。

2. 文章表现了怎样的主题？意义何在？

文章以一座深山茅屋为背景，展示了各民族、各地区、各职业人们之间互相关心、互相帮助、互相爱护的动人情景，歌颂了高尚的雷锋精神，赞美了为人民服务的优美心灵。

主题有鲜明的社会意义，是社会的缩影、时代的画图。

3. 故事情节有何特点？

围绕小屋层层深入地展开故事情节，曲折起伏，引人入胜。

明写："我""老余"→感激→猜测→寻觅→相遇。

暗颂：过路人→瑶族老人→梨花（梨花妹妹）→解放军。

以明带暗，以实映虚。

六、布置作业

1. 以时间先后为顺序，缩写成一个小故事。

要求：复习时先在脑中把一件件事理清楚，哪些是先发生的，哪些是后发生的，然后排列出来再动笔写。

2. 练笔参考题：

（1）瑶族一老人

（2）哈尼小姑娘

要求：进行外貌描写，可根据自己看过的电影、书画展开想象，进行补充。

【板　书】

一物一事一人

<u>激动人心</u>

题目	诗情画意
	异峰突起，渲染气氛
	（时间、地点、缘由）
开端	一看梨花，二看人家
一物多事多人	（小屋有物无人）
<u>引人入胜</u>	一写误会（风趣、感人）
发展	初步解谜（梦幻中出现）
	二写误会（场景动人）
	谜底揭开（建造者与照料者）
结尾	点明中心

【教　后】

1. 学生十分喜欢这篇课文，增加了朗读，延长一课时。

2. 与《一件珍贵的衬衫》这篇课文就物、事、人进行比较，引入课文很顺妥。

3. 对全文围绕什么具体事物开展故事情节，有学生抓不住，认为是"梨花"。

4. 初步解谜时的"感人事迹"不讲，放到"香气四溢"解词中推敲，解词内容既具体，又节约教学时间。

5. 一位学生提出"菌""蕈"是两个字，注释看得较仔细，及时表扬。

6.学生问作者的情况，稍加介绍。彭荆风，江西萍乡人，1949年参加中国人民解放军，由于工作与战斗的需要，长期生活在云贵高原，对边疆生活比较熟悉，写过《当芦笙吹响的时候》等优秀小说。

7.个别学生问《闻武均州报已复西京》的诗，抄录给他：

　　白发将军亦壮哉，西京昨夜捷书来。
　　胡儿敢作千年计，天意宁知一日回。
　　列圣仁恩深雨露，中兴赦令疾风雷。
　　悬知寒食朝陵使，驿路梨花处处开。

《周总理，你在哪里》教案

【教学目的】

1. 加深对周总理的崇敬和爱戴，学习周总理对革命赤胆忠心、为人民鞠躬尽瘁的崇高品质。

2. 理解本文巧妙的构思，体会拟人、反复手法的运用在表现中心思想中的作用。

【教学时数】

两课时。

【教学步骤】

一、激发感情，导入新课

今天，我们学习第十五课《周总理，你在哪里》，作者柯岩，诗发表于 1977 年 1 月 8 日。

请同学们回忆一下，1976 年 1 月 8 日是怎样的一个日子啊！那一天，哀乐低回，江河垂泪，大地哭泣。伟大的马克思主义者，杰出的共产主义战士，我们敬爱的周总理与世长辞了。一颗伟大的心脏停止了跳动。人们失去了自己的总理，心如刀绞，泪如雨下，千家万户，万户千家，涌向周总理生前战斗过的地方，涌向天安门广场，涌向十里长街，呼唤人民的好总理，渴望最后见一见与人民心连心的好总理。当时的悲壮情景正如《金缕曲》中所描绘的："念年前伤心情景谁能忘记？缓缓灵车经过路，万众号呼总理，泪尽也赎公无计。"十里长街送总理，冒着凛冽的寒风，爷爷抱着孙子，老泪纵横；母亲搀着孩子，失声痛哭，男女老幼，无不沉浸在巨大的悲痛之中。这是人民的悼念，是古今中外从未有过的人民的悼念。

人民失去总理，人民需要总理，想念总理，要把自己的总理找回来，诗人就是在这样广阔的历史背景下，代表人民的强烈意愿，写下了这首感人肺腑的优美诗篇。

二、讲读第1节

先看诗的第1节，起笔就不寻常。

1. 朗读思考：

请一个学生朗读，思考回答：诗是怎样起笔的？用什么句式？为何这样起笔？

2. 教师小结：

用深情的呼唤起笔，一下子就反映出人民的心声，表达了无限怀念的深情。为何要这样写呢？联系当时的时代背景思考就一目了然了。总理生前，万恶的"四人帮"丧心病狂地进行诬陷和攻击；逝世以后，这伙凶恶的敌人不准人民佩白花，戴黑纱，不准人民悼念。强烈的悲愤压抑在人们的心头。粉碎"四人帮"，在总理逝世周年之际，人们对总理的爱，对"四人帮"的恨犹如火山爆发，喷射而出。由衷的爱戴、无限的思念、胜利的喜悦，都要向总理倾诉，千言万语并为一句，并作深情的激荡人心的呼唤——"周总理,我们的好总理,你在哪里啊,你在哪里?"这样,用询问的句式起笔,就能把压抑胸头已久迸发出来的真情强有力地表现出来,如大海波涛,汹涌澎湃,冲击读者心灵,引起强烈共鸣。

"好",读重音,带着强烈的感情。

"你的人民"与"我们"比较,前者强调总理与人民血肉相连,心心相印。

破折号不仅起说明作用,而且表示意思递进,加强表达效果。

这一节是诗的总起。"你的人民想念你",这抽象的看不见的"想念"深情,诗歌怎样把它具体、形象地表现出来的呢?诗人在热情奔放地呼唤总理之后,立即用传神的笔触描绘了一幅幅感人的画面。请一个学生朗读全诗。

三、朗读全诗,对画面有总的印象

1. 学生朗读全诗。

2. 思考回答:

(1) 诗人先后描绘了几幅画面?

(2) 哪几幅?

3. 在学生回答的基础上教师小结:

诗人用传神之笔一气呵成地描绘了失去总理的"我们"急切地到高山、到大地、到森林、到大海以及到天安门寻找总理的感人图景。山再高,路再远,林再深,海再广,千呼万唤也要把总理找回来。其景、其情、其意真挚感人,均须理解琢磨。

四、学习理解前四幅画面,先看画中的那个"画"

1. 提问思考:

每幅画面绘的什么景?表的什么情?寓的什么意?

2. 教师小结：

第一幅是万里征途雄伟的长卷画。它概括了总理为革命日夜操劳、对革命赤胆忠心的光辉一生。从青年时代投身革命"愿中华腾飞"到"八一"南昌起义，从江西到陕北，从延安到北京，从推翻"三座大山"到建设社会主义新中国，真是"革命征途千万里"。征途上有数不尽的艰难险阻，总理始终高举马列主义毛泽东思想的旗帜，无私地贡献自己毕生的精力。诗人借山谷回音颂扬总理的丰功伟绩，颂扬总理为祖国、为共产主义事业战斗一生的崇高品质。

第二、三、四幅是一个个特写的镜头。"闪"着的是汗滴，是总理为人民的不朽精神，"闪"显示了阳光的灿烂，从沉甸甸的谷穗上"闪"着的汗滴，我们仿佛看到了这位伟大人物与农民一起耕耘，播种幸福。篝火熊熊，火光映照着伐木工人挂着幸福微笑的脸，工人们兴奋地谈论着，回忆着，从这幅画面中，我们犹如听到总理爽朗的笑声、亲切的话语。战士面对碧波荡漾的大海，守卫祖国的海疆，总理亲手给战士"披"上大衣；从这个画面上，我们还依稀看到总理爱抚战士的动作，亲自感受到总理对群众体贴入微的感情。总理和工人、农民、战士在一起，同甘共苦，亲如骨肉。他是总理，也是普通一兵。诗人选取了生活中几个典型性的细节，创作了有声有色、有情有景、情景交融的画面。情寓其中，意蓄其内，展现了总理的音容笑貌、高大形象，赞颂了总理与人民血肉相连的品质，令人深思，引人遐想，读这些诗句，令人对总理的怀念之情如滔滔黄河之水，奔腾不息！

3. 请学生思考：每幅画面都有相同之处，说说哪些地方相同。

（1）每幅画面均由一呼一应、一喊一答构成。喊，发自肺腑，"——"表示延长，把声音送得很远很远，震天撼地，强烈地，急切地，一定要把总理找回来。答，形象鲜明，感情真挚，不仅展现一幅幅生活气息浓郁的图画，而且重复着一句共同的语言，那就是"他刚离去，他刚离去"。

（2）"刚"指时间的短暂，离去的前提是"在"，这就极其深刻地表明总理和人民在一起，和人民心连心，巍峨的高山，辽阔的大地，茂密的森林，浩瀚的大海，都留下总理的光辉业绩，都是总理爱人民、为人民的见证，总理和祖国雄伟壮丽的山河永世长存。

（3）诗人选用山谷、大地等应答的词是用过一番心思的。山谷怎样答？"回音"，深沉。大地呢？"轰鸣"，雄浑。海浪"声声"，松涛"阵阵"，各具特色，与发自肺腑的呼唤交织成强烈的音响，回旋于山河之中，荡漾于天地之间，绵绵不断，经久不息。

（4）这四幅画面不是各自孤立的，而是有一条线索贯串其中，使画面十分自然地变换更替。请学生思考回答：是条什么线索？或讲出其关键性的动词。

线索是"我们寻找总理"。诗人紧紧扣住"找"，把画面有机地连缀起来，我们似乎看到诗人在奔跑，工人、农民、战士、学生在奔跑，我们自己也在奔跑，找寻总理；我们也仿佛听到山山水水都在颂总理。这样就把抽象的"想念"感情，具体、形象地表现出来，使人摸得着、感受得到。

4. 请四个学生分别朗读，要求声音响亮，尽量读出诗中表达的情意（包括关键词语，破折号）。

四幅画面每一幅都不是"找"的终结。"他刚离去，他刚离去"，总理究竟在哪儿呢？要找，找，要快快找到。从这个急切的心情、强烈的愿望出发，诗人猛然把意境向广处推开，把人们的思绪引向更辽阔的远方。

五、朗读第6节，思考回答问题

1. 在我们眼前展现的是怎样一个壮阔的境界？

"整个世界"。七大洲，四大洋，壮阔无边，从祖国山河扩展到整个世界，所有的地方都找遍。

2. 找到的是什么呢？

"足迹"，"深深的足迹"。为什么说"深深"？表明不可磨灭，功德长留天地间。

"在革命需要的每一个地方"，从亚洲的万隆到欧洲的日内瓦，从非洲到美洲，总理无处不在，为革命辛勤奔波，风尘仆仆。这就从更深更广的角度来颂扬总理为人民的幸福、为全人类的解放而不辞辛劳、奋斗终生的革命精神。这"足迹"，是总理的脚印、总理的光辉业绩、总理的崇高的革命精神。

总理究竟在哪儿呢？还要找，还要找，诗人转换意境，向纵深推进。

六、学习理解第7—8节内容和表达特点

1. 朗读，思考：

（1）第7节描绘的是天安门前的画面，与前四幅画面有何不同之处？

（2）为什么要连说几个"在这里""在一起"？

2. 教师小结：

（1）前四幅是从山谷、大地等不同角度反复歌颂，这儿是在前面的基础上向纵深发展推进，关键在于"深"。呼唤是"深情"，竭尽全力，倾诉心声。破折号在这儿有相当的表现力，字字满腔情。从应答说，两个"轻些"，两个"正在"，既饱含深情，又唤起人们多少难忘的回忆。他在这儿，还跟往常一样"接见外宾"，"出席会议"，还跟往常一样日理万机，昼夜操劳，为了人民，为了革命，耗尽了毕生精力。回忆那些难忘的日日夜夜，诗人情不自禁地放声呼唤："总理啊，我们的好总理！"

这"好"包含着无限丰富的内容，凝聚着无限赞颂的感情。从这普通的字眼里我们看到了总理光彩夺目的伟大形象，我们向总理奉献的是世界上最纯真最深厚的感情。

（2）连用几个"在这里""在一起"，反复咏叹。天涯海角都找遍，原来总理就在我们身边，思念、崇敬、爱戴的感情如开了闸的水流奔腾向前，一泻千里，不运用这种反复的手法就难以表达此种强烈的感情。而且这种表达有起伏有波澜，由激昂而舒缓、远扬，正舒缓之时又激昂起来，不断叩击人们的心扉。这是诗的高潮所在。总理的伟大革命精神不仅"在革命需要的每一个地方"激励人民，还继续在"祖国的心脏"鼓舞我们前进。所以诗人在诗的末尾万分激动地说出了心声。

七、结尾

齐读第9节。既与篇首呼应，又余音回荡，缭绕不绝，感人肺腑。

八、巧妙的构思

这首诗篇幅不长，但容量极大。诗人未用一个悲伤的字眼，但我们读来哀思如潮；诗人未用浓笔渲染刻画，但总理的形象历历如在眼前；诗中没有一个歌颂的词，但字字句句颂总理，字字句句洋溢着由衷的敬意和爱戴。作品为何能如此感人呢？除了作者火一般燃烧的激情外，在构思上也十分巧妙。

作者抓住了"寻找"这条线索进行艺术构思，把到高山找、到大海找、到森林找、到大地找、到祖国的心脏、到整个世界找等丰富的材料有机地连缀起来，形成浑然一体的诗歌。从时间讲，涉及过去、现在、将来；从空间讲，自祖国心脏到整个世界。思想长上翅膀，遨游七大洲、四大洋，放开去了。然后又紧扣"找"的线索收回来，回到天安门、中南海，放收自如，容量极其丰满。构思不是诗人的凭空想象，而是以生活的现实为基础的，因为周总理生活在人民之中，与人民呼吸与共，甘苦共尝。然而，总理毕竟离开了我们，与世长辞了，总理爱人民，人民需要周总理，人民怀着巨大的悲痛要把亲人、把伟人找回来，因此，五洲四海，天上人间，上下求索。总理离开我们，这已是无可挽回的事实，找啊，找啊，找到的是他留在整个世界的足迹，找到的是他留在我们心中的丰碑。他永远活在人民心里，和我们世世代代在一起。这样以生活的真实为基础，展开丰富的想象，进行巧妙的构思，言简意深，主题鲜明，联想回味的余地很大。诗人用笔、用激情、用生命歌唱好总理，集中表达了亿万人民的意愿，因此，艺术效果、艺术感染力极强。

九、朗读全诗，加深对主题与艺术构思的理解

十、作业

1. 表情朗读，熟读成诵。

2. 做口头练习。读了这首优美的诗以后，你对"周总理，我们的好总理"这一句是怎样理解的？请就你所理解的用精彩的两三句话或两三个词来说明，要饱含对总理无限热爱与崇敬的情意。

【板　书】

对革命赤胆忠心　　为人民鞠躬尽瘁

找→高山→大地→森林→大海→

整个世界（广）→祖国心脏→天安门前→人民心里（深）

【教　后】

1. 诗人用心灵歌唱总理，我要花心血教好。总理对人民恩重如山，我刻骨铭心终生不忘。这不是教一首普通的诗歌，我是怀着上下求索的心情为总理唱颂歌，情动于中而言溢于外，要在感染学生心灵上下功夫。

2. 学生被周总理的高尚品质和革命精神所感动，注意力十分集中，当堂能背诵。课后小张同学对我说：这首诗是诗人真正从心里写出来的。

3. 课的末尾学生讲述对"周总理，我们的好总理"一句理解时，小陈引用了杜诗中的"万古云霄一羽毛"歌颂总理，小冯引用了鲁迅的"横眉冷对千夫指，俯首甘为孺子牛"进行歌颂。许多学生列举了总理在政治、军事、外交、关心人民疾苦、关心边疆建设等各方面的丰功伟绩。最后发言的是小许同学，她激动地说："周总理是伟人，文能治国，武能安邦，功盖天地，万古流芳。"受到同学们的称赞。事实证明，安排这样的口头练习，不仅引导学生运用学过的精彩语句，而且培养学生热爱总理的深情，有教育意义。

《出师表》教案

【教学目的】

1. 理解文中所阐述的亲贤远佞、公正执法在治国中的重要作用。

2. 理解本文说理精辟透彻、感情真挚深厚、语言质朴恳切的特点。

3. 掌握"以""于"等虚词的常见用法。

【教学时数】

两课时。

【教学步骤】

一、讲授杜诗《蜀相》，引入课文学习

约在公元760年的春天，诗人杜甫曾瞻仰成都城西北的诸葛亮祠堂，写下了著名的《蜀相》诗：

丞相祠堂何处寻？锦官城外柏森森。

映阶碧草自春色，隔叶黄鹂空好音。

三顾频烦天下计，两朝开济老臣心。

出师未捷身先死，长使英雄泪满襟。

"三顾频烦天下计，两朝开济老臣心"，前一句我们可从学过的《隆中对》一文中了解。后一句表明诸葛亮经历先主刘备、后主刘禅两朝，开创大业，匡济危时。诸葛亮兢兢业业，一片忠贞。公元234年，诸葛亮伐魏，病死在五丈原（今陕西眉县西南）军中。

诸葛亮是三国时杰出的政治家和军事家。刘备死后，他辅佐后主刘禅治理国家，承担了蜀汉政权的全部实际责任。公元227年，他率军北驻汉中，以图中原，鉴于刘禅暗弱无能，不无内顾之忧，故临行前上此奏章，请求刘禅亲贤远佞，励精图治，以巩固和扩大蜀汉的事业。

"表"属于奏章一类的文体，古时臣子对君主有所陈请，就使用这种上行的公文。最古时就把这一类文体称为"上书"，约到汉朝，才有"章""奏""表""议"等名目。讲到诸葛亮的"出师表"，人们常讲"前后出师表"，《前出师表》即此文。在《三国志》中没有篇名，篇名是梁朝萧统（昭明太子）编《文选》时加的。"出师"，指出兵攻魏。《后出师表》有人怀疑是伪作，但诸葛亮兄诸葛瑾之子诸葛恪曾说看见过他叔父的这篇表章。"鞠躬尽瘁，死而后已"的名句就是出自《后出师表》，也是对诸葛亮一生兢兢业业为国效劳的高度概括。

《前出师表》是千古传颂的名篇。由于诸葛亮是"两朝开济"的老臣，上的"表"不同于一般。臣下给皇上上表，往往诚惶诚恐，言多自卑；而该文却是谆谆规劝，诚挚恳切，无虚饰之词，无自卑之言，亦无傲慢之气。这样写十分切合他的身份：他既是先帝托孤的老臣，又是后主的丞相。一句句话从肺腑中流出，感人至深。《文心雕龙·章表篇》称赞说："孔明之《辞后主》，志尽文畅……

表之英也。"苏轼也说《出师表》写得"简而且尽"。

学这篇文章须掌握两点：一是理解体会"两朝开济老臣心"，二是体会学习"志尽文畅""简而且尽"的写作特点。

二、讲读第一部分（第1—2自然段）

这一部分讲的是什么呢？对照注释自己阅读，理解后自己概括。明确：

这一部分的内容是：要后主听取忠言，赏善罚恶，执法公正。

1. 识字，解词，释义。（课本注释中有的，从略）

创业：创立统一天下的大业。

崩殂（cú）：古时称帝王的死叫"崩殂"。"崩"是"山坏"，"殂"是"死"，即所谓魂归于天。用这类字是为了尊敬死者，避免说"死"字。

疲弊：困乏。蜀虽土地肥沃，但地狭人少，生产落后，与吴、魏比，相形困乏。

秋：紧要关头。因"秋"是一年中的收获季节，至为重要。通常作"时"解。

盖：连接上句，作"原因"讲。发语词。

追：追念。

陛（bì）下：古时臣下对君主的称呼。

诚：实在，的确。

开张圣听：把耳朵敞开，广泛地听取大家的意见。圣，古时臣下对帝王的尊称。

宫中府中：宫指皇宫，府指朝廷。宫中指宫禁内廷皇帝身边的侍从，府中指丞相府所属官员。汉时通常有内朝（也称中朝）、外朝之分。宫中指内朝，府中则指外朝。

异同：意思相反的两个词组成合成词，而只取一个"异"的意思——偏义词。

科：法律条文。

以昭陛下平明之理：昭，显示；平明，公平，严明；理，治理。

2. 提问朗读：

（1）诸葛亮在文章开头是怎样分析形势的？

（2）侍卫之臣、忠志之士如何表现？原因何在？

（3）为什么要规劝后主"开张圣听"？什么叫"开张圣听"？

（4）宫中府中哪些方面"不宜异同"？怎样才不"使内外异法"？

3. 熟悉第一段，理解"宜"与"不宜"的内容，体会诚挚恳切的口气。

三、讲读第二部分（第3—5自然段）

学生阅读后概括内容，明确：

这一部分的主要内容是：规劝后主亲贤远佞，并举出了几个贤臣，请后主亲近和信任他们。

1. 识字，解词，释义。（课本注释中有的，从略）

费祎：祎，yī，偏旁"衤"；偏旁"讠"的读huì。

良实：善良诚实。

遗：wèi，给予。

愚：自称，谦辞。

裨补阙漏：裨，bì，补益。阙，同"缺"。补救缺点和疏漏之处。

有所广益：获得更多的好处。

晓畅：通晓熟悉。

行阵和睦：行，háng。军队内部齐心和谐。

先汉：前汉，即西汉，都长安。

后汉：即东汉，都洛阳。

倾颓：颓，tuí。倾覆衰败。

2. 提问朗读：

（1）先帝刘备为何简拔郭攸之等人？什么叫"简拔"？诸葛亮认为后主应怎样对待这些人？这样会取得怎样的效果？

（2）先帝刘备为何称将军向宠"能"？诸葛亮认为后主应怎样对待向宠？这样会取得怎样的效果？

（3）先汉兴隆，后汉倾颓，各是何原因？诸葛亮在这方面是怎样规劝后主的？先说什么？再说什么？最后又说什么？

3. 熟读第二段，体会说理的清晰、感情的诚挚。

四、讲读第三部分（第6—9自然段）

这一部分是诸葛亮叙述自己的生平与抱负，请后主咨诹善道、察纳雅言。

1. 提问朗读，并译成白话。

（1）诸葛亮本是怎样的人？为何"遂许先帝以驱驰"？"后值倾覆"之时又如何？

苟（gǒu）全：苟且保全，得过且过地度日。

枉屈：委屈。

尔来：到现在。

（2）诸葛亮"受命以来"是如何"报先帝，而忠陛下之职分"的？

临崩寄臣以大事：刘备在永安宫（重庆奉节县）病危时，把诸葛亮从成都召来，对他说："君才十倍曹丕，必能安国，终定大事。若嗣子可辅，辅之；如其不才，君可自取。"诸葛亮说："臣敢竭股肱之力，效忠贞之节，继之以死。"刘备又对刘禅说："汝与丞相从事，事之如父。"

先帝之明：先帝知之明。

奖率三军：奖，劝勉，勉励；率，率领。

庶：庶几，差不多，勉强。

钝（dùn）：不锋利。

攘（rǎng）除：排除，铲除。

（3）第8自然段是从哪三个方面来阐述各自的职责的？体会说话的语气和心情。

兴德之言：发扬皇帝圣德的言论。

诹：商议，询问，此文中作询问讲。

察纳雅言：明察与采纳忠言。雅，正。

2.熟读第三部分。理解诸葛亮是怎样追述往事与阐明抱负，怎样表露对蜀汉的忠诚的。

五、朗读全文，思考回答

1.诸葛亮出师前上此表目的何在？规劝刘禅亲贤臣，远小人，咨诹善道，察纳雅言，毋妄自菲薄，以巩固和扩大蜀汉的事业。

2.表中为何反反复复提到刘备的"遗德""遗诏"？

以先帝创业之艰，先帝用人之明，先帝为君之道，激励后主亲贤纳谏，继承父志，振兴汉业。如此反复提及，为了更好地达到说服后主的目的，体现了两朝开济老臣的忠诚。

3. 说明本文"志尽文畅""简而且尽"的特点，并举例说明哪些语句循循善诱，苦口婆心，表达感情尤为畅达（既遵守君臣之礼，又直言不讳）。（略）

4. 文章的最后一段起何作用？

总收全文，表达自己出师前激动不已的心情，增强文章的感染力。

《三国志》作者陈寿称颂该文为"公诚之心，形于文墨"。

六、布置作业

1. 背诵全文。

2. 复习"常见的文言虚词"。

3. 整理本文中"以""于"的几种用法，并各举一例句说明。

【板　书】

两朝开济老臣心（志尽）（文畅）

一、开张圣听；不宜偏私。"宜……不宜……"

二、亲贤臣，远小人。"愚以为……愚以为……"

三、咨诹善道，察纳雅言。"……奖率……北定……

目的 ⌐► 兴复汉室，北定中原　　庶竭……

攘除……兴复……还于……"

【教　后】

1. 提问朗读能帮助理解课文，学生注意力集中。

2. 讲"陟罚臧否"时引申到用反义词合成的词，学生能举出"荣辱""得失""奖惩""善恶"等词，有兴趣。

3. 第二部分提问改为两组问题更明确。先问第二部分论述的层次，再问第 5 自然段论述的层次。学生先总后分、先粗后细，可理解得具体些。有同学回答得很清楚。文章的第二部分先向后主推荐贤能的文臣武将，然后以历史为借鉴，论述"亲贤臣，远小人"对国家兴隆的重要意义。

4."志尽"，学生一下子就能说出其内容，尤其突出了两朝老臣的忠诚。由此引申到对诸葛亮的评价与爱国主义精神的发扬。

5.讲本课前曾注意到要使学生掌握几个虚词的常见用法。但教完本课后则发现在某个意义上讲实词更重要。此文中提到的人物、地名、典章制度等较多，学生若对此不有所了解，则无从学懂课文。因此如何在讲解中处理这方面的知识就成为一个重要问题。讲解这方面的知识不宜过于翔实，喧宾夺主，但亦不能含糊了之，使学生不得要领。要言简意赅，一语中的，讲得恰如其分。言简意赅、深入浅出很不容易；唯其平时学习得深入，讲课时才能浅出，其中大有学问。古人平素学的是文言文，所处生活环境相差不远，名物典章容易了解；而虚词未经研究得出规律，往往以为难。自乾嘉以来虚词研究很有成就，故有限之虚词不能难住古人。而今天的学生与古隔世，不具备往日视作常识之知识。故今日文言文教学中，虚词虽应注意，而实词或恐更应重视。

《一面》教案

【教学目的】

1.学习鲁迅先生与劳苦大众呼吸相通、俯首甘为孺子牛的高贵品质,同黑暗势力进行艰苦卓绝斗争的革命精神。

2.学习本文小中见大,以一当十,刻貌传神、形神兼备的写作方法。

3.推荐鲁迅作品,扩大课外阅读范围,培养阅读鲁迅作品的兴趣,加深对鲁迅精神的理解与认识。

【教学时数】

两课时。

【教学步骤】

一、复习旧知,导入新课

在鲁迅先生逝世13周年的时候,诗人臧克家曾经写了一首十分著名的纪念鲁迅的诗,回忆一下,什么题目?《有的人》。去年我们学这首诗时,诗中许多哲理性的语言曾给我们以深深的启发,现在把它重温一下,大家背背看。

有的人活着，

他已经死了；

有的人死了

他还活着。

…………

把名字刻入石头的

名字比尸首烂得更早；

只要春风吹到的地方

到处是青青的野草。

他活着别人就不能活的人，

他的下场可以看到；

他活着为了多数人更好地活着的人，

群众把他抬举得很高，很高。

"给人民作牛马的，人民永远记住他。"鲁迅先生离开我们已经40多年了，可他仍然好像生活在我们中间，我们眼前常浮现他的音容笑貌，耳边常响起他鞭辟入里的名言，给我们以教育、以启发、以力量。今年是他诞生100周年，对这样一位"中国文化革命的主将""向着敌人冲锋陷阵的最正确、最勇敢、最坚决、最忠实、最热忱的空前的民族英雄"，我们年轻人，革命的后来者，应该向他奉献些什么呢？

这个问题暂且搁在一旁，先读一读40多年前一个年轻的穷工人写的怀念鲁迅先生的文章吧！

二、检查预习，点出文章关键之笔

1. 文章标题怎么读？正音。

一（yí）面（miàn）（第四声前"一"变调）。

2.《一面》这篇回忆性散文记叙了一件怎样的事？用动宾词组概括。"遇见鲁迅"。鲁迅对作者怎样呢？用主谓词组概括。"鲁迅赠书"。把这两个词组用联合结构的方式组合在一个句子里，说明这篇散文记叙了怎样一件事。注意时间、地点。

本文记叙了1932年秋天作者在内山书店遇见鲁迅先生并接受鲁迅赠书的动人情景。

3. 作者只见了鲁迅先生一面，鲁迅赠给一个素不相识的青年工人一本书，在鲁迅先生的一生中是极平常的；然而，这"一面"，这"一本书"，给予作者极其深刻的印象。请找出表达这深刻印象的关键语句。

"憎恶黑暗有如憎恶魔鬼，把一生的时光完全交给了我们的民族，一位越老越顽强的战士！"——多么伟大的人物，多么由衷的赞颂！

而这样伟大的人物竟然是通过"一面"来描绘的，真是小中见大，少处见多，内容深刻而丰富。这"小"、这"少"是怎样描绘的呢？

三、精读第一部分的关于鲁迅的描写

1. 请学生在预习的基础上，用浏览的速度迅速找出集中描绘鲁迅外貌的段落。

第3、15、26自然段。

2. 请一个学生把这三段连缀起来读，读后思考回答：作者抓住了哪些特征来描绘？运用了怎样的方法？三段之间是怎样的关系？

回答要点：抓住了鲁迅的脸色、头发、胡子等特征描绘，特别写到了他的"瘦"，由于抓住特征描绘，疏疏几笔，形象酷似。

描写时还运用了以下的方法：

（1）渲染铺垫，呼之欲出。未见形，先闻声。先写"谈笑""说""大笑"，笑声中的"天真"与"非日本"的东西，层层渲染，笔笔铺垫，使读者急于要知道笑的、说的是什么人。

（2）反复描写，形象鲜明。犹如歌曲中的主旋律一再出现，给人以强烈的印象。——黄里带白的脸色，根根直竖的头发，浓黑划一的胡须，几个"瘦"，笔笔表明这是鲁迅。

（3）由远而近，逐步深化。第一次远望，只能"模糊辨出"鲁迅的身影；第二次近看，从脸孔到头发再到胡须，犹如电影中渐渐放大的脸部"特写"镜头，把最显眼的外表特征，由整体到局部再到细部，逐一展现在读者眼前，具体而明晰。第三次也是近看，不仅特征再次出现，而且笔笔加浓："牙黄羽纱的长衫"看清了质地——"羽纱"；烟嘴"安烟的一头""已经熏黑"。

3.鲁迅先生的形象跃然纸上，是否只是由于肖像刻画得相似的缘故？

不完全是。刻画人物外貌要着力于表现其精神，以有限的描写表现无限丰富的内容，以逼真的肖像描写显示鲁迅"精神抖擞"的内在气质。"天真"的"大笑"，写其坦率、爽朗、乐观；"没有一点颓唐的样子"，写其旺盛的战斗精神。形神兼备。（"颓唐"为何意？反义词是什么？）

4. 鲁迅先生的高大形象跃然纸上，不仅由于采用了抓住特征刻画人物外貌的艺术手法，还由于在描写鲁迅先生言行时结合写作者自己的深切感受，因而分外感人。

①请学生朗读第1—29自然段。

②思考回答：哪些段落是着重把鲁迅言行的描写与自己的感受结合起来写的？表现了鲁迅怎样的精神？表达了作者怎样的感情？

第16自然段。"正直而慈祥"的"眼光"，使"踌躇"的"我"感受到了父辈的关怀与爱护。当时，自然环境"冷"，"店里冷得像地窖一样"；社会环境"冷"，"平素看惯了西装同胞的嘴脸"。如今一个长者如此谦和，如此恳切地问，怎不使这个在黑暗中受欺受穷的青年感到春天般的温暖呢？"抚摩"，轻轻地抚摸着，表现感情的细致、深沉。（注意破折号的作用）

第18—19自然段。"抽下一本书来""用竹枝似的手指递给我"，说的是"你买这本书吧——这本比那本好"，这言这行激起"我"思潮翻滚。"疑惑""猜""断定"，是为了突出这个人的诚恳、真挚、不平常。

第24—27自然段。先生一句句平易关怀的话，使我"恢复了勇气"，使我"惊异"，使我"欢喜"得要跳起来。此时此刻，已不是思潮起伏，而是激情澎湃，表现于口的，是"结结巴巴"；藏在心中的是那个名字在乱蹦。为什么会"乱蹦"？是偶然的吗？不。"赫然印着'鲁迅译'三个字，我便像得到了保证似的，立刻从书架上抽下一本"，"我先看那后记"，说明平素仰慕鲁迅，爱读鲁迅的书。"笑声"形成"悬念"，"见面"勾起"猜想"，心中一直崇敬的人,现在突然出现在眼前,又怎不欢欣,怎不要"乱蹦"?可是又为什么"没有把它蹦出来"呢?"我向四周望了一望",这个句子有文章。1932年的时候,国民党反动派疯狂地进行军事"围剿"和文化"围剿",鲁迅在上海的处境十分危险,为了鲁迅先生的安全,作者尽管万分欣喜,但还是抑制住自己的感情,没有把它蹦出来。鲁迅"微笑"了,"默认地点了点头",这意味着什么呢?这意味着对同志、对朋友的无限信任,这意味着鲁迅与穷苦工人心心相印。此刻无须讲话,此时无声胜有声。

第28自然段。父亲般的抚摩,同志的信任,朋友的真情,叩击作者的心扉,作者再也抑制不住自己奔腾的感情,他呼唤着,赞颂着,赞颂这伟大而高尚的灵魂。

请两个同学朗读第28自然段,读到"给……毁坏了"。注意两个"完全"。

对黑暗势力进行韧性的战斗、艰苦卓绝的战斗,"横眉冷对千夫指"。对青年,对人民呢?"俯首甘为孺子牛"。

第28、29自然段。鲁迅赠书时的语言如此质朴无华,实事求是,正如他自己说的"有真意,去粉饰,少做作,勿卖弄",无丝毫矫揉造作之态。这高尚的品格对作者是极大的教育,做奴隶的人(衣服上一只口袋都没有)受到如此的挚爱深情,怎能不激动?只能把千种情、万种意表现在"鼻子陡然一阵酸",凝聚在"恭敬地鞠了一躬"之中了。

作者写自己的感受,情真意切,如诉如泣,既产生了感人至深的艺术力量,又使"站在前进行列最前面的我们的同志、朋友、父亲和师傅"的鲁迅先生的高大形象光彩照人。

这一部分前前后后反复写了好几个"瘦",它深刻地表现了鲁迅先生为革命、为人民奋不顾身的战斗精神。"瘦"是形貌描写中的点睛之笔。

5. 作者在文中一再写自己工作的劳累、地位的低下、生活的贫困,这是为什么?是不是游离主题?

这样写,既真实地反映了在风雨如磐的旧社会里,劳动人民在饥饿线上挣扎的苦难,更突出了鲁迅先生对穷苦工人的悉心爱护,与劳苦大众息息相通的高尚品质。这样写,不是闲文浪墨,游离主题,而是为了更具体真切地表现主题。

6. 小结:

综上所述,可知这"一面"虽"小"、虽"少",但由于作者反复运用了生动传神的外貌描写,由于结合写自己的深切感受,矗立在我们眼前的是栩栩如生的鲁迅高大形象,一个伟大而高尚的灵魂。这就是小中见大,以一目尽传精神的艺术手法。

四、学习第二部分

1. 这见"一面"的场景是感人的,然而其意义绝不局限在当时,这"一面"究竟产生了多大的精神力量呢?请读第二部分。

2. 朗读,回答:

这"一面"影响了"我"的一生,给予"我"巨大的鼓舞,使"我"终生难忘。"昂着头","鲁迅先生是同我们一起的",这些语言深化了"父亲"和"战士"的形象,鲁迅先生的精神品格光照人间。

3. 作者对先生的逝世表达了怎样的感情?两个"不愿"起什

么作用?

为人民做牛马的人离开人间,人民怎能不哀思如潮?不悲痛万分?然而,更重要的是继承遗志,努力战斗,两个"不愿",正是要把无限的悲痛化为前进的力量。悼念先生的最好行动是"只有踏着他的血的足印,继续前进"。

感情收敛起来,似乎可以收笔了,为什么又要写下最后一句话呢?因为作者崇敬、爱戴、怀念等深情交织在一起,不能"自已",抑制不住,不得不奔放出来,情动于中,故而言溢于外,于是写下了这篇悼念先生的文章。感情抑扬,结尾起伏,故意味隽永,叩击读者的心扉。

这一部分的抒情、议论是前一部分记叙的发展和升华。

五、指名朗读全文,加深对主题的理解

四十多年前阿累见鲁迅"一面",终生难忘,获得精神力量。我们虽不能亲自见到鲁迅,但读了该文,也仿佛觉得刚与鲁迅见面回来,是那么亲切和难忘。

鲁迅是"站在前进行列最前面的我们的同志、朋友、父亲和师傅",你们对这句话是怎样理解的?联系自己已学过的课文或课外读物中接触到的鲁迅先生的思想言行,举例说明(请几个学生说一说)。

六、布置课外阅读,培养学生读鲁迅作品的兴趣,加深学生对鲁迅思想品格的理解与认识

1. 小结学生口头表达的情况。

以上同学说的都是奉献给鲁迅先生的爱戴,崇敬,热爱祖国、建设祖国的决心。这些还比较肤浅。要纪念鲁迅,学习鲁迅,认识鲁迅精神，就要认认真真读他的作品。

2. 分发鲁迅作品，指导：

①先看"序"或"后记"，了解写作意图和有关情况。

②认真精读一两篇，从内容到文字仔细推敲，真正看懂。

③写一篇读书笔记，中心是赞鲁迅先生的思想品格、战斗精神。

【板　书】

抓住特征，渲染铺垫　小中见大　同志、朋友、父亲和师傅
反复描写，逐层深化　刻貌传神　伟大而高尚的灵魂
　　　（瘦）

感到，断定，惊异，欢喜

【教　后】

1. 有学生问："那个名字在心里'蹦'就是了，为何要'我向四周望了一望'？"议论时突出了当时社会环境的恶劣。

2. 教外形描写时，一个学生认为先用写意画的笔法，然后工笔画细描，再然后笔墨加浓，写法是由远而近，理解得较好。另有位同学不满足老师的归纳，认为进行肖像描写时还用了互相矛盾的手法，如"大病新愈"与"精神很好"的矛盾等，有道理。

3. 口头练习时有个学生回忆《一件小事》读后受到的启发，也有学生谈为方志敏传递《清贫》等文稿的感人，又有学生谈读《"友邦惊诧"论》后对鲁迅先生疾恶如仇的理解。另有学生谈了不同的见解，认为鲁迅先生有时对人比较"苛刻"，比如，对李四光的看法。还认为鲁迅先生作品好，对自己有一定的参考价值。有的学生认为说鲁迅作品有一定参考价值的这位同学"狂

妄""自高自大"。我肯定了这个学生能发表自己的见解，对后面的说法请她自己考虑。第二天再问她，她认为"有一定的参考价值"，说法不妥。

4.有个学生问文章是写鲁迅的，为何用很多笔墨写"内山"？教课时其他问题都注意解答，这个问题疏漏了，第二天早读课才补充解决了这个问题。上课要精心，不可有丝毫的疏忽，一定要努力把学生提的所有问题迅速地、有条理地储存在自己脑子里，然后结合课文选择最恰当的时候解答。

《最后一次的讲演》教案

【教学目的】

1. 认识历史发展的规律，学习闻一多先生爱憎分明的强烈感情和不畏强暴、不怕牺牲的革命精神。

2. 理解感叹句、设问句、反问句在表达强烈感情中的作用，体会语言简短有力、尖锐泼辣、富有鼓动性的特色。

3. 培养朗读与讲演的能力。

【教学重点与难点】

重点：闻一多先生不畏强暴、不怕牺牲的革命精神。

难点：一泻千里的气势。

【教学用具】

书籍《闻一多传》一本，录音磁带一盘。

【教学时数】

两课时。

【教学过程】

第一课时

红烛·序诗

请将你的脂膏，

不息地流向人间。

培出慰藉的花儿，

结成快乐的果子。

一、激发学生思考

这首诗是谁写的呢？表达了怎样的思想感情？又是谁的写照？

二、出示《闻一多传》，讲述作者生平

出示《闻一多传》，将该书的封面图案——黑色大理石的花纹，正中上方一支醒目的红烛，与《红烛·序诗》对照讲解，指出该诗乃闻一多先生所作，也是先生的自我写照。

指导学生读注释①。1979 年是闻一多先生诞生八十周年。他一生的道路是曲折的。青年时期是新月派诗人，中年时代是旧经典研究的学者，晚年成为青年所爱戴的、昂头作狮子吼的民主战士。为了争取和平民主，反对发动内战，遭国民党反动派杀害，将"脂膏"流向人间。他学识渊博，才华出众，死时仅 48 岁，真是千古文章未尽才。毛泽东同志在《别了，司徒雷登》一文中说："我们中国人是有骨气的。许多曾经是自由主义者或民主个人主义者的人们，在美帝国主义者及其走狗国民党反动派面前站起来了。闻一多拍案而起，横眉冷对国民党的手枪，宁可倒下去，不愿屈服。""我们应当写闻一多颂"，因为他"表现了我们民族的英雄气概"。

三、介绍讲演前后，导入课文学习

为什么说"拍案而起""横眉冷对"？又为什么说"表现了我们民族的气概"呢？先看他最后一次讲演的前前后后的事实吧。1946年7月11日，国民党特务暗杀著名民主人士李公朴。（2月10日，国民党派特务捣毁重庆各界庆祝政治协商会议成功大会会场，制造了震惊中外的较场口血案，打伤了郭沫若、李公朴等60多人。）

7月15日上午10时，闻一多先生在云南大学亲自主持"李公朴先生追悼大会"，由李公朴的夫人张曼筠同志报告李公朴的殉难经过。张曼筠同志在讲述时悲痛得泣不成声，而场内特务竟然谈笑抽烟，无理取闹，极为嚣张。闻一多先生见此情景，怒不可遏，拍案而起，怒对凶顽，发表了这篇即席讲演，到会者一千多人深为感动。

这是一篇记录的讲演稿。题目是当时整理记录的人加的。当日傍晚，闻先生在参加《民主周刊》记者招待会后，在回家的路上，遭到特务暗杀。

这篇讲演距今虽已几十年，然而那鲜明的立场、爱憎分明的感情、一泻千里的气势、慷慨献身的红烛精神仍然深深地叩击着我们的心弦。

四、放录音，要求学生听录音，看课文，并画出表达强烈感情的语句

如：

"我们的光明，就是反动派的末日！"

"正义是杀不完的，因为真理永远存在！"

"我们随时像李先生一样，前脚跨出大门，后脚就不准备再跨进大门！"

五、请学生谈听后的感想

这篇讲演是庄严的宣言、动员的号角、讨伐国民党反动统治的檄文！它像一团炽热的火焰，从肺腑中喷射出来。它没有做词句上的修饰，但句句话像投枪、像匕首，直刺敌人的要害，使敌人招架不住，躲闪不及。

六、学生试读，要求字句清楚，感情充沛

查阅字典，说明白下列的字音、词义：

卑（bēi）劣：卑鄙恶劣。

诬蔑（wūmiè）：捏造事实毁坏别人的名誉。

捶（chuí）击：此处作用拳头敲打。

挑拨离间（jiàn）：搬弄是非，破坏团结。

赋（fù）予：给予，交给（重大任务、使命等）。

七、作业

朗读全文，理解讲演的层次，画出文中有褒贬色彩的词语。

第二课时

一、引言

鲁迅先生说过："倘在诗人，则因为情不可遏而愤怒，而笑骂，自然也无不可。但必须止于嘲骂，止于热骂，而且要'嬉笑怒骂，皆成文章'，使敌人因此受伤或致死，而自己并无卑劣的行为，观者不以为污秽，这才是战斗的作者的本领。"闻一多先生这篇怒斥敌人的讲演，就是"嬉笑怒骂，皆成文章"的佳作。

二、理解讲演内容与写法

1. 整篇讲演可分几个部分？每个部分的内容请用一两句话加以概括。

全文可分三个部分。

第一部分（第1—3自然段）：痛斥国民党反动派不仅暗杀，而且诬陷的卑劣行径，歌颂李先生为争取民主而献身的无上光荣。

第二部分（第4—5自然段）：揭露国民党反动派的虚弱本质，指明敌人必然灭亡、人民必然胜利的历史规律，鼓舞群众的斗志。

第三部分（第6—12自然段）：鼓舞群众发扬光荣传统，为争取民主和平而斗争，表达自己勇往直前、不怕牺牲的坚强意志和决心。

2. 每个部分都运用了哪些褒贬分明的词语？运用哪些句式和修辞手法来表达强烈的爱憎感情？讲演者感情的浪涛又是怎样向前推进的？

这篇讲演单刀直入，一开口就点出要说的中心事件——李公朴先生惨遭暗害。词的分量用得极重："最卑劣最无耻"。"李先生究竟犯了什么罪，竟遭此毒手？"一个反问，激起听众的共鸣。接着大声呵斥，挥戈直指蒋介石集团。"光明正大"与"偷偷摸摸"一褒一贬形成鲜明的对照，揭露反动派是道道地地的黑暗动物。

闻先生情绪激动，不可抑制，因此讲演的第2段突然改换人称，厉声怒喝："这里有没有特务？你站出来，是好汉的站出来！你出来讲！"运用感叹句和反复的修辞手法，把特务揪出来示众。"……又……还……"的句子，揭露了贼喊捉贼、嫁祸于人的无耻行径。"无耻""光荣"，贬得痛快，褒得正确，长人民志气，灭敌人威风。

两个"献出了最宝贵的生命",讴歌反对内战、争取民主的两代爱国者,讴歌昆明的光荣传统。

第二部分讲演者从揭露敌人的卑劣行径进入剖析他们色厉内荏的心理状态。"怎么想法","心理是什么状态","心是怎样长的",不仅揭露深刻,而且启发听众展开想象,认识这群丑类的蛇蝎心肠。"慌""害怕""恐怖",一步一步揭穿敌人的阴暗心理,"完了,快完了",把他们必然灭亡的本质暴露在光天化日之下。这部分阐述了李公朴殉难的意义,用斩钉截铁的语句说明人民必胜,真理永存。充满激越的感情,充满胜利的信念。

请学生齐声朗读:"人民的力量是要胜利的,真理是永远存在的。历史上没有一个反人民的势力不被人民毁灭的!""我们有力量打破这个黑暗,争到光明!我们的光明,就是反动派的末日!"

第三部分着重阐述正义是杀不完的,因为"真理是永远存在的",集中表现了闻一多先生视死如归、义无反顾的大无畏精神。

三个部分贯串了强烈的爱憎,讨伐敌人,似钢刀利剑直指敌人心窝;伸张正义,如催征的战鼓、进军的号角,激励革命者踏着烈士的血迹前进。感情的浪涛在褒贬扬抑中向前推进,由悲痛而愤怒而充满必胜的信心。表达时运用了短促有力的句式,时而感叹,时而责问,时而反诘,形成了一泻千里的气势,极其畅达地表达了极其愤慨的感情,对比、排比、反复等修辞手法加强了表达的气势。

三、指导朗读

1. 合上书本，再听录音，体味讲演的气势与感情，体味长短句的交错运用。

2. 读好反问句、排比句，突出感情色彩强烈的词。

3. 阐述真理与正义的句子要读得字字清晰、铿锵有力。

4. 注意括号里的现场情况记录，感情奔放地朗读有关语句。

5. 掌握节奏与气势。叙述的语言读得较为缓慢，热烈歌颂与愤怒斥责的语句要读得泾渭分明。要注意把握讲演的始而悲愤、继而愤怒、最后充满必胜信念的感情。

6. 根据以上要求反复朗读，奋力口诛国民党反动统治。

四、讲演训练

1. 明确写讲演稿的要求。

讲演，也叫演说或演讲，是在大庭广众中就某个问题、某一些问题发表自己的见解与主张。写这类稿子目中要有听众，要根据实际需要，有的放矢；观点要鲜明，不含糊其词；内容要具体，不泛泛而谈；语言明白流畅，不说佶屈聱牙、别人听不懂的话。

2. 课后写一篇演说稿，内容自定。注意运用设问句、反问句。

3. 读熟稿子，下一节课脱稿讲演，并开展评论。

【板　书】

（见下页）

斥敌人卑劣行径	（暗杀）	贬	一泻千里的气势
赞民主战士献身光荣	（献出）	褒	
揭敌人色厉内荏	（慌、害怕、恐怖）	贬	
颂人民力量必胜	（大、强）	褒	
表自己不怕牺牲的决心	（不怕死）		

视死如归，义无反顾——大无畏的革命精神

【教　后】

1. 课起始学生就被《红烛·序诗》与《闻一多传》深深吸引，迅速进入学习轨道。学生很快背出了诗，一下课就围着我借《闻一多传》看。

2. 充分运用朗读手段激发学生感情。先放录音，学生再自己读，反复读，沉浸在激昂慷慨的气氛之中，效果是好的。

3. 词的感情色彩与不同句式的运用放在朗读训练中点拨，效果比较好。如果拎出来讲，可能就会破坏气氛，反不见佳。

《在马克思墓前的讲话》教案

【教学目的】

1. 了解马克思伟大的历史功绩,学习马克思为解放全人类而奋斗终生的崇高革命精神。

2. 体会本文内容高度概括、语言精确凝练、论述层层推进的特点。

【教学时数】

三课时(包括预习)。

【教学步骤】

一、课题简介

《在马克思墓前的讲话》这篇著名的文章是马克思生前最亲密的战友恩格斯写的。

卡尔·马克思,无产阶级伟大的革命导师。一提到他,崇敬爱戴的感情就会油然而生,我们会想到他宣判旧世界死刑的《共产党宣言》,会想到他对世界上第一个无产阶级夺取政权尝试的巴黎公社的指导和热情赞扬,会想到他首创的国际工人协会——第一国际……他的光辉名字是和科学共产主义、和无产阶级的解放紧密联系在一起的。

马克思于1818年5月5日诞生在普鲁士（德国）莱茵省特利尔城一个律师的家里。在学习与战斗中度过了六十五个春秋。1844年，在法国认识了恩格斯。1883年，这位国际无产阶级的伟大导师心脏停止了跳动，一盏多么明亮的智慧之灯熄灭了。人们的悲痛是难以用语言表达的。在伦敦海格特公墓，亲人们为马克思举行了葬礼。葬礼简朴、庄严，参加人数不多，但他们身后却站着全世界无产阶级和劳动人民。在安葬这位伟人的时刻，与他一生并肩战斗的最亲密的战友恩格斯，用英语发表了这一篇极其重要的讲话。恩格斯满怀无产阶级革命深情，论述了马克思对全人类、对全世界无产者所做的丰功伟绩，赞颂了马克思为解放全人类而奋斗终生的崇高精神，表达了对马克思逝世的沉痛悼念。

同学们已预习，请思考回答：

1. 本文主要写了哪些内容？

2. 概括论述了马克思哪些杰出的贡献？

二、分段学习

理解：

1. 指名朗读第一部分（第1、2两自然段），要求正确，有感情。

阅读思考：

"3月14日下午两点三刻"，马克思逝世了。然而，文中没有直接明写"逝世"，而是用了三个"了"的句子来表达。请同学们指出是哪三个句子，并说明为什么用"停止思想"，而不用"停止呼吸"或"心脏停止了跳动"。一般人逝世时能这样用吗？

这样表达，突出了马克思是当代最伟大的思想家。他虽"停止了思想",但他批判继承了人类全部的精神财富,他的伟大思想是人类智慧的结晶,他没有死,他创造的马克思主义永世长存!"两分钟""他在安乐椅上安静地睡着了",深刻地表明了马克思战斗到生命的最后一息。生命不息,战斗不止。"但已经是永远地睡着了"这一句既是补充,又是重复。"永远""睡着",表达了作者内心的无限悲痛,破折号加强了这种悲痛感情的表现。(教师以缓慢、低沉的声调朗读,引导学生深入体会)马克思的逝世造成了怎样的损失?为什么说"不可估量"?不可估量——难以估计和衡量。学习下文,了解马克思对人类所做的丰功伟绩,就可得到回答。

2.指导学生学习第二部分(第3—6自然段)。3、4两段是难点,启发学生认真领会。

(1)请同学阅读第3段,说一说"马克思发现了什么","人类历史的发展规律"是什么。请同学思考"一个简单的事实",回答"首先必须吃、喝、住、穿,然后才能从事政治、科学、艺术、宗教等"句子中什么是第一性的,什么是第二性的。"首先""然后"准确地表达了物质第一性,精神、意识第二性。这是常识问题。如果工人不造房子,农民不种田,青少年怎么可能到学校来学习?然而,这个看来众所周知的简单事实在理论上过去人们并非都能理解。怎样上升到理论上来认识呢?再读第3段,剖析长句子。

"吃、喝、住、穿"怎么解决?靠生产。所以说是"直接的物质的生活资料的生产"。要生产,人们就得使用工具,结成一定的关系,有意识地与天斗,与地斗;而一定的生产关系标志着一定的经济发展阶段,这就构成了基础,即经济基础,故"从而一个民族或一个时代的一定的经济发展阶段,便构成为基础"。比如中华民族在封建时代,地主占有土地,农民在土地上进行农业生产,交地租给地主,地主剥削农民。这就是封建的经济发展阶段,标志着这个经济发展阶段的生产关系就是封建的经济基础。

经济基础是第几性的?第一性。在经济基础上发展起来的统称为什么?上层建筑。国家制度、法的观念、艺术以至宗教等均包括在内。国家是一个阶级压迫另一个阶级的工具,主要有军队、监狱、法院等。如奴隶制经济基础上有奴隶主的国家,封建制经济基础上有封建国家等。法的观念、艺术、宗教都应该这样去看,"因而也必须由这个基础来解释"。因此,经济基础决定上层建筑。这是历史唯物论的观点。马克思发现了人类历史的规律。社会存在决定社会意识,经济基础决定上层建筑,这样用辩证唯物主义观察社会,观察历史,创建了历史唯物主义。它和过去的唯心史观截然相反,还了历史的本来面目,阐明了人民群众才是历史的创造者。这个规律被发现非同小可。它揭穿了一切剥削阶级所编造的五花八门的历史唯心主义的谬论,什么"英雄们创造历史","天才决定世界命运",等等。这一发现是"史观"上的根本改革。它打开了历史发展的秘密,鼓舞无产者认清奋斗目标,懂得从来就没有救世主,不靠神仙皇帝,要联合起来,自己砸碎锁链,为全人类的解放而斗争。

第3段开头部分的类比,目的在使人易于理解,弄明白马克思的这一发现远非达尔文的发现所能比拟。

(2)马克思的另一重大发现是什么?请学生读第4段。思考:"不仅如此""还"在这儿起什么作用?使意思推进了一层，由人类历史发展的一般规律进而论述到资本主义社会的特殊规律。

那什么是资本主义社会呢？资本家占有机器、厂房，手里有资本，这是一个方面；另一方面是工人一无所有，只能靠出卖劳动力维持一家大小的生活。资本家付出工资买工人的劳动力，叫工人去生产，剥削工人。资本家越来越富，工人越来越穷。社会生产往前发展，到了一定时期就发生生产过剩的危机，工人失业，工厂关闭，工人生活更加困苦，工人起来开展推翻资产阶级的革命运动。这种资本家占有生产资料，工人出卖劳动力从事大机器生产，资本家剥削工人的生产方式就是资本主义的生产方式。在资本主义社会，生产的社会化和生产资料私人占有之间的尖锐矛盾，不断爆发经济危机。工人起来不断进行革命斗争推翻资产阶级的统治，成了资本主义的掘墓人。这就是它的特殊的运动规律。因此，资本主义社会是人剥削人的最后一个社会。

请进一步思考：资本主义产生、发展、走向灭亡这个规律是怎么打开的呢？资本家究竟怎样剥削工人的呢？要懂得：工人出卖劳动力，资本家购买劳动力让工人去生产，表面看起来一卖一买，是"公平合理"的，问题又在哪里呢？关键在于剩余价值。工人出卖劳力为了维持一家大小生活，要劳动多长时间才能维持呢？比方说一天做4小时就够了，这就是维持生活的必要劳动。可是，资本家要他劳动8小时、10小时、12小时，4小时以外就是剩余劳动，所创造的价值就被资本家占有了，剥削去了。资本家吮吸了工人的血汗，资本家剥削工人的秘密就在这里。这就是马克思创造的伟大的剩余价值学说。

因此，恩格斯极其精确地说，由于剩余价值的发现，"豁然开朗"了。恩格斯用生动的对比来突出说明这一发现的划时代的伟大意义。资产阶级经济学家由于阶级局限和时代局限认识不到资本主义社会的剥削实质，空想社会主义只咒骂、指斥资本主义，不能阐明资本奴隶制的本质，不发现其规律，也找不到创造新社会的力量。因此，只是，也只能"在黑暗中摸索"。"豁然开朗""在黑暗中摸索"构成鲜明的对比，突出马克思的"发现"的极其伟大的意义。认识的窗户打开了，资本主义社会的秘密找到了，它像一盏明灯，照亮了无产阶级的心灵，它武装了无产阶级的思想，鼓舞无产阶级团结起来，消灭资本剥削，埋葬资本主义，"英特纳雄耐尔就一定要实现"。

请学生们再读第4段，体会高度概括语句中的极其丰富的内容。

（3）请学生阅读思考：一个人能在一生中有这样两个伟大发现，已经是够了不起的了，对人类已建立了不朽的功勋，然而，马克思除上述两个发现外，还在其他方面有许多发现。有哪些发现呢？

"每一个领域""任何一个领域""很多""都""不是肤浅""独创的发现"——这里颂扬马克思的功绩不是一一列举事实，而是用一系列表范围、表程度、表数量的形容词、副词来说明马克思研究范围之广、领域之多、成绩之显著、思想之深刻，他确实是当代最伟大的思想家、科学巨匠。

（4）这位科学巨匠对人类做出如此伟大的贡献，可作者还说"这在他身上远不是主要的"，为什么呢？马克思从事理论科学研究的目的何在呢？请同学们找一找关键性的词句。

为的是指导革命实践，推动历史前进。

凡对工业（生产斗争）、对历史发展（阶级斗争）起推动作用的发现，他就不仅"衷心喜悦"，而且"喜悦就非同寻常"，认为那些发现是付之于实践的向旧世界宣战的武器。他的心情、他的激动、他的旺盛的革命斗志，在对待每一个具体问题上都闪烁着动人的光辉。

（5）请学生们把第二部分完整地读一遍，边读边思考，加深领会。

3. 指导学生学习第三部分（第7自然段）。

（1）第三部分一开头就强调说明"马克思首先是一个革命家"，请学生说明这个句子的重要作用。

这个句子深刻地说明马克思之所以能创立伟大的无产阶级革命理论，是由于他亲身参加了亿万奴隶摧毁旧世界和创立新世界的伟大革命实践。它明确地告诉我们，认识、理论来源于实践，伟大的革命理论来源于伟大的革命实践。因此，"首先"，起着告诉人们实践第一的唯物论观点的作用。

（2）这一段里用了两个"参加"，解放无产阶级，解放全人类。与第4段对照学习，加深理解马克思主义的诞生与使工人阶级如何从自发的斗争到自觉的斗争，从自在的阶级到自为的阶级。作者高度赞扬了马克思的理论和实践相结合的丰功伟绩。

请学生们注意，两个"参加"后面用了破折号，破折号及其后面的语句起什么作用呢？总结，概括。毕生使命——为解放全人类而奋斗终生。

（3）要实现无产阶级壮丽的奋斗目标，就得进行斗争。马克思对待斗争是如何的呢？请同学们回答。斗争是他"得心应手"的事情。

斗争的"热烈"：精力充沛，不停歇地冲锋陷阵。"顽强"：多次被逐出比利时、法国；受逮捕、审讯，与形形色色敌人做殊死斗争。"卓有成效"：有突出的、显著的效果。恩格斯运用了一连串的词语，热情赞扬马克思在斗争中的非凡才能和辉煌功绩。

（4）马克思是如何具体地为无产阶级解放事业开展斗争的？

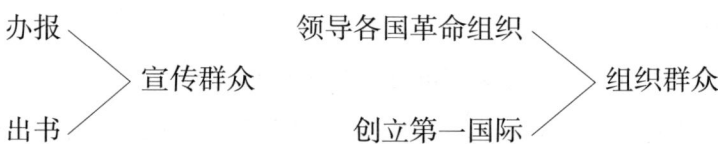

（5）小结。马克思为革命废寝忘食，专心致志工作。阶级敌人的迫害，机会主义者的攻击，生活上的困难和病魔的折磨，都没有使他后退一步。他坚韧不拔，花费40年写了《资本论》，向全世界宣告资本主义制度的必然灭亡，剥夺者终将被剥夺。马克思就是这样数十年如一日，始终保持着旺盛的革命斗志和大无畏的斗争精神。

（6）指名朗读第三部分，突出"首先""参加""斗争"。

4. 指导学生学习第四部分（第8、9两自然段）。

（1）马克思是无产阶级的英勇战士，贡献极大，因此敌人对马克思必然会采取怎样的态度？请同学们找出关键性的词语。

敌人嫉恨、诬蔑、诽谤、诅咒他。"最遭嫉恨""最受诬蔑"，从反面鲜明地衬托出马克思的功绩、马克思主义真理的光辉。敌人卑鄙无耻，不择手段攻击马克思及其学说，是内心恐惧、末日来临的表现。

(2)马克思是如何对待敌人的攻击呢？

"毫不在意""轻轻抹去"。这些词准确地表明了马克思高度的革命坚定性、对敌人的极端蔑视（横眉冷对千夫指）和大无畏的革命精神。"万分必要"时才答复：排除干扰，主动出击。

(3)马克思，这个大智大勇的无产阶级革命家离开了人间，千百万沐浴着马克思主义光辉、跟随马克思向旧世界冲锋进军的劳动者怎能压抑住心中的悲痛？从东半球到西半球，从太平洋东岸到太平洋西岸，整个人类世界都沉浸在无限悲痛之中，对导师献上由衷的敬意，表述真挚的爱戴。马克思是属于无产阶级的，是全人类的骄傲。

为了进一步颂扬马克思的崇高品质，恩格斯是怎么说的呢？文中最后说："他可能有过许多敌人，但未必有一个私敌。"请学生思考回答："敌人"和"私敌"有何区别？为何这里说"可能"？"私敌"是以自己为中心，以"我"划是非界限的，而伟大导师马克思是坚定地站在无产阶级立场，一生与形形色色的阶级敌人斗争，光明磊落，大公无私，品质崇高，对人民赤胆忠心。加"可能"这个词是用不肯定的语言深刻表达肯定的含义。

我们学了全文，了解到马克思的一生是伟大革命家的一生，为人类做出了卓越的贡献，因此他的逝世对人类造成的损失是"不可估量"的。欧美战斗着的无产阶级正需要导师、领袖领导革命、奋勇向前时，战斗着的无产阶级正需要革命导师思想上、理论上的指导时，他离开了我们。这个损失怎么不是"不可估量"的呢？"不可估量"的分量是多么沉啊！

然而，他的思想永放光芒，他的名字永远活在人们心中，他开创的无产阶级革命事业后继有人，他第一个举起的无产阶级革命红旗，人们将永远高高举起。因此，文章最后一句饱含无限深情和崇高敬意："他的英名和事业将永垂不朽！"

三、请学生们用板书总结全文

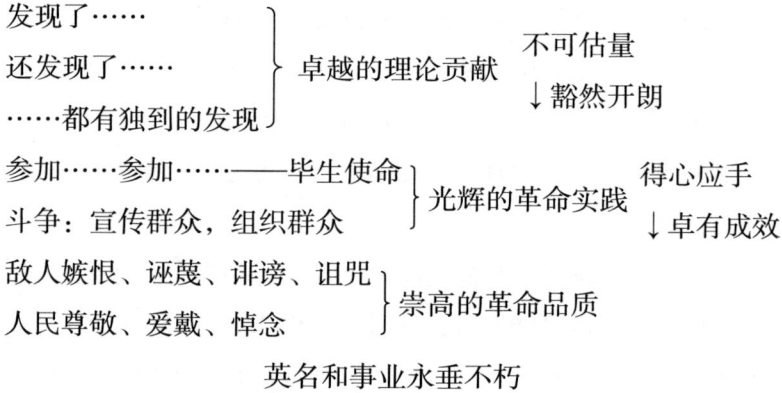

在学生总结的基础上，教师引导学生明确以下内容：

恩格斯的这篇文章概述了马克思伟大的一生和他对国际无产阶级所做出的无法估量的贡献，在我们面前树立了崇高而伟大的形象，闪烁着马克思主义真理的光辉。它鼓舞我们，给我们以教育和感染，不仅因为它具有高度的真理性，反映亿万劳动人民对革命导师的衷心爱戴和无比崇敬，还因为恩格斯在这篇文章中运用语言的惊人能力。

马克思的一生为人类历史树立了里程碑——马克思主义，只用几句话就高度地概括介绍出来；用层层推进的方法逐步形成完整的形象，展现出光芒四射的无产阶级的光辉典范（从实践到理论，从理论到实践，从事业到品质，完美高大）；为了赞颂马克思的丰功伟绩、斗争的特殊风格，文章用了许多精当响亮、情深意长的词语。而文章之所以有如此的感染力，语言运用如此得心应手，还由于恩格斯对马克思情深似海，有无比真挚、深厚的无产阶级感情。

四、指定一名学生有表情地朗读全文

要求学生进一步体会马克思为共产主义奋斗终生的革命精神。

五、布置作业

1. 阅读全文，画出感情色彩鲜明的词句，咀嚼推敲，并举例说明它们的作用。

2. 课外阅读列宁著的《卡尔·马克思》。

【教 后】

1. 第1、2自然段处理得较好，学生一下子就进入了特定的学习轨道，通过朗读，深受感染。

2. 第3自然段是文章的难点，其中"直接的物质的生活资料的生产，从而一个民族或一个时代的一定的经济发展阶段，便构成基础"这层意思讲述得不浅显，学生学起来感到困难。主要原因是自己的理论功底不厚。唯其深入，才能浅出，平时必须多多学习才行。

3. 学生朗读全文时感情充沛，能表达出战友之间的无限深情，听者被牢牢吸引。这使我领悟到，教论说文不仅要培养学生正确的思想观念，而且也应注意在感情上陶冶学生，发挥文章内在的感染力。

4. 教这一课，理论上容易讲错的地方即是误解恩格斯所讲的"首先必须吃、喝、住、穿，然后才能从事政治、科学、艺术、宗教等等"这句话，简单地以为人之"求生存"直接决定着人们的政治、艺术等一切活动。若如此，则易于落入"唯生论""社会沙文主义"等所谓理论。就有一些人正是把自己要"活"作为理由来说明自己的一切行为的正当性。社会沙文主义者正是把自己"生存"而向外侵略说成是天经地义的。如德国法西斯主义者，即以德国"生存空间小"作为向外扩张侵略的"理论根据"。生物界生存竞争，达尔文道出了"物竞天择，适者生存"的原理。但以之用于人类社会即成谬误。"人之异于禽兽者"即人类能使用工具，结成一定生产关系，有意识、有目的地去进行生产活动。因此，我们讲人类社会历史发展的决定因素时讲生产，讲"直接的物质的生活资料的生产"。这个基本原理教师自己必须弄清楚，才能在语文课上深入浅出地把道理讲明白，从而避免了把语文课上成政治理论课。

掌握知识宝库的钥匙

——人物传记习作讲评教案

作前指导与要求：在学《祖冲之》《哥白尼》这个单元的课文时，我们曾听写了《伟大科学家的生活传记》导言中关于读人物传记有益的一段话，请大家背诵：

> 阅读别人传记的人，他就度着不只是一个人的，而是很多人的生活。这是由于，通过在自己的生活经验之上添加旁人的经验，他就扩充了自己的生活经验。可以这么说，他是透过很多双眼睛来看世界的。

正因为读人物传记能扩充自己的生活经验，从中受到教益，得到启示，我们要求大家学写一篇人物传记，介绍古今中外某一人物的卓越成就和巨大贡献，以写作促阅读，使读和写都得到训练。

注意查阅资料，选取典型事例表现人物；在叙述事迹的过程中进行评论；语言简洁，不拖沓。

一、讲评目的

1. 明确充分占有材料是写好人物传记的基础，不能把传记与二三事混淆。

2. 指导查阅资料的方法，启发学生学会掌握知识宝库的钥匙。

二、讲评材料和方法

《辞海》艺术分册、《中国古代画家》、《中国绘画史》、《扬州八怪》、《扬州八怪全集》、《郑板桥》等相关书籍，书画图片几张，习作两篇。采用交流、评析、查看资料等方法。

三、讲评要点

1. 交流作文题和资料来源。

这次作文学写一篇人物传记，介绍古今中外某一人物的卓越成就和巨大贡献。同学们介绍了哪些人物呢？请每位同学口述自己的作文题，并说明资料来源。

作文题有："独辟蹊径的扬州八怪之一郑板桥""赤脚纱裳的伊莎多拉""古·埃菲尔——现代建筑之父""世界上有这样一位公民——记美国黑人歌王罗伯逊""不是朦胧月下的一只夜莺——马雅可夫斯基""球场上的钢铁战士""一代田径名将——欧文斯""时代伟人""女杰"等。

资料来源有：《李大钊传》《郁达夫忆鲁迅》《外国名作家传》《居里夫人传》《笔墨春秋三十年》《名人轶闻600篇》《攀登科学高峰的人们》《走向世界》《奥林匹克风云人物》等。

从作文标题看，学生们写作的面比较广，然而，查阅的资料并不多，少的是一本书或一两篇文章，多的也不过三四篇文章或三四本书，基本上是手头有什么就翻阅什么。材料是写作的基础，要介绍这个人物，但对他不甚了解，怎么可能写得实实在在、恰如其分呢？这次作文的通病是材料不足。为了加深对这个问题的认识，请学生剖析一篇习作。

2. 剖析、评论《独辟蹊径的扬州八怪之一郑板桥》。

阅读该篇习作，就下列问题开展评论：

（1）这篇习作用了哪些材料？请判断这些材料分别来源于哪本书。

（2）习作者用这些材料表现人物的什么精神、什么成就？习作者是在哪些语句中加以透露的？

（3）这些材料和文章的主题、文章的标题是否完全对得上榫头？

通过讨论，明确：

该文的优点是材料具体，语句通顺。不足之处是：

（1）材料与标题不切合。标题强调的要点是"独辟蹊径"和"怪"，但选用的材料未能紧扣这些要点。

（2）材料与主题不切合。文章主题显然是想通过郑板桥书画的三个"独"——"独辟蹊径""独树一帜""独具一格"来写郑板桥的性格和意志，然而，选用的有些材料与这个主题是游离的。

（3）资料来源不对口。《名人轶闻600篇》与《自学成才的故事》两本书中显然没有足够的材料说明郑板桥书画的特点，因而，从这方面说，书是选得不大恰当的。

（4）与"郑板桥二三事"混淆。人物传记可集中写人物突出的贡献，如《哥白尼》一文着重写地动说的创立，而不牵扯其他。写郑板桥也可集中写其书画的独具一格，无须写他苦学、勤问、不怕得罪富人等事。不能把人物传记写成某某人的故事，某某人二三事。

3. 指导查阅资料。

材料是写好人物传记的基础。材料从何而来？写当代的人主要靠采访、调查来了解，这节课暂且不说，另外一条途径就是查阅资料，尤其写古人、外国人，查资料尤为重要。

查阅资料是学习的基本功，一个人会不会自学，自学的能力强不强，和会不会查阅资料关系密切。查资料不能茫无头绪，靠偶然性，应心中有谱，注意查检的规律，掌握查检的方法。

（1）应怎样查检，请同学发表意见。

（2）归总同学意见，补充说明：

①定向。查资料首先要定向。查什么人，哪个时代的，什么国别，卓越成就是什么，事前要明确，才会选准资料。如郑板桥是画家、书法家，是清代人，要认识他、了解他、写他，就要到《中国古代画家》《中国绘画史》等书籍中去查找。

②有序。查阅资料不能东一榔头西一棒子，要注意翻检的次序，从大范围查到较小范围，从类别、种别查到专著，越查越具体、深入、集中。出示六本书，请同学排列查阅的顺序：

《辞海》（艺术分册）、《中国古代画家》、《中国绘画史》、《扬州八怪》、《扬州八怪全集》、《郑板桥》（中国画家丛书）。

除此而外，也可到《中国人名大辞典》《中国文学家辞典》等书中查检，也可查有关的报刊。要学会看图书目录，利用图书馆查资料。

德国柏林图书馆大门上有这样一句话："这里是人类知识的宝库，如果掌握它的钥匙的话，那么全部知识都是你的。"写人物传记首先应对写的对象要熟悉、了解，因而单靠手头现成的一点资料是远远不够的,要进入知识宝库,多占有一些材料。

③比较。把查阅到的材料进行比较,区别正确与谬误,区别价值的大小,区别确凿可靠的与道听途说的。在对材料的比较之中提高识别能力。

④取舍。材料占有要多,要充分,如郑板桥的学习、为官、处世、待人、写诗、作画、书法等材料均应涉猎、占有,但动手写时应围绕写作意图大胆取舍。了解越全面越好,笔墨越集中越能突出主题。

总之,查阅资料的过程就是学习的过程、开阔眼界的过程、积极思维的过程。这个过程思想上重视,功夫比较扎实,就为写打下了良好的基础;反之,写的文章必然缺这少那,说不到点子上。

4. 对材料要看透,不能被材料淹没。

占有材料的目的是为了表述对这个人物的认识、看法和评价,因此,要从材料中提炼观点,确立中心。

观点,是文章的灵魂、材料的统帅。没有观点,文章就是材料的堆砌,像没有主见的人一样,不知赞成什么,反对什么;材料,是文章的血肉、观点的依托,没有材料,文章就虚而不实。

在提炼观点时要学会治繁从简,用鲜明的观点把有关的材料拎起来、总起来。使用材料时不可抄袭现成的,须在理解的基础上用自己的话表达,并就某些事实进行评论。

5. 发《独辟蹊径的扬州八怪之一郑板桥》的重写稿,请学生阅读比较,从中领会资料来源不同、文章质量随之而不同的道理。让学生自由发表意见。

四、作业

1. 复看自己的作文，推测一下可到哪些书刊中查阅材料，去图书馆、阅览室翻阅目录卡，记下有关书名。

2. 查一查自己习作的主题是什么，选用的材料是否恰当。

五、板书

掌握知识宝库的钥匙

材料——习作的基础

来源——采访、调查、查阅（定向、有序、比较、取舍）

提炼——治繁从简，确立中心

附：学生习作

独辟蹊径的扬州八怪之一郑板桥

清代，在扬州书画界出现了一些现实主义的作品，这些画家的画独树一帜，形成流派，被称为"扬州画派"。而"扬州画派"的八位创始人，却被人们讥为"扬州八怪"。郑燮便是扬州八怪中最杰出的一个。郑燮也叫郑板桥，江苏兴化人。他从小就立下了熔铸古今、自成一家的大志，学习十分勤奋、刻苦，对生活在社会底层的老百姓怀有深厚的感情。

郑板桥出身贫寒，但读书勤奋而且坚持不懈，记忆力极强。每读一本书都要逐字逐句地研究、推敲，直到心领神会。他读书还注重背诵，反复强调背诵的好处，每每读到精彩段落，就要大声朗读上百遍，直至倒背如流。这不仅加强了他对文章的理解，而且对他记忆力的发展起了很大的作用。不耻下问是郑板桥读书的诀窍。他常说："学问二字，须要拆开看，学是学，问是问。"郑板桥读书经常提出疑问，向别人请教，对于别人的解答他还能以理论理地提出反问。这为他以后多方面的发展打下了牢固的基础。

历代伟人都从小立下壮志,郑板桥也不例外。他成年累月地临帖摹写。据说有一次,他用簪子帮妻子分头发时,妙手偶得了一点书法要领,便用簪子在妻子背上比画起来,他妻子很有一点乐羊子妻的味道:"你有你的体,我有我的体,你老是在别人体上纠缠什么?"郑板桥恍然大悟。经过努力,他集各家所长,终于形成了他那特有的瘦硬古拙、错落有致的称"六分半书"的板桥体。郑板桥不但精于书法,画起兰、竹来也是胸有成竹。他的竹别具特色,清秀挺拔,亭亭玉立,耐人寻味。这是他四五十年来辛勤汗水的所得。鲁迅先生曾有这样一句话:静观默想,烂熟于心,然后凝神结想,一挥而就。这句话是郑板桥书法绘画时的真实写照。

记得郑板桥曾有这样一句话:"用以慰天下之劳人,非以供天下之安享人也。"这句话同样也是郑板桥那不怕得罪富人的精神的写照。早年,他未中举时,他的画无人问津,显得冷冷清清,而当他当上知县后,来索画的人不断涌来,面对这种情形,郑板桥愤恨已至,刻了"二十年前旧板桥"这几个字。这七个字深刻地揭示了封建社会中那种势利小人内心的丑恶灵魂。

郑板桥独具一格的书画对中国书画事业的发展起了积极的推动作用。他的性格、他的意志对我们后代来说无疑是伟大的榜样。

(陈秋子)

独辟蹊径的扬州八怪之一郑板桥

（重写稿）

清代，在扬州书画界出现了一些现实主义的作品，这些画家的画独树一帜，形成流派，被称为"扬州画派"。而扬州画派的八位创始人在当时却被人讥为"扬州八怪"。郑燮便是扬州八怪中最杰出的一个。郑燮是江苏兴化人。在他的家乡有许多美景，他唯独喜爱一座古板桥，因为喜欢这个怪名字，郑燮便自号"板桥道人"，世人便叫"郑板桥"，反而把他的真名给遗忘了。

要说他怪，其实也不怪；而如果真的要说他不怪，又觉得有点怪。他的诗、书、画堪称三绝，闻名于世，其中以画为最佳，在他众多的绘画中，又以兰竹最为有名。

在他所有的兰竹图中，虚实、浓淡、远近的结合最为明显。他大多把兰草和竹叶画得十分浓、十分细，并且浓中杂淡，细里有乱，显得十分清淡，若有若无。竹子仔细瞧瞧，又如远处的悬崖峭壁，仿佛兰草、竹就从悬崖上顽强地长出。这儿一丛，那儿一簇。思想与艺术的高度结合，构成了一幅幅独特的中国画。郑板桥的画之所以超人，原因主要在于他敢于突破当时所谓的恪守古法的原则。他的山水画表现出他那"倔强不驯之气"。他对当时大量临摹古人绘画的风气极为不满，强调画中要有魂，要自立门户。当时"正宗"画派大为流行，他们大多以线条是否工整来衡量一幅画的好坏，对郑板桥那种看上去似横涂竖抹的山水画当然要称之为怪画，称郑板桥为怪人了。

郑板桥的绘画对中国文人画所起的作用主要在于它的思想性比当时的绘画要略高一筹。他画的丛兰浓淡相宜，很富有中国画的特点,然而令人奇怪的是,在他所画的丛兰中,常常有一些荆棘。如把丛兰与荆棘相比较的话,就又可发现荆棘往往被画得很小,丛兰虽不很大,却显得十分倔强、豪迈;再结合当时的时代背景来看,不难看出,他这种别具一格的画法正表现出他对当时种种社会弊病的不满,然而同时又表现了他那种大丈夫不记小人之过,无小人,亦无君子的豪迈而倔强的性格。从这种意义上看,郑板桥似乎又不怪了!

  不但是绘画,他那自成一家的板桥体也常常为后人所称颂;也有人称他的书法为"乱石铺街"体,即大大小小,方方正正,歪歪斜斜。郑板桥把书与画融为一体,用绘画来补充书法的不足,因此他的书法最为明显的特点就是粗细分明,下笔有神。同一个"清"字,在同一篇文章中,写法各有所长。第一个"清"字写得粗而浓,一顿一挫十分明显,矮矮扁扁很像隶书;第二个"清"字,粗细结合,颇像楷书;第三个"清"字则是又细又淡,与它的上下两字都有微妙的衔接,极似行书。然而,再把这三个"清"字综合起来看时,又会发现这三个不同的"清"字似乎都杂有篆、隶、行、楷的影子。这就是瘦硬古拙、错落有致的称"六分半书"的板桥体。

  总而言之,郑板桥独具一格的书画对于中国书画事业的发展起了积极的推动作用。

《少年中国说》教学实录

时间：1985年1月6日下午第一、二节课
班级：杨浦中学初三（4）班

第一课时

师：在庆祝中华人民共和国成立35周年的时候，我们曾经沉浸在兴奋和欢乐的海洋之中。特别是10月1日，天安门前阅兵的军威，更使我们激动不已，用我们同学的话来说就是：太好了！值得自豪，值得骄傲！可你们在激动之余，思考过没有，旧社会是怎样的一幅情景？请回顾一下1840年到1900年，在那时候我们中华民族所遭受的灾难，请大家根据学过的中国近代史，想一想看，有哪些帝国主义国家入侵过我国？签订了哪些不平等的条约？谁来说？（学生举手）好，××说。

（学生列举《南京条约》《辛丑条约》《北京条约》《马关条约》《瑷珲条约》等）

师：同学们，从1840年英帝国主义用大炮和鸦片轰开了大清帝国的大门之后，帝国主义列强处心积虑地要瓜分吞噬我们国

家的大好河山，刚才我们稍微回顾一下就可以看出来，凡是帝国主义入侵以后，都签订了不平等的条约，一个个不平等的条约，就是我们丧权辱国的标志，人民处在水深火热之中，凡是有爱国心的人，当时都在寻求什么？

生（部分）：救国救民。

师：凡是有爱国心的人，寻求什么？

生7：寻求救国救民的真理。

师：寻求救国救民的真理，维新变法就是其中的一条。请你们回顾一下，维新变法的代表人物是谁？

生（议论）：康有为、梁启超、维新六君子。

师：对。康有为与梁启超什么关系？

生（部分）：师生。

生（部分）：康有为是老师。

师：对，康有为是老师。1898年戊戌变法失败，失败以后梁启超逃到哪里？大家知道吗？

生（部分）：日本。

师：对，逃往日本，那时候，他虽身在异乡，但心还是眷恋祖国，他朝思暮想的就是祖国怎样繁荣富强，因此，他写下了有名的《少年中国说》。今天我们要学这篇文章，请同学们把教科书打开到第174页。写这篇文章的时候是1900年，你们算一算看，当时梁启超多少岁？

生（部分）：27岁。

师：27岁是满腔热情、意气风发的时候，尽管变法失败了，但他那颗热爱祖国的心始终不变，所以他用诗和论相结合的语言，写下了这一篇热情磅礴的论文，叫《少年中国说》。《少年中国说》一共有十段文字，节选到课文里的是开头两段和末尾一段，这三段是文章的精华部分，而且这三段合起来也可以独立成篇。这篇文章是文言文，但是文字很浅近。尽管浅近，可能我们读的时候还是会有些不理解的地方，现在请同学们把你们预习当中不能解决的问题，特别是字词方面的问题，举手提问。有没有不理解的问题？（学生举手）××。

生8：梁启超这篇文章在第二段里写："惟苟且也故能灭世界，惟冒险也故能造世界。"这里的世界我认为是指中国的意思，但是这里为什么要写世界呢？写中国不是更加明确一些吗？

师：请坐。这个地方注意一下。"惟苟且也故能灭世界"，这个"也"是句中停顿，所以不能读"惟苟且——也故能灭世界"，而要读成"惟苟且也——故能灭世界"。××（指生8）这个问题问得很好。（学生举手，示意××发言）

生9：这篇文章是以人之老少来比喻国之老少的，并且这一点在整个文章里都体现了，那么作者这样写是出于什么目的？是为了说明什么？

师：他预习的时候看出来的，是以人之老少来比喻国之老少，通篇都是这样，那么这样写是出于什么目的？这是从写法上来提问的。其他文字上还有什么问题？（学生举手）好，××。

生10：在文章的第三段有一段文字，用了大量的排比，但是这段文字读起来并非容易的事，怎样才能疏通这段文字？

师：他认为第三段，作者用了大量的排比，但读起来很不流利，用什么样的办法才能疏通这段文字？你是指整个第三段，还是第三段里的某些句子?

生10：我是指从"红日初升"开始到"来日方长"。

师：到"来日方长"，好，做个记号，待会儿看谁能疏通。（学生举手）××。

生11：这篇文章是梁启超写的，为什么他在文章的第一段中把自己的名字写进去，说"梁启超曰"，而不用"吾曰"。

师：不用"吾曰"，这个思考得很好，这篇文章本身就是梁启超写的，为什么文章还要用"梁启超曰"，用"吾曰"好了。这个问题问得很好，我们没有碰到过，还有其他文字上的问题吗？我估计还有。（学生举手）好，××。

生12：还有一个问题，就是开头第一段说："吾心目中还有一少年中国在。"在他的想象中，中国是非常美好的，但是当时的中国是十分腐败的，他为什么要用这种和事实不符的语言呢？

师：噢，用的是与事实不符的语言，为什么呢？大家注意这些问题。（学生举手，示意××说）

生13：这篇课文里用了许多"惟"字是什么意思？

（师板书：惟）

生14：在文章的第二段作者用了老年人和少年人的对比，为什么他要用老年人来写国，写老大帝国，我认为这个可以不用，不写老年人也可以。

师：不写老年人也可以，不需要用老人来比，少年人要吗？

生14：要！

师：要的（笑了），好，请坐。还有其他的问题吗？刚才同学们提的这些问题，我们在学习的过程中要一一加以解决，基本上要靠同学们自己解决，在学习的过程中，自己就可以逐步地解决了。现在我问大家一个问题，梁启超写《少年中国说》，主要是针对谁写的？从全篇来考虑。（学生举手）××讲。

生 15：他主要是针对少年来写的。

师：对不对？少年中国？是针对谁来的？（学生举手，示意×××讲）

生 16：是针对老朽冤业写的，是中国老朽冤业。

师：在什么地方？

生 16：在第 175 页第三段。

师：主要是针对中国老朽冤业来写的，有不同意见吗？（学生举手，示意×××讲）

生 17：我觉得他这里是针对日本和欧西人以及老朽说的。

（师生笑）

师：听我问题的时候一定要准确地思考回答，他认为既对日本人又对欧西人，又对老朽冤业，是不是主要针对者就是整个这么多？（学生举手，示意×××讲）

生 18：我认为是针对少年来写的。

师：针对少年来写的，他提出吾心目中有一少年中国在，然后论述这个少年，主要是针对什么来写的？

生 18：主要是针对中国少年来写的。

师：听不清楚这个问题。（学生举手，示意×××讲）

生 19：主要是针对老大帝国来写的。

师：这里有分歧了，一种认为针对少年中国来写的，我问的问题是《少年中国说》这篇文章，他要表明是心目中有一少年中国在，于是他针对什么来提出我心目中有一个少年中国在的？

生（部分）：老大帝国。

师：一种认为是老大帝国，一种认为是老朽冤业（板书：老大帝国、老朽冤业）。这二者之间谁是主要的？（学生举手，示意×××讲）

生20：我认为主要针对者是老朽冤业。

师：是老朽冤业，我同意××（指生20）和刚才××（指生16）的意见，老朽冤业是什么意思呢？（在板书的"业"下画圈）"业"是佛教名词。

生（部分）：罪孽。

师："冤业"是指什么？

生（部分）：做坏事。

师：做的坏事罪孽。"老朽"的"朽"是什么意思？

生（部分）：腐朽。

师："朽"，腐朽，这里是指封建官僚统治所做的坏事，他们所犯下的罪孽。那么既然文章主要针对者是老朽冤业，为什么又要从老大帝国来入笔呢？我们一起来读第一段，思考几个问题：第一，为什么要从老大帝国入笔开篇？第二，从老大帝国入笔开篇表达了梁启超怎样的思想感情？第三，为什么这里要用"梁启超曰"？刚才有同学问这个问题了。好，现在我们一起来朗读，"日本人之称我中国也"预备——起。

（生集体朗读）

师：有几个字我要问一问，刚才大家没有问，我要看你们是不是掌握了。"一则曰"这个"则"怎么讲？

生（集体）：就。

师："是语也"的"是"？

生（集体）：这。

师："我中国其果老大矣乎"这个"其"？

生（集体）：难道。

师：是掌握了。那个"恶"字假设我读"wù"，那是什么字？

生（议论，部分）：厌恶。

生（部分）：憎恶。

师：对，厌恶。这里是第一声"wū"，注意，"恶"是不是就是"否"？

生（部分）：不是。

师：我把它改成"否，是何言，是何言！"是不是一样？

生（议论，部分）：不一样。

师：不一样在什么地方？（学生举手）好，××说。

生21：这里注释说，表示感叹的助词。"否"是表示反对，没有感叹的意思。

师：对，区别得很好。这里它是叹词，跟"否"有区别，好，现在自己再看一下，回答为什么要从老大帝国入笔。"日本人之称我中国也"，这个"称"怎么讲？

生（部分）：称呼。

师：称呼，一则曰？

生（部分）：一开口。

师：一开口就叫老大帝国，"再则曰"，再开口又说"老大帝国"。请同学们看看，为什么要从这儿写起呢？你怎么理解的？

（学生举手）好，××。

生22：梁启超是从东西方帝国对我国的讽刺入笔，表现了他对少年中国的向往。

师：他是这么理解的，对不对？还有补充吗？（学生举手）好，××。

生23：文章这样写是从反面来表现他愤慨，表现梁启超忧国忧民。

师：表现梁启超忧国忧民。东西方帝国主义说法对吗？日本是东方，欧西人就是什么？

生（部分）：西欧人。

师：就是欧洲当时的人，整个的西方就是欧西人，后来就通称欧美人。东西方帝国主义当时对我们国家称什么？老大帝国。因此他认为从这儿入笔是表达梁启超忧国忧民的感情，对吗？

生（部分）：不对。

师：那怎么理解？（学生举手，示意××讲）

生24：文章的一开头他写了"一则曰老大帝国，再则曰老大帝国"，这是通过日本人称我们中国，这句话讽刺了当时我们中国政府的腐败，同时也表露出——

师：讽刺，对不对？讽刺当时我们政府腐败，国力衰败。

生24：同时也表露出不满这种情绪。

师：你从哪里看出来的？

生24："恶，是何言，是何言！"

师：对！"是何言"，请解释一下什么意思？

生24：就是什么话。

师：用一句行吗？

生24：这是重复。

师：为什么要用重复？

生（集体）：加强语气。

师：加强语气，表达自己的——

生（部分）：愤慨。

师：强烈的感情，愤慨的感情，"是何言，是何言！"这里讲"一则曰老大帝国，再则曰老大帝国"，"大"，我们中国是土地辽阔，讥讽我们关键在哪个词上？

生（集体）：老。

师："老"，因此这个词"老大"本身是怎样的？这个结构——

生（部分）：偏正。

师：它实际上是贬义词，重点是在讽刺我们腐朽、衰败，就叫老大帝国，从这里入笔写起。那么梁启超怎么讲的？呜呼——唉！我中国其果老大矣乎？难道真的是老大吗？他就说："是何言，是何言！"唉，这是什么话，这是什么话！我们要同学理解的第二点，刚才大家讲出来了，用这样一个重复的语言来表达自己的强烈的感情。那么，写这段话的目的是什么？要引出什么呢？

生（议论）：论题。

师：对了，因为这篇文章题目是——

师生（齐）：《少年中国说》。

师：所以从老大帝国入笔引出了少年中国的论题（板书：少年中国），但是这少年中国，是在什么地方？刚才××讲（指生22）——

生（议论）：心目中。

师：心目中，现实是老大帝国，梁启超反对否定了没有？

生（集体）：没有。

师：没有。他不是用"否"，而是用"恶"，这是什么话，这是什么话，面对现实，他提出：我心目中有一少年中国在。请大家看看，少年中国你们怎么理解？少年中国是怎么一个少年中国？（学生举手）好，你说（示意××说）。

生25：少年中国是兴旺发达、朝气蓬勃的一个新生国家。

师：他这样理解对不对？是不是这样？

生（议论）：是的。

师：是的，这个少年中国是指兴旺发达、朝气蓬勃的国家，我心目中有这样一个国家在，那是生气蓬勃的，是前途灿烂的，生命力很旺盛的，这少年与老年一比就一清二楚，从这里我们可以看出，文章是针对老朽冤业而立论的，从老大帝国入笔，引出论题。是怎么引出来的？有谁能够讲？从老大帝国引出少年中国这个论题，怎么引的？（学生举手）好，你说说看（示意××说）。

生26：就是反其意引出论题。

师：反其意而引出论题（板书：引出论题）。尽管东西方帝国主义国家如此讽刺我们是老大帝国，但对一个爱国者来说，梁启超心目中只有一个少年中国在，所以文章一开始就提出他向往的目标，这向往的目标就是少年中国。作者为什么向往少年中国？我们看第二段文字，它提纲挈领的是哪一句话？（学生举手）好，××说说。

生27：欲言国之老少，请先言人之老少。

师：要说国家的老少，就先请谈谈人的老少。这告诉我们，梁启超为什么向往少年中国？他准备怎么样来说理？

生（议论）：比喻。

师：打比方来说。作者是准备设喻论证（板书：设喻论证），通过打比方来论述他为什么向往少年中国。现在我们看他是怎么来设喻的。我先把他所论述的老年人部分读一读，你们齐读他论述的少年的部分，我们要接得紧，不要读错了。老年人在梁启超的文章里是跟什么结合起来的，你们读少年时候应该怎样？

生28（坐位子上说）：气壮。

师（笑）：气壮，读得气壮，我是读（板书：老年）老年这一方面的有关句子，你们是读少年的（板书：少年），刚才××（指生28）讲读的时候少年一定要读得气壮，因此一定要读好，接得紧噢。

（师生读，略）

师：好，我们看，这里有几组句群？

生（议论）：三组。

师：这个三组句群形成了什么样的比较？

生（议论）：连锁对比。

师：对！一个又一个的对比（板书：对比），刚才我们读的是不是读出来了？老年人怎样？少年人怎样？少年怎样？老年人怎样？因此它是连锁（板书：连锁）对比。接下来，请同学们把老年人和少年人分别朗读一下，就是一个同学把写老年人的论述的句子连起来读一读，另外一个同学把论述少年人性格的句子连起来读一读，其他的同学就在关键的词语上做记号，写老年人的跟写少年的做两个不同的记号，清楚了没有？二者不要混淆。为了让同学们读起来不至于发生差错，有些词语我们还要讲一讲，刚才有同学问（指生13），他说这一段里用了很多"惟"，这"惟"在这里什么意思？我们碰到过。

生（议论）：只。

师：好，谁讲？（学生举手，示意××讲）

生29：只因为。

师：只因为。还有别的意思吗？我们接触得比较多的就是作为副词，是"只"。这里它不仅是"只"，而且还有说明理由的成分，所以××（指生29）理解得对，"只因为"或者叫"正因为"。请同学们注意，"惟保守也故永旧"，这个"永旧"怎么理解？"永旧"的"永"字怎么理解？谁讲讲看？（学生举手）你说说看（示意××讲）。

生30：就是守旧的意思。

师：就是守旧。"永"是什么意思？

生（议论）：常常。

师：常常，"永"本来是什么？永远、永久，常常守旧的理解是可以的。刚才在读的时候有人读错了，（指生齐读中）"事事皆其所未经者"，这里是讲"未经者"，前面是讲"已经者"，这里的"已经"是一个词还是两个词？

生（议论）：两个词。

师：两个词怎么解释？（学生举手）××。

生31："已经"就是"已经经历过的事"。

师：对。它不是一个词。我们从下面一个句子里就能看出来，

"未经"就是"未经历过","已经"就是"已经经历"。刚才有个同学读错了。"故常敢破格",这个"破格"怎么解释？

生（议论）：破除常规。

师：对，破除常规，打破常规。老年人常多忧虑，少年人常好行乐，一般说行乐是贬义词，这儿是不是贬义？你们怎么理解？行乐主要是指什么？（学生举手）好，××说。

生32：是指心理上乐观，对未来十分乐观。

师：对未来十分乐观。好，请坐。（学生举手）你说（示意××说）

生33：我觉得乐观应该是指性格，而不是指心理，也不是指精神。

师：他说心理讲得不对，这行乐主要是讲什么？平时我们说"行乐"是什么意思？查字典。（有的学生已经查到了，学生举手）××。

生34：是消遣娱乐，游戏取乐。

师：消遣娱乐，游戏取乐。不理解的时候自己要立刻查字典，很快就查出来了。但是在这里我们不是用作消遣娱乐，因为前面说老年人常多忧虑，后面就讲少年人常好行乐，是指他保持乐观。现在我们再看一看"老年人常厌事"怎么理解？

生（议论）：讨厌。

师：讨厌什么？

生（议论）：做事。

师：做事，省掉了一个动词，常讨厌做事，因此他觉得一切都是无可为者，"无可为"什么意思？"为"什么意思？

生（部分）：做。

师：基本上都理解了。我们现在请两个同学来读一读，一个同学把老年的全部连起来读，一个同学把少年的全部连起来读，不能读错了，看谁本领大。其他的同学做记号，然后把关键词找出来，我们再请听的学生把它们连起来说。好，现在我们请一个同学来读老年的，××（师点名读），一个读少年的，××（师点名读）。

（生读，师指导）

师：读得很好。你们看，这样分读下来，发现了一个什么特点？

生（议论）：对比鲜明。

师：对比鲜明。刚才已经读出来了，一个什么特点？打个比方说说看。

生（部分）：像环锁。

师：像环锁，好！你说说看。（示意××讲）

生35：像一个锁链一样一串串联起来的。

师：它本身是个什么句子？

生35：排比句。

师：排比句，对！（板书：排比）但它这个排比，又是怎样的呢？层层——

生35：递进。

师：递进。请坐，××（指生35）请坐。（板书：递进）递进排比，一环扣一环，是不是这样？我们刚刚请同学们做记号，现在请一个同学讲一讲看，把关键词拎出来。（学生举手）好，××。

生36：我先讲老年人的。

师：好的。

生36：老年人是"思既往留恋"。

师：留恋。

生36：生留恋心。

师：生留恋心，好。

生36：保守、永旧。

师：不行，这样读看不出，连起来。"思既往则留恋心，留恋则……"

师生36（齐）：保守。

师：对了。

生36：保守就永旧。永旧了就照例。照例后面另起，就是另外一对。

师：好，这是第二个句群了。

生36：是忧虑，忧虑就灰心，灰心就……（说不出了）

师：忧虑就灰心，灰心就什么？

生（议论）：怯懦。

师：好。

生36：怯懦就苟且，苟且就灭世界。

师：对。

生36：后面又是一段了，就是厌事，厌事就觉一切事无可为者。

师：对不对？

生（议论）：对。

师：好，请坐。我们看是不是这么一个特点？（手指板书：递进排比）刚才××（指生36）讲得很清楚，这三层意思，讲得非常清楚。第一层：比如他这个老人，从"惟思既往"讲到保守（板书：……保守……），再由保守讲到"惟知照例"。第二个句群呢，是说这老年人是怎样啊？由于忧虑灰心，灰心就怯懦（板书：……怯懦……），怯懦最终讲到就是灭——

生（部分）：世界。

师：灭世界。然后再换第三句群，从老年人厌事讲到他觉得世界上一切事情都是无可为（板书：……无可为……），对不对？所以从这里我们可以看到：（指着板书说）他从思想上来看是保守的，从感情上来看是怯懦的，从气概上来讲是怎么样？认为什么都不能够做，无可为，没什么好做的。而少年却是不一样，现在我们把作者写少年的关键的词连起来，要读出递进排比的味道。这关键词连得好吗？要连得好的话，有一个词它必须怎么样？

生（部分）：重复两遍。

师：重复一遍，重复两遍变三遍了。（笑）重复一遍，我们试试看，看大家是否找准了？先看第一个句群，从思想上讲，少年人，预备——起。

生（集体）：思将来，思将来——

（生读得断断续续，下略）

师：很难读噢，所以步调一致是比较困难的。好，下课后自己再很好地理解一下，下一节课把它读准了。

第二课时

师：上节课我们学到文章的第二段，在学习递进排比的时候，我们分析出它的三个句群，是从三个不同的角度论述，第一是从思想的角度，第二是从感情的角度，第三是从气概的角度。关于论述老年的，我们把关键的词圈出来连起来读以后，我们对文章递进排比的写法就非常清楚。现在我们再来看论述少年的部分。上节课我们没有读好，现在请一个同学把这一部分关键的词连起来读，少年究竟是怎样的？作者是饱含怎样的感情热烈赞颂？请××读。（师指定一位学生读）

生1：第一个句群就是：思将来，思将来就生希望心，生希望心就进取，进取就日新，日新就——（说不下去了）

师：就敢怎么样？

生1：就敢破格。第二个句群就是：少年好行乐，行乐故盛气，盛气故豪壮，豪壮就敢冒险，冒险就能造世界。第三个句群就是：少年人常喜事，喜事就好事，好事就一切事无不可为者。

师：对不对？

生（部分）：对。

师：他都找准了。现在请大家一一找出相对应的词。

生（部分）：进取。

师：进取（板书：进取……），第二？

生（部分）：豪壮。

师：从感情上讲，一个是怯懦，一个是豪壮，（板书：……豪壮……）再看。

生（部分）：无不可为。

师：无不可为（板书：……无不可为……）。经过这样的连锁对比和递进的排比，就把作者对老年人和少年人的感情表露得淋漓尽致，请你们分别用两个词讲讲，对老年人采取什么态度？

生（部分）：针砭（有的读 piǎn）。

师：针砭（biān），（师纠正学生的读音）在什么地方有这个字？

生（部分）：思考和练习。

师：思考和练习一。"砭"是"石"字旁加——

生（部分）：乏。

师：针砭老年（板书：针砭），而对少年人呢？

生（部分）：赞颂。

师：赞颂，还有什么？

生（部分）：称颂。

师：称颂、赞颂、盛赞都可以（板书：赞颂）。赞颂少年，感情表露得非常清楚。这三组句群连锁对比，递进排比以后，作者已经把自己的感情表露得很清楚了，在这个基础上，作者接连用了四个比喻，我们看看，这四个比喻好像是水到渠成，我读本体，你们读喻体。老年人——

生（集体）：如夕照。

师：少年人——

生（集体）：如朝阳。

师：老年人——

生（集体）：如瘠牛。

师：少年人——

生（集体）：如乳虎。

师：好，最后把它归总起来："此老年与少年性格不同之大略也"，大致的情况。接下来又是一句，"梁启超曰：人固有之，国亦宜然"。"固"怎么解释？

生（集体）：本来。

师：本来，人本来就是这样的，"国亦宜然"，"宜"怎么解释？

生（部分）：应当。

师："然"呢？

生（集体）：这样。

师：国家也应该这样，这句话跟什么照应？

生（议论）：欲言国之老少。

师：与这一段开头的一句话"欲言国之老少，请先言人之老少"照应。好！现在要解决三个问题：第一，刚才有同学问，说"惟苟且也故能灭世界，惟冒险也故能造世界"，××同学（指上节课生8）认为在这个地方的世界就是指中国，为什么不明确地说中国，而说世界？你们怎么理解的？（学生举手）好，××。

生2：我认为是时代所限，因为当时是封建社会，封建帝王制，他不可能直接表露自己的心声，只能间接地从世界来影射这个中国。

师：是用世界来影射中国，这是他的解释。还有别的理解吗？是不是一定就是指中国？（学生举手）好，×××讲。

生3：我认为就是现在指的世界，地球上的整个世界。

师：就是统指世界，何以见得？

生3：因为他认为苟且的能够灭世界，如果世界上所有的人都这样的话，那么世界就不存在了。

师：就不存在了（笑），就毁灭了。那么少年都是——

生3：如果少年敢于冒险的话——

师：豪壮之气。

生3：就能够创造一个新的世界。

师：创造一个新的世界，因此他是指泛指世界。

生3：对！

师：有两种不同的意见，还有谁能够补充？到底是确指中国好，还是确指世界好？在这儿——

生（议论）：泛指世界。

师：在这里还是泛指世界好。梁启超所处的时代，他对世界的认识跟我们今天的认识区别很大，他这个认识跟佛教有关，这就很深奥，课上就不说了，个别的我们再跟××同学（指上节课生8）商讨。在这里面有很多这样的词眼，在讲老朽冤业的时候我讲了一个什么字，大家还记得吗？

生（集体）：业。

师："业"是——

师生（齐）：佛教名词。

师：待会儿到第三段还会碰到这么一个情况。好，解决了第一个问题。第二个问题，有同学（指上节课生11）讲为什么不用"吾曰"而用"梁启超曰"，在第一段里我们搁下来了，因为在这里还有一个"梁启超曰"，谁能够解答这个问题？（学生举手）好，××。

生4：在这里面说"梁启超曰"就表示他的庄重和负责。

师：庄重和负责，在现代文里我们不大看到。过去经常这样，我们将来会读很多《史记》里的文章，作者会讲"太史公曰"，有的在句首，有的在句尾，有的在句中，以表示这是很庄重的。过去的文章里经常会这样写的，因为我们没有碰到过，第一次，所以这个问题提得很好。第三个要解决的问题是××同学问的（指生14）。他问为什么这里要用老年人来比较？他认为老年人可以不要用，只要讲少年好了，对这个问题大家怎么看？我们上节课已经讲这里是设喻论证，（指板书：设喻论证）你对这个设喻论证，用老年人、少年人来比喻国之老少有何看法？（学生举手）×××说。

生5：我认为用老年人和少年人来比喻国之老少，都不是怎么恰当的。

师：为什么？

生5：因为少年人也不是个个都是这样，常思将来（学生哄笑），都是非常有进取心，都是非常豪壮的。老年人也不是像梁启超所说的，都是怯懦的、无可为的，所以我认为他这样就是比较片面。

师：他这样是比较片面的。

生5：还有，他这是把少年人的优点拿来和老年人的缺点比。（师生大笑）

师：×××（指生5）思考得很好，他认为这样论述是片面的，大家讲对不对？而梁启超用这样的比喻目的何在？作者要说明什么问题？

生（部分）：国之老少。

师：对！要说明国之老少，国之老少说起来怎么样？

生（部分）：难说。

师：难说，抽象，那么用人之老少来比喻呢？

生（部分）：比较——

师：比较具体形象。但是他这样一比就绝对化了，刚才×××（指生5）讲得非常好，把少年人的优点跟老年人的缺点比，而且是不是每个少年人都具备这些优点，而每个老年人都具备这样的缺点呢？并不是如此，这是梁启超当时的认识所限。但是我们知道，他在论述这个问题的时候，想说明他为什么向往，对不对？一开始他是从老大帝国反其意引出少年中国，点明他向往少年中国；第二段写他为什么向往，因为老年怎么怎么不好，少年怎么怎么好，对不对？这两个问题都解决得比较好，他向往，怎么把向往变成现实呢？怎样制造出一个少年中国呢？这就到文章的第三段。第三段这一部分，我们分两层来学好不好？第一个层次就是从"造成今日之老大中国者"，先学到"少年雄于地球则国雄于地球"。学这一段的时候，请同学们思考两个问题。作者在这里没有平均使用笔墨，他既写了老，又写了少，你们认为他笔墨的重点在哪里？他为什么要这样写？这是第一个问题。第二个问题，在这里反复强调的是什么？他要说明一个什么问题？好，现在我们先请一个同学把这部分读一读。好，××读（师指定一位学生读）。

生6：（读）"造成今日之老大中国者，则中国老朽之冤业也；制出将来之少年中国者，则中国少年之责任也。彼老朽者何足道？

彼与此世界作别之日不远矣,而我少年乃新来而与世界为缘。……使举国之少年而果为少年也,则吾中国为未来之国,其进步未可量也,使举国之少年而亦为老大也,则吾中国为过去之国,其澌亡可翘足而待也。故今日之责任,不在他人,而全在我少年。少年智则国智,少年富则国富,少年强则国强,少年独立则国独立,少年自由则国自由,少年进步则国进步,少年胜于欧洲则国胜于欧洲,少年雄于地球则国雄于地球。"

师:好,请坐。他读得很清楚,可是后面的气势怎么样?

生(集体):不足。

师:还不足。后面这个气势,排比的气势读得还不足。这里有几个词请同学们先考虑一下,"而我少年乃新来而与世界为缘",这句话怎么解释?(学生举手)好,××讲。

生7:而我少年是新的刚刚——

师:"乃"怎么解释?

生(部分):是。

师:"是"吗?

生(部分):才。

师:才,才刚刚来到,到世界上来,而与世界为缘,结为缘分,"为"是动词,结为缘分,请坐。你看,这个缘分,是不是与这个业有一样的味道?(手指板书:业)这个句子要注意。刚才××(指生6)读的时候有一句话读得很好,"其澌亡可翘足而待","翘足而待"怎么解释?

生(部分):抬腿。

师:"翘足而待"。(学生举手)好,××。

生8:"翘足而待"就是一抬脚就可以到来。

师:你怎么知道是一抬脚?

生8:看下面注解。

师:下面注解。(师生笑)这"翘"怎么解释?

生8:"翘"就是抬脚。

师:"翘",一定就是抬脚?

生(部分):抬。

师:这是抬脚吗?

生(部分):抬,这是抬的意思。

师:这是抬的意思。注意,词里的词素要弄清楚。这里有一个句子不知道同学们思考过没有:"少年胜于欧洲"这个"于"——

生(部分):比。

师:比。和欧洲比是超过了。人怎么跟欧洲比呢?

生(部分):少年。

师:"胜于欧洲"。怎么比?(学生举手)好,×××说说。

生9:"胜于欧洲"是指"欧洲的少年"。

师:对!讲得很干脆,欧洲的后面省略了。是欧洲的少年,否则你怎么比?无法比的。不同类的东西怎么比?下面"少年雄于地球",这个"于"怎么解释?

生(部分):在。

师:"雄"是什么意思?

生(部分):称雄。

师:动词,称雄。再请回答问题,作者把笔墨的重点放在什么地方?

生（集体）：少年。

师：这个很清楚，为什么放在少年？（学生举手）好，××。

生10：作者说，就是"故今日之责任，不在他人，而全在我少年"，"因为少年乃新来而与世界为缘"，所以——

师：他文章主要阐述什么？

生（部分）：少年中国。

师：要创造一个少年中国，请坐。开始的时候总的讲，"造成今日之老大中国者，则中国老朽之冤业"，谁造成老大帝国呢？

生（集体）：老朽冤业。

师：对！这是老朽的冤业造成的，老朽之道有什么值得说的？关键要怎么样？要创造出，要制造出什么？（板书：制出）新的中国。所以梁启超用了一个"全在我少年"（板书：全在我少年），少年中国能不能制出，全在我少年。哪个词非常重要？

生（集体）：全。

师：对！（在"全"下面画个圈）全在我，少年中国的制出，少年中国的责任，全在我少年身上。因此，在这里作者重点是讲什么问题？也就是我问的第二个问题，文章反反复复都是讲什么？

生（部分）：少年。

师：少年，中国少年和少年中国之间的关系。刚才××（指生6）读到后来气势不足，我们一起来读一读，看看大家是不是气势很足，要越读越怎样？

生（集体）：响。

师：激昂。为什么？我们看作者从个别人写起到最后是什么范围?

生（集体）：地球。

师：地球。因此在开始的时候要稍微收住一点，到后来越来越放，开始把力气都用完了，后来就劲不足了。好，我们一起读，"少年智则国智"，预备——起。

生（齐读）："少年智则国智……则国雄于地球。"

师：还可以，后面两句还不够，我们把后面再读一读，"少年胜于欧洲"，预备——起。

生（齐读）："少年胜于欧洲则国胜于欧洲，少年雄于地球则国雄于地球。"

师：重点的字要读重音，"雄""胜"对不对？这个要读清楚。我们看这里用"则"来连接，"少年智则国智，少年富则国富"，这一系列的排比句请你们看看，把什么关系说得非常密切？（学生举手）好，×××说。

生11：把中国少年和少年中国的关系说得很密切。

师：你是否能用其他的语言来表达？我问的是关系。

（生11摇头）

师：别人能不能来表达？把少年和国家的什么联系起来？

生（部分）：命运。

师：对，大家填空填得很好，把少年跟这个少年中国的命运紧紧联系在一起，因此，这个"全在于我少年"的"全"落实了没有？

生（集体）：落实了。

师：对，少年是怎样，国家就会怎样。因此千钧重担挑在肩（手势，手往肩上一搭），所以梁启超反反复复说明这样一个问题。

现在，我们请同学看看这篇文章，立刻翻译成白话，就是一口气地把它译出来。好，我们看练习①，用现代汉语翻译课文第三段，这个部分我们请一个同学连起来译译看，译得不好没有关系，谁自告奋勇？（学生举手）好，××。

生12：造成今天的老大中国，就是中国老朽的罪孽，创造出将来的少年中国，就是中国少年的责任，那些老朽有什么值得说的呢？他们与这个世界离别的日子不远了，而我们少年才刚刚来，而与世界结成缘分，假如全国的少年果真为少年，那么我中国是未来的国家，她的进步不可估量，假如全国的少年也为老大，那么——

师："亦为老大"，前面讲得都很好，就是这个地方再看看。"亦为老大"怎么解释？

生12：也是老大，那么我中国是衰老的国家，她的灭亡——

师：这个地方等一等。

生（部分）：还是过去。

师：噢，还是过去的衰老的国家，还有个过去，好，你再说。

生12：她的灭亡一抬脚就可以来到（下面学生哄笑）。

师：她的灭亡——

生（议论）：马上。

师：对，马上就会来到。

生12：所以今天的责任不在他人，都在我少年。少年明智则国家明智，少年富有则国家富有，少年坚强则国家坚强，少年独立则国家独立，少年自由则国家自由，少年进步则国家进步，少年比欧洲的少年强盛则国家比欧洲强盛，少年称雄在地球，则国家称雄在地球。

师：好，请坐。不同的意见请发表。（学生举手）好，××。

生13：他把"少年强则国强"的"强"翻译为"坚强"，应该是"强盛"。

师：强盛，好的，这是一个。还有吗？（学生举手）××。

生14："制出将来——制出将来之少年中国者"，他翻译的时候说"创造出将来的少年中国"，我认为这里的"之"是无义的，就是——

师：无义的结构助词。

生14：嗯。应该翻译成制出将来少年中国。

师：这个可以不用翻译，可以吗？

生（议论）：可以的。

师：可以的。（学生举手）好，×××。

生15：我认为××同学（指生12）在"少年胜于欧洲，则国胜于欧洲"这里翻译得不怎么好，他翻成"少年比欧洲的少年强盛则国家比欧洲强盛"。

师：他说的是什么"盛"？

生（议论）：强盛。

师：强盛的"盛"是哪个"盛"？

生（议论）：昌盛的"盛"。

师：昌盛的"盛"。这个胜过就是超过，没有理解错。还有其他意见吗？

生15：我觉得他说的"少年比欧洲的少年强"，这里一个句子里出现了两个少年,有点累赘。我认为讲"少年胜于欧洲的"就可以了。

师:"少年胜于欧洲的",很好,用的字结构,就是中国的少年超过欧洲的少年,就怎样?这个"则"字他都没有翻译,如果翻译的话,是什么意思?

生(议论):就。

师:"就",可以吗?可以。他总体上是译得很好的,特别是前半部分,很流畅。接下来我们看,"全在于我少年",把少年和中国的命运紧紧地结合在一起。(手握成拳头)接着作者就热情奔放地歌颂新生的少年中国。作者是怎样来歌颂的?我们一起读一读,"红日初升",读到"干将发硎,有作其芒"。预备——起。

生(齐读):"红日初升,其道大光;河出伏流,一泻汪洋。潜龙腾渊,鳞爪飞扬;乳虎啸谷,百兽震惶;鹰隼试翼,风尘吸张;奇花初胎,矞矞皇皇;干将发硎,有作其芒。"

师:这里用的方法我们学过的,初二的时候,在哪一篇文章里碰到过?

生(议论):《听潮》。

师:《听潮》叫什么手法?

生(部分):博喻。

师:对,博喻!用许多个比喻,来比喻某一个事物,是博喻的方法(板书:博喻)。这里用博喻的方法来热烈讴歌少年中国。刚才××(指上节课生10)问了一个问题,他说这个地方句子疏通很难。这样好不好,先请一个同学疏通一下,尽管这个注解还蛮多的，一共用了几个比喻？

生（部分）：七个。

师：七个。那么我们解释一下好不好，好，××讲（指定一名学生）。讲得不好不要紧，其他同学补充。

生16：红红的太阳刚刚升起来，太阳的光道大放光芒。

师：太阳的光道大放光芒？

生（议论）：不对。

师：不对？等一下，等人家讲完了，好。

生16：嗯……嗯……

师：河出伏流。

生16：小溪流出来汇合成——汇成河流，一起流到汪洋大海里，潜伏着的龙，从深渊里飞腾出来，它的鳞爪到处飞扬（学生哄笑）。

师：鳞爪到处飞扬变成雪花飘了（笑），就是飞舞，对不对？它鳞片——

生（议论）：飞舞。

师：爪是什么？

生（部分）：鹰爪。

师：你接下去。

生16：年幼的虎在山谷里呼啸，百兽听了都感到震惊、害怕。

师：对！

生16：刚刚——

师：鹰隼。

生16：鹰试着飞起来——

师：翼本来是翅膀，这儿是什么意思？

生（部分）：动词。

师：动词，试飞。

生16：展翅飞翔，风尘都被吹起来。奇特的花含苞欲放，像光明盛大的样子，还有，宝剑刚刚磨出来，就是锋刃大放光芒。

师：好，请坐。好，有什么不同意见需要纠正一下？（学生举手）好，××。

生17：他刚刚把"伏流"翻译成"小溪"不太妥当，应该翻译成"地下河"。

师：地下河，对。（学生举手，示意××讲）

生18："其道大光"的"道"不应该解释为"光道"，应该解释为"道路"。

师：道路？（全班笑）（学生举手，示意××讲）

生19：应该解释为"精神"。

师：精神，应该怎么解释？"红日初升，其道大光"，就是它射出来的——

生（议论）：光芒。

师："光芒"怎么样？"万丈"。实际上是喻精神，但它本身不是精神。还有什么地方需要纠正？刚才××（指生17）与××（指生18）纠正得都很好，还有什么地方要纠正的？"一泻汪洋"，这"汪洋"是不是就是海？

生（议论）：不是。

师：对，水大的样子。"潜龙腾渊"，这个"渊"是什么？

生（部分）：深渊。

师：飞起来，腾飞起来。下面"鹰隼试翼，风尘吸张"，这句话怎么理解？刚才没有讲好。这句话，鹰在试着展翅飞，这个翅膀要怎样？要扇动，因此扇起的飞尘一吸一张。下面"奇花初胎，矞矞皇皇"，不能照搬注解，你可以形容一下，"奇花初胎"比较清楚的，"矞矞皇皇"就是光明盛大的样子，实际上是怎样？刚刚讲过"昌盛"，对不对？花"昌盛"行吗？

生（议论）：不行。

师：是怎么样？

生（议论）：含苞欲放。

师：前面是"奇花初胎"，含苞欲放怎样？不能直接地用光明盛大的样子。这里可以用什么来形容？花是怎样？是光明盛大？是写它的什么？

师生（齐）：亮。

师：色彩怎么呢？

生（议论）：美。

师：色彩鲜亮、鲜艳，可以吗？就是这样的意思。不要硬搬，请坐。好，基本上疏通了。请看，从"红日初升，其道大光，河出伏流，一泻汪洋"到"干将发硎，有作其芒"，接连用了好些比喻来形容少年中国，这些比喻有没有共同点？

生（议论）：有的。

师：都是形容什么？着眼点在哪个角度？

生（议论）：新的，刚刚的。

师："新""刚刚"的，是不是这样？那么第一个比喻——

生（议论）：红日。

师：第二个——

生（议论）：伏流。

师：伏流。第三个——

生（议论）：潜龙。

师：第四个——

生（议论）：乳虎。

师：乳虎。第五个——

生（议论）：鹰隼。

师：对，鹰隼。第六个——

生（议论）：初胎。

师：对。第七个——

生（议论）：（部分）干将（部分）发硎。

师：是什么？

生（议论）：发硎。

师：发硎，对。刚刚磨出来。这少年中国的特点就写出来了，对吧？比喻的角度很多，从天上到——

师生（齐）：地下。

师：还到什么？

生（议论）：海。

师：水中，一个比喻接着一个比喻，变化多端，使我们读的人目不——

生（议论）：暇接。

师：所以这个地方非常有气势。到这里感情好像表露得很畅达了。但作者还不只是这一些，梁启超的文章啊，是用诗的语言来写的，你们看对不对？他说，写文章时笔端常带感情，必有一番魔力（板书：魔力）。我们看他是怎样写的，"天戴其苍，地履其黄，纵有千古，横有八荒，前途似海——"

生（部分）：似海（纠正老师读音）。

师：似海，对！"前途似海——"

师生（齐）："来日方长"。

师：这个"其"是什么意思？前面"其"是"难道"。

生（议论）：助词。

师生（齐）：是无意义的。

师："天戴其苍"，头顶——

师生（齐）：苍天。

师：脚踩——

生（集体）：黄色的大地。

师：从时间上看——

师生（齐）：纵有千古。

师：从空间来看——

生：横有——

师生（齐）：八方。

师：四面八方。我们少年中国是前途似海，那么广阔，来日方长。所以这里是满怀激情。到最后他讲"美哉我少年中国"，"美哉"这个怎么理解？

生（议论）：好啊！妙啊！壮美啊！

师：壮美啊！少年中国（板书：少年中国）。接下来是什么？

生（议论）：壮哉。

师:"壮哉"怎么讲?

生(议论):大啊!伟大啊!雄壮啊!

师:伟大啊,我中国少年(板书:中国少年)!把两者结合起来——

生(议论):对偶句。

师:对偶句,用对偶句进行赞美(板书:对偶),既赞少年中国,又赞——

师生(齐):中国少年。

师:"与天不老,与国无疆。"到结尾的地方格调高昂,高歌猛进。这里作者的感情达到了最高潮,怎么向往少年中国,怎么制出少年中国,高歌猛进。好,我们一起读一读,从"红日初升"一直到结尾。既然作者是格调高昂,高歌猛进,那么我们也要读出气势来。他是满怀着热爱祖国之情,身在异乡,希望祖国昌盛,那么我们也要用这一种爱国热情来读。"红日初升",预备——起。

生(齐读):"红日初升……来日方长。美哉我少年中国,与天不老。"

师生(齐):"壮哉,我少年中国,与国无疆。"

师:梁启超写文章的年代是1900年,距离我们现在已经是大半个世纪,80多年了,他对这个少年中国的向往,他所憧憬所向往的少年中国,跟我们今日中华人民共和国是不是一样?

生(议论):有点相似。

师:有点相似,但是很显然,他当时还是比较朦胧的,不像我们今天的中华人民共和国。他在论述问题的时候,有他的时代局限,刚才同学们在学的过程中,就对他的设喻论证有不同的看法，但尽管如此，他有一点很可贵，哪一点？

生（集体）：爱国。

师：对，就好像我们歌里唱的一样，他有一颗——

生（集体）：中国心。

师：中国心。正是由于他有一颗"我的中国心"，所以他在论述的时候用诗的语言（把板书的修辞手法用大括号括起来），请同学们看看，这些一般说来都是用在诗和散文的创作中，而这里是进行论述，他把诗和论结合起来（把板书的"引出的论题"与"设喻"用大括号括起来），表达了他满腔的爱国之情，并特别告诉我们一点，这少年中国能不能制造出来，所谓制出就是什么？

生（部分）：创造。

师：创造出来。责任全在我少年，而今，我们已经生活在"红日初升，其道大光；河出——"

师生（齐）："伏流"。

生（齐）："一泻汪洋"。

师："一泻汪洋"的这样一个幸福的国土上，生活在社会主义祖国里，那么请你们想想，在80多年以前，梁启超已经强调"少年智则国智，少年富则国富，少年强则国强"，而今，这些话对我们来说，还有没有意义？

生（集体）：有。

师：有的。请你们回想一下，在国庆35周年的阅兵游行的电视转播结束的时候，屏幕上出现了几个很重要的句子——

生（议论）：祖国。

师：好，你知道，讲讲看。（请一位在下面议论的学生）

生20：我记得其中有"祖国的儿女们，祖国的命运就是你们的命运"。

师：最后电视屏幕上是不是出现这个？（好多学生都点头）电视屏幕上出现的是这样的字幕："祖国的儿女们，祖国的命运就是你们的命运。"同学们，这句话分量是很沉的，少年、青年，我们每一个人，都把自己的命运和国家的命运紧密联系在一起的时候，我们的祖国就会如"乳虎啸谷，百兽震惶"。当年，梁启超处在黑暗的社会，逃亡在日本，他已经意识到这一点；今天，在党的阳光雨露沐浴下，我们对这一点更应该铭记在心，我们应该意识到，今日要创造我新中华，为中华之崛起应该怎样？应该更加意识到重任——

师生（齐）：在肩。

师：好！今天这堂课就学到这里。课后，要把它朗读几遍，读出那种澎湃的气势、一泻千里的气势，因为作者把自己热爱祖国的炽热感情，通过诗和论的结合，运用了连锁对比、递进排比、博喻、对偶等种种修辞手法，（手指板书）来表露自己的感情，他是笔端常带感情，我们在读的时候，应该是激情满怀，热爱祖国之情要充盈胸际。大家同意吗？

生：（点头）

师：好，今天我们就上到这里。

第四篇

师道修为的觉醒与坚守

初心浅述

　　青年求学时代就爱阅读闻一多先生的诗文，他的诗文背后生命的涌动、情感的澎湃常使我震撼。且不说《死水》《红烛》等整个诗集，就是《红烛·序诗》中的短短几句，就让我感动不已。"红烛啊！流罢！你怎能不流呢？请将你的脂膏，不息地流向人间，培出慰藉的花儿，结成快乐的果子！"红烛通体透亮的形象与将"脂膏"造福人间的闪亮精神瞬间就凸现眼前。我一下子就记住了诗句，而且经久不忘。

　　当了教师，有时碰到困难与挫折，也会情不自禁地想到这些诗句。倒不是如有些人说的教师千万不能充当"蜡炬成灰泪始干"的悲剧角色，而是深感教师生命必须像一团火，燃烧，透亮，方能给学生以温暖、以欢乐，共享人间的幸福。试想，一个自我中心、心中没有火、思想卑琐的人，怎可能在学生心里撒播做人的良种？教师所从事的是以人育人的工作，说一百遍应该怎样做，还不如自己身体力行做榜样来得有效。"身教重于言教"是极其经典的教育经验。每个学生心中都有教师的形象，小学生感性认识比较多，心里会想喜不喜欢他，爱不爱他；到了初中、高中，理性思考猛增，你怎样为人，学识如何，教育教学的本领有多大，学生都会掂量，心里一清二楚。教师工作的真正难度也在于此。要教育学生成长、成人、成才，首先自己就要在成为真正的"人"上下功夫。早在汉代，韩婴在《韩诗外传》中就对"人师"有如此表述："智如泉源，行可以为表仪者，人师也。"这是怎样的境界？德才高度兼备。为此，我真切体会到我所从事的工作是高难度的工作，选择教师，就选择了高尚，选择了做一名努力自我修为、通体透亮、知行合一的真人。《难在自我塑造》《奉献，教师的天职》等文均是基于这样的认识而写的。

我们这一代人成长的时代特点是很少讲个人价值。尽管物质条件匮乏，生活比较清苦，但看到学生成长，觉得工作有意义，也很快乐。也许那时人比较简单吧。而今，社会大发展大进步，物质丰富的程度令人目不暇接。文化的多样，形式的奇异，更让人莫衷一是。纷繁复杂的环境，诱惑无处不在，要担当起教师教书育人的重任，自己就得头脑清醒，有"咬定青山不放松"的定力。教师也是食人间烟火的人，说不受影响，那是不可能的，关键在怎样判断，怎样选择，怎样对待；说空话，唱高调，无济于事。既要加深对教育工作意义与价值的认识，有甘为孺子牛的奉献精神，更要有不为物奴的志气与傲骨。古人在《礼记·乐记》里早就深刻指出："夫物之感人无穷，而人之好恶无节，则是物至而人化物也。人化物也者，灭天理而穷人欲者也，于是有悖逆诈伪之心，有淫泆作乱之事。"鸟的翅膀一旦系上黄金，就永远不能飞翔起来。人之所以为人，是因为有精神世界，有精神支撑。当然，随着经济的发展，教师的地位与待遇的提高是应有之义，教师无后顾之忧，精力就能更好地投入。这方面，我也碰到了不少诱惑。每个时代都有每个时代的考验，经受住考验，就真正品尝到精神成长的快乐，体验到人生境界攀升的超越。《"给"永远比"拿"愉快》《学会追求，学会拒绝》《师德·责任·与时俱进》等文皆有此类论述，不仅亮出观点，更在自警、自诫、自励。

有种经常看到并习以为常的情况，就是语文教师只谈语文专业，班主任专谈班主任工作，很少打通了研究学生的培养与指导。其实，语文教师兼做班主任的不少，但双线推进、有机整合的不多，往往有轻重之分，某一方面比较强，另一方面相对比较弱。基础教育阶段与高端专业教育有区别，教师更需要整体素养和综合能力，既要努力成为教学专家，又要成为育人能手。做班主任，与学生朝夕相处，组织多种多样的教育活动，有助于对学生的全面了解。对学生的性格、脾气、文化基础、兴趣爱好、家庭教育等了解得比较深入，对学科教学从学情出发大有裨益，为因材施教做了很好的铺垫；而学科教学中学生学习的态度、方法、进展、突破，又为育人水平的提升提供了生动的内容与实实在在的支撑。我在讲述语文教学专业时总离不开学情的分析，事例具体，各具特色，与班主任工作精心很有关系。学科育人，班主任育人，尽管专业各有侧重，但聚焦在育人上，可相互促进，相互融通，获得双提高。

我之所以能在教育岗位上站立下来，相当程度是由于求学时幸运，碰到了好老师。他们的言传身教、学识气度，对学生的拳拳情意，使我们如沐春风。每想到他们，总不由自主地升腾起感恩之情。我也曾多次撰文忆恩师之教诲，《复旦精神谱就我生命的底色》就是其中的一篇。高中时代的校训"一切为民族"、大学时代的"博学而笃志，切问而近思"深植我心中，成为我的文化基因，成为我克服困难、不断奋力前行的精神动力。由此，我也体会到教育对学生的作用是长效的，有些为学、为人最根本性的东西会影响人生道路的一辈子。今日我们当教师，拿什么文化基因植入学生心中，要慎之又慎，对丑恶的、污浊的、卑琐的，一定要识别、抵制，切不可随波逐流。

　　做了多少年的教师，越做越有捉襟见肘之感。主观愿望是好的，把教育教学场景与效果想象得非常美妙，但实践下来问题七折八扣，不那么理想，遗憾多多。有时有客观因素，但更多是自身的不足，工作中很少有游刃有余的快乐和享受。科技飞速发展，社会不断进步，工作中新问题、新挑战层出不穷，自己不努力学习，故步自封，抱残守缺，必然会影响教育教学质量，影响学生的健康成长。对此，我深刻体会到终身教育对教师而言，尤为重要。它不仅关系教师自身生命的发展与质量，而且关系到学生生命的成长，尤其是精神生命的成长。我写《一辈子做教师，一辈子学做教师》就是基于这样的认识与思考。这并非什么故作谦虚，而是确实感到好多方面跟不上。看起来从事的只是基础教育，没有多高深，但学生所生活的现时代是开放的时代，信息如潮涌，传播信息的工具又那么快捷与畅通，学生脑袋里接触到的东西绝非局囿于课本。由于学生的家庭环境与接触的亲友的差异，信息可说是海阔天空，无所不包。与学生对话，要有共同语言，并能给予引导，自己非认真学习不可。学习要成为内在需求，成为习惯，成为享受，成为快乐，才能逐渐出现于谦在《观书》诗中说到的"活水源流随处满，东风花柳逐时新"的境界。因而，我把"学而不厌"作为自己的精神支柱，否则，怎么可能做到"诲人不倦"呢？拿什么教诲学生呢？

  我总是盼望自己教的课是磁场，对学生的未知有强大的吸引力，学生能入耳入心，享受到精神成长的快乐。要做到，谈何容易。反省自己，最大的缺陷是学识功底不够，文化底蕴不足。研究古诗词的大家叶嘉莹先生经常怀念她老师教的课，说顾随老师上课的情景是："先生之讲课，真可说是飞扬变化，一片神行。""飞扬变化，一片神行"，那真是出神入化，左右逢源，令人神往。为何能有如此之美妙？顾随先生曾把自己的讲诗比作谈禅，"禅机说到无言处，空里游丝百尺长"，缭绕不断，启人心扉。这种对专业的敬畏与深厚的学术功底令人敬佩。学生对教师信服与否，除了教师的师德表现外，相当程度看教师的教学水平与学识功底，尤其是高中学生、偏于理性思考的学生，更是如此。教师本应是文化人，但由于主客观种种原因，我们读的书太少，也太浅表，跟我的高中老师比较，真是远不及他们的文化底蕴、学识功底。再说，有一种糊涂认识，教师这方面不重视也有相当影响。认为只要把教材教好，解题能力强，让学生考试取得好成绩，就很好了，又不是做学问家、大教授。殊不知居高才能临下，薄发也须厚积，由于本专业不能深入底里，相关知识也不够丰富，教学中就很难要言不烦，一语中的，开启学生的心窍。语文学科内容更是古今中外无所不包，涉猎的范围极广，论述天地、社会、人生又极深，没有一定的文化功底，连自圆其说都难以做到，有时常感自己上的课像夹生饭，火候不够，这对从根本上激发学生旺盛的求知欲而言是有欠缺的。每想到这些，我心底总会升腾起对学生的愧疚。

情怀的修为也是"学"的重要内容。面对智力、情商、学业水平、生活能力、家庭环境、性格特点等有差异的学生，在任何情况下都要倾注爱心。热情对待，冷静处理，是极其不容易的。要做到这一点，真需有博大的情怀，能包容，能宽容，不因人与事左右自己的情绪。《周易》中说："地势坤，君子以厚德载物。"能载多少物就看德性有多深厚，胸怀博大就是德厚的表现。大家熟知的杜甫的《茅屋为秋风所破歌》，诗人表达自己已处于生存绝境，想的不是自己，而是"安得广厦千万间，大庇天下寒士俱欢颜，风雨不动安如山！呜呼！何时眼前突兀见此屋，吾庐独破受冻死亦足"。这是何等的仁爱之心，何等的悲天悯人情怀！这种情怀应在新时代传承与发展。

中小学教师从事的基础教育工作平凡而不显赫，琐细而不辉煌，但关系到学生能否健康成长、成人，关系到未来国民素质的高低，具有战略性、全局性、先导性，意义不同寻常。因而，教师必须站在高处，想在远处，干在实处，有大视野、大胸怀、大格局，方能有修为的自觉性，方能有持续进步的内驱力。

有媒体记者一再问我："您当了六十几年的老师，重复做着上课的事，不倦怠吗？您怎么坚持下来的？"我说："我从未倦怠过，也从未搞过一节'样板课'、一次克隆或抄袭。教育的每天都如旭日东升，新鲜，光亮。因为每个孩子都是活泼泼的生命体，发展着，变化着，成长着，丰富、多彩、奥妙、神奇。每天我都要认真读懂他们，发现他们的奥秘，引领他们前进，有趣的事、捣蛋的事、有意义的事、使人啼笑皆非的事，层出不穷，怎可能倦怠呢？"其实，我数十年的勤奋坚守、倾心投入，是因为心里有一团火，燃烧自己，照亮他人，让自己的生命与肩负的育人使命结伴同行，为了可爱的学生，为了亲爱的祖国，为了养育我的人民。

难在自我塑造 *

把青少年学生培养成国家有用之材,是一门艰难的学问。它是科学,也是艺术。只有深入其中,艰苦备尝,方能领略一二。然而,从教 40 年,我深深体会到,更艰难的还是教师的自我塑造。把自己塑造成一个合格的人民教师,需要相当的勇气、坚强的毅力和经久不衰的内驱力。

难,首先难在有勇气认识到自己的不足,勇于"胜己"。

学校的教育质量,说到底是教师的质量。而教育的特点之一是细水长流,耳濡目染。教师的一言一行,不管有意识还是无意识,都会对学生起潜移默化的作用。为了学生的健康成长,教师首先必须严于律己,认识自己的不足。教师在塑造学生优美心灵的同时,自己也要消除庸俗,道德情操高尚起来;在使学生增进文化科学知识的同时,自己也得努力学习,克服无知,成为知识的富有者。在这些方面,教师往往会对自己认识不足;要有足够的认识,需要勇气。

---

* 本文写于 1991 年。

教师不是完人，不可能事事处处做学生的榜样。因此，清醒地认识自己，洞悉不足，不断弥补、提高，就显得十分必要。原先我喜欢基础好、智力发达的学生，他们一点就懂，一拨就会，省力又省心。后来，随着教育实践深入，以党的教育方针来衡量，以社会主义建设需要来对照，我惶恐了。面对学生一张张稚嫩的脸庞，家长一双双期待的眼睛，我内疚了。我深感自己狭隘，只图方便，心中没有装下所有学生，教育思想上有问题。教师不是企业家，无任意挑选"原料"的权利。教师应该是教育家，应倾注爱心教好每个学生。一个班级教好几个尖子不难，难的是要使每个学生都有明显提高，兴趣爱好、聪明才智都得到良好发展。我认识到不着眼于我们事业的未来，不着眼于全民族素质的提高，就很难跳出"自我"的狭隘圈子。自此，我特别注意对学习困难、调皮捣蛋、缺点较多的学生的教育。诚然，学生与学生有差异，但这不是一成不变的。学生在成长过程中不断发展变化，后来居上屡见不鲜。每个学生身上都有积极向上的因素，教师要有一双慧眼去发现，然后予以因势利导，千万不可抱形而上学的观点把学生看死。

思想观点有缺陷应努力克服，教学业务上又何尝不是如此？我经常告诫自己，一定要"知之为知之，不知为不知"，切不可强不知以为知。审视自己的教学业务，无论在功底、视野、驾驭教材、驾驭课堂等方面，都存在这样那样的不足，必须时时刻苦学习，以求得长进。

难，还难在要有韧劲，有毅力，百折不回。

培养学生不像百米冲刺，一冲而过，而如万米赛跑，要有长时间坚持不懈的劲儿。每个教育、教学活动，说说似乎容易，做起来往往难。有时遇到某次活动，虽事先下了一番准备功夫，好像设计得很周详，可是一经实践，效果不理想，甚或很不理想，于是气馁焦躁，感到育人工作实在太难。我也曾犯过这样的急躁病。其实，学生思想品德的塑造、良好习惯的养成、学业的长进、体质的增强，都非一蹴而就，需要滴水穿石的艰苦努力。我深切体会到做教师必须朝朝暮暮、暮暮朝朝、百折不回地几十年如一日辛勤耕耘。

上好每一堂课也要有毅力，要坚持百折不回地努力。众所周知，花点力气上好一两堂课不难，难的是上好每堂课，堂堂课使学生学有兴趣，学有收获。这须艰苦实践才能做到。俗话说：台上一分钟，台下十年功。演戏如此，教课同样道理。再如教师的进修，没有坚强的毅力和百折不回的精神也难奏效。当今时代，新知识、新信息大量涌现，教师只有学而不厌，拼命吸取，知识才能不断增进与更新，才能适应教育教学的需要。教师工作繁忙，不可能有整段学习时间，这就更需要锲而不舍地把握每一个时机进行学习。有人曾问我："在学习中您最喜欢什么？"我回答是"锲而不舍"四个字。一日不多，十日许多，天长日久也就可观。我这样工作与学习，感到意志得到了锻炼，精神生活很充实。

难，更难在要一往情深、奋勇向前，有经久不衰的内驱力。

教师有经久不衰的内驱力，才能始终精神振奋，诲人不倦，乐育英才。这种内在的动力来自对社会主义坚定的信念。有了坚定的信念，就有了主心骨，风风雨雨不迷航：办学，就会坚持社会主义方向；教学生，就会自觉地把德育放在首位。有了坚定的信念，就会对教育事业执着追求，就会对学生满腔热情、满腔爱，把整个身心扑上去，用心血浇灌学生成长。我总这样想，学生没有第二次青春，党和人民把青春年少的学生交给我们培养，这意味着对教师委以重任，对教师的极大信任，对教师寄予无限的期望。教师肩挑着社会的未来，肩挑着千家万户的未来，自己只有始终不渝地振奋精神做好工作，才无愧于肩负的神圣使命。

回顾40年的教育实践，我深深体会到教育的路是一条艰辛的路，上面布满了自己的不足乃至创伤。法国文学家罗曼·罗兰曾经这样说："累累的创伤，就是生命给你最好的东西，因为每个创伤上面都标志着前进的一步。"确实如此，我感受到了一步一步前进，感受到了在前进中克服困难、自我塑造的快乐，感受到了生命的价值。

奉献,教师的天职 *

> 红烛啊!
> 流罢!你怎能不流呢?
> 请将你的脂膏,
> 不息地流向人间,
> 培出慰藉的花儿,
> 结成快乐的果子。

这是闻一多先生《红烛·序诗》中的诗句,我不仅十分喜爱,更经常以此激励自己的思想言行。因为这些诗句深刻地道出了人生的意义和价值,道出了红烛精神的精髓在于始终不渝地为他人的成长与欢乐做奉献。由此,我——一名从事基础教育的普通教师,深深领悟到教师应该具有通体透亮的红烛精神,教师的天职在于对学生做无私的奉献。

---

* 本文是1991年作者在从教40周年纪念活动上的演讲。时任上海市第二师范学校(后转制更名为"上海市杨浦高级中学")校长。

40年来,我梦寐以求的就是把这美好的理想通过艰辛的劳动变为现实。在漫长的教学生涯中,由于党的教育和同志们的帮助,我不断克服无知,勇战困难,振奋精神,锤炼感情,努力使自己成为合格的人民教师,不辜负人民的嘱托和祖国的期望。

教师,须激情似火

有人说激情是文学家、艺术家头上的光环。英国著名诗人拜伦称激情是"诗的粮食,诗的薪火"。难道激情只是和文学家、艺术家有缘?不,我不这样认为,激情也是教师必不可少的素质。不热爱我们这多情的土地,没有工作的激情,就不能完成世界上的伟业。教育青少年成为社会主义事业接班人是极其伟大的事业,教师只有倾注满腔热忱,才能完成肩负的神圣使命。

生活在改革开放的伟大时代,社会主义建设的每一个成就都使我激动不已。目睹高耸入云的南浦大桥,我抑制不住充盈于胸际的民族自豪感,逢人就说桥上一根拉索20吨重,那根根拉索浸透了中国人民的志气,显示了中国人民的力量。我深深体会到教师胸中要有一团火,在任何情况下都要朝气蓬勃,对学生有感染力、辐射力,只有燃烧自己,才能在学生心中点燃理想之火,塑造优美的心灵。这种激情来自对社会主义忠贞不贰的信念,来自对为国为民的无数先烈、无数英雄人物的由衷爱戴与崇敬。有了这种激情,就会鼓足生命的风帆,孜孜不倦地追求,顺境不自傲,受挫更刚强,有使不完的劲。我深深体会到,一个语文教师当自己对课文中思想内容的深刻理解和育人的崇高职责紧密相连的时候,感情就会发生"井喷",势不可当,课堂上就会闪烁火花,产生能量,使学生思想感情产生共鸣。我清晰地记得带领学生学习《周总理,你在哪里》一文的情景。出于对周总理的无限爱戴和怀念,课结束时要求学生就课文内容和平日对总理的了解,谈自己对"周总理,我们的好总理"的"好"的新感受、新体会,要求言简意赅,可引用名言。学生经过思索,有的激动地说:"我们的好总理,'好'在横眉冷对千夫指,俯首甘为孺子牛。"有的引用杜甫咏怀诸葛亮的诗句说:"自古丞相擎天柱,而周总理是万古云霄一羽毛。"有的学生情不自禁地赞叹说:"总理文能治国,武能安邦,功高盖世,万古流芳。"从"好"这个词生发开去,学生不仅进一步理解这个十分普通的词所包含的极其丰富的内容,而且沉浸在赞颂总理伟大人格、高尚情操和不朽功绩的氛围之中,师生互受教育,思想升华,感情净化。

教师,须师爱荡漾

教育的事业是爱的事业,师爱超越亲子之爱、友人之爱,因为它蕴含了崇高的使命感和责任感。学生进中学、进师范学习虽则短短几年,在人生的长河中仅仅是一阵子,但这短短一阵子往往影响他们一辈子的生活道路。万丈高楼平地起,楼能不能盖高,关键在基础打得牢不牢,基础工作做得好,根扎得正,扎得牢固,学生就会一辈子受用不尽。再说,一个人没有第二个青春,国家把青春年少、风华正茂的学生交给我们教师培养,这意味着对教师极大的信任,我们如果不尽心、不尽力,岂不是浪费学生的青春?岂不是对国家、对人民大不敬?为此,我经常警诫自己,鞭策自己兢兢业业,考虑任何工作都不能忘记培养学生的大目标。

我体会到教师生涯中最大的事就是一心为学生。要做到这一点，确实有一个艰苦的感情锤炼的过程。记得70年代初期带学生下农村劳动，半夜里一位女同学突然发高烧，腿抽筋不能动，当时医疗条件差，交通极不便。为了使这位同学及时得到治疗，我和另一位女同学顶着初冬的寒风，背着生病的同学步行十几里到镇上医院治病。当时，我刚腹部动大手术不久，背了个人走那么多夜路，十分困难，刀疤疼痛，棉毛衫都湿透了。但是，学生得到了及时治疗，我打心底高兴。从这件事我领悟到：人有很大的忍受力，也有很大的潜力，只要真正把学生放在心上，就会有毅力，就会超越自我。做教师要能不断地勉励自己，改掉坏习惯。我非常爱清洁，怕脏。爱清洁是好事，怕脏就不行了，不清除脏，哪来的清洁？在教育学生的过程中，自己也得到锻炼，别说工农业劳动中不怕脏了，就是学生突然呕吐的脏物，也能心甘情愿地及时料理。我想，学生身上的事都是我教师的心上事，我乐此不疲，感到生命十分充实。

对学生的爱不是说在嘴上，写在纸上，而是要身体力行，用行动检验。我只有一个独生子，由于我先后患胃溃疡、肝炎等重病，孩子身体极坏，多次病危。我夜里陪夜，白天照常上班。谁没有亲子之爱？看到孩子被病魔折磨得痛苦万分，我多次想请假，但我教的学生面临高三毕业，怎能耽误他们呢？我不是医生，不会治病，我的岗位在学校。于是，我咬咬牙，坚持上班，不动声色。几十年来，我没有为家庭私事（包括母亲病故、婆母逝世）脱过一节课，请过一天假。这样做，我觉得心里很踏实，对得起学生。

爱学生，就是要为每个学生着想，教好每个学生。学生都是我们的后代,都要千方百计把他们培育成才。

我曾经教过不少调皮捣蛋的学生,其中有一个曾天真地对我说:"我妈妈说,我这个捣蛋鬼能考取你们学校,是额头戳到天花板,说我是学不好的,要被老师赶出来的。"说真的,这名学生文化基础确实差,习惯也不好。可是,就是这样的学生身上同样有很多优点。教师不可能代替学生成长,但必须有敏锐的眼光,善于发现学生身上闪光的东西,长善而救失。果然,后来他考取了大学。他来看我,说起成长中的一件件往事,师生同乐的情景难以言表。无数事实教育了我,使我深深懂得做教师的千万不能用一成不变的眼光来看待学生,每个学生都是"变数",在发展,在变化,教师对他们情深似海,加温到一定程度,他们会开窍,会飞快进步,茁壮成长。

当然,爱不是姑息,不是迁就,爱是严的孪生兄妹。没有规矩,不成方圆。办学校,培养人,都要有严格的要求、严格的管理。这个规矩就是党的教育方针,办学,育人,都要以此为准绳,而不是凭主观臆造。爱是严的基础。爱是对事业的忠诚,是对莘莘学子的无限期望,有了爱满天下的胸怀,严才会有效果。

教师的工作是平凡的、琐细的,年年月月,千件万件,但是把它们穿在"育人"这根线上,就心里明,手脚勤,忙得愉快,忙得其所。甘为红烛燃自身,甘为泥土育春花,这是我当教师的信条。

教师,须功底厚实

教育往往是滞后效益,分数难以衡量学生德智体发展的全部情况。为此，教师不能为分数所困扰，要着力培养学生的真本领。俗话说得好：打铁还需自身硬。要培养学生良好的思想道德素质和科学文化素质，教师就须具备真才实学。大学毕业文凭只说明学历水平，是否具备教师的资格，要看肯不肯下功夫在岗位上锻炼。"半亩方塘一鉴开，天光云影共徘徊。问渠那得清如许，为有源头活水来。"人的学习不可能一次完成，要做到"清如许"，就须坚持不懈地学。教师只有孜孜不倦地汲取知识，以涓涓清泉滋润心田，在教学中才能像流水一般进行灌溉。如果知识贫乏，孤陋寡闻，那就难以引导学生在知识的海洋中扬帆远航。

我是改行教语文的，功底不厚。教学时常感知识不成串，驾驭课堂常捉襟见肘，力不从心。教师主要耕耘的园地是课堂，课上得不理想，怎可能期望获得好收成？面对这种情况，我不断审视自己的教学业务，清醒地认识自己的不足，在两个方面持续不断地努力。一是打业务底子。由于先天不足，我不得不用比别人双倍乃至数倍的功夫学习。从语法、修辞、逻辑到中外文学史，到阅读一定数量的中外文学名著，挤时间学，天天明灯伴我过午夜。二是认真备课，一丝不苟。教材吃不透，学生情况若明若暗，其结果只能是"以其昏昏，使人昭昭"。为此，我给自己立了个规矩，绝不做照搬照抄教学参考资料的人，要独立思考，刻苦钻研，力求自己真懂。当然，"胸中有书，目中有人"确实不易，有时备一篇课文，推敲词句，查清时代背景，厘清作者思路需花费很多时间。为了备好一堂课，我常常花10个小时、20个小时，乃至更多，经过上百篇教材的钻研，我尝到了庖丁解牛的滋味。我总觉得别人分析教材写的资料，是别人潜心钻研所得，对我来说，总隔了一层，只有经过自己独立钻研，所得体会才是真切的。犹如不知名的小花，虽不名贵，但植根于土壤，有活泼的生命力。拿自己的真切体会指导学生学习，课堂上就能得心应手，左右逢源。

打功底要有股韧劲，以死求活。比如我原本教学用语不规范，一是有"呗"的口头禅，二是乱用"但是"。学生的俏皮话使我震动，我下决心要提高教学用语的质量。我把在课上要说的话写成详细的教案，然后自己修改，把可有可无的字、词、句删去，不合逻辑的地方改掉，用比较规范的书面语言改造不规范的口头语言，背出来，再口语化。教课以后，详写教后心得，对自己的课评头论足，找缺点，找不足，以激励自己不断改进。语文教师要带领学生学习规范的书面语言，如果自己的口头语言生动、活泼、优美，就能给学生以熏陶，大大提高学生学习的效果。为此，我一直以"出口成章，下笔成文"作为自己语文功底的奋斗目标，以学生上语文课"如坐春风"、知识有所积累、能力获得锻炼、智力得到发展、思想情操受到熏陶的综合效益为长期追求的境界，因为我是一名肩负育人重任的语文教师。

教师，须开拓创新

教育的事业是着眼于未来的事业，教育工作的性质与特点要求教师应具有相当程度的职业敏感，应跟随着时代奋力前进。我们正从事社会主义现代化建设，伟大的建设任务对教育提出新的要求。我作为一名教师，要学会认识时代的特征，关心国内外大事，善于接收来自各方面（尤其是教育、科学技术方面）的信息，使自己思考问题、从事教育实践具有时代气息。

我体会到，更新教育观念对正确而深刻地认识培养目标最为重要。教师做久了，常犯"三多三少"的毛病：眼前学生看得多，将来建设者的形象考虑得少；知识要求看得多，能力训练考虑得少；分数看得多，实际才干考虑得少。这种育人的观念与当今培养目标的要求相距甚远。许多活生生的事实给我深刻的教育，使我懂得了："育人"，不能一般地理解为培养学生，而是应把它放置在特定的历史条件和社会环境中认识。要教在今天，想到明天，以明日建设者的素质要求、德才要求指导今日的教育教学工作。世界是复杂的，对外开放后，先进的科学技术进来了，这是好事，但随之也带来形形色色资产阶级思想，如何增强学生的识别能力，增强抵制精神污染的能力，提高反"和平演变"的警觉性，教师就要深入思考，寻求教育的有效途径与方法。我们学校以"一身正气，为人师表"为座右铭，狠抓校风建设，坚持社会主义办学方向，就是基于这种认识。

教师要加强改革的意识。就拿教学方法来说，传统的做法对工作多年的教师来说，无疑是驾轻就熟，即使对年轻教师来说，也有相当的影响。传统教法中合理的精华不可丢，但重知识轻能力、烦琐的讲解、灌输各种各样现成的结论等做法显然不适应时代潮流，不能有效地对学生进行培养。因此，我花大气力进行变革。变革的核心是优化课堂结构，提高课堂教学效率，让学生真正做学习的主人，使课堂真正成为学生在教师指导下获取知识、训练能力、发展智力以及思想情操受到良好熏陶的场所。

改革创新要具有中国特色，走我们自己的路。既要博采众长，吸取精神养料，又要有主心骨，独立思考，不人云亦云。在我们教育这块沃土上，千万教师在耕耘，亿万学生在成长，好思想、好经验十分丰富，为了提高教学质量，为了使学校工作上台阶，我经常以其他教师为师，以兄弟学校为师，从他们成功的经验中得到启发，受到教育。他山之石，可以攻玉。借鉴一定要"以我为主"。学习外国，开阔视野，十分有益，但要着力在洋为中用。吃牛肉、喝牛奶目的在滋养身体，健壮体魄，而不在变成牛。即使是好学说、好经验，也不可照搬照抄，要拿来为我所用，要和我们自己的实际结合起来，创中国特色的东西，这样，才有生命力，才能有效地提高质量。因此，这些年来，我特别在"化"上下功夫，融百家之长，借鉴国外先进的教育教学理论，试着创自己教学的特色，在改革开放条件下探索办学的新路子。

  一个人的生命是有限的，而我们的事业是常青的。作为一名真正的教师，是用生命在歌唱，用生命在实践，为了我们辉煌的社会主义事业，为了我们可爱的学生，"请将你的脂膏，不息地流向人间，培出慰藉的花儿，结成快乐的果子"。假如我有第二次生命，我仍然毫不犹豫地选择教师这崇高而又神圣的职业，因为"给"永远比"拿"愉快。

"给"永远比"拿"愉快 *

我是一名超龄服役的老教师，站在领奖台上，既深感惭愧，又无比激动。惭愧的是自己实在做得太少，难以承受众多学生的信赖；激动的是党和人民对终身从事基础教育的教师如此器重。教师的事业确实是太阳底下最光辉的事业，我情不自禁地要倾诉心声，说几句心里话。

当了9年的校长，我梦寐以求的就是要把学校办成培养合格小学教师的摇篮，传播社会主义精神文明的场所，就是要争中国人的志气，以优异成绩显示在改革开放条件下社会主义学校教书育人的卓越功能与威力。师范教育在整个教育系统工程中是那么不起眼。一是数量不多，不是一支数以千万计的浩荡队伍；二是"产品"极其平凡，是造就普通而平凡的小学教师，难以形成显赫与辉煌。然而，就是这些未来的小学教师，今日的师范生，时时刻刻牵动着我的心。我把对他们的培养当作至高无上的大事业来抓。因为，今日师范生的质量就是明日小学教育的质量；因为，一名

---

* 本文系作者1994年在上海市中小学优秀校长表彰大会上的发言。

师范生毕业后工作35年至40年，要教数以千计乃至万计的小学生，他自身的素质与能力影响儿童一大片，辐射面极广。今日师范生的质量关系到明日民族素质的铸造，其战略意义虽不为别人所洞悉，但作为一校之长，挑这副重担心里总是诚惶诚恐，不能有半点疏忽和懈怠。否则，就有负国家的重托，有负千千万万家长的期望，对不起学生，对不起儿童。每一个家长都希望教自己孩子的是合格教师、优秀教师。这种希望是积极的、向上的，是振兴民族、提高民族素质的自发动力。我是培养师资的教师，能不为之动心动情，能不为之全力以赴办好学校吗？

小学需要优质的"产品"，家长需要优质的"产品"。可我们的"原料"，也就是生源，不理想，差距很大。我曾为此而苦恼，但很快就走出了困境，那是由于小平同志关于培养"四有"新人教导的指引。培养有理想、有道德、有文化、有纪律的新人，要真抓实干，基础好的青少年要培养，基础不理想的同样要培养，要更花力气。人不可能自然成才，总要靠培养。学生是有可塑性的，只要一心为学生，精心塑造，孜孜不倦，合格与优秀的目标是能实现的。当然，其中艰辛难以言表。如果说育人没有困难，那要我们当教师、当校长的干什么呢？为了挑起这极其光荣而又艰巨的任务，我们在以下方面做了努力。

一、以中华民族的正气铸全校师生的魂

社会上并不是所有的人都能做教师的，除了学科专业的教育才能外，教师要有教师的气质、教师的风骨、教师的魂。在商品经济大潮中，要维护学校教育的洁净，确保学生按德智体全面发

展的要求健康成长，铸师魂就十分重要。

教育质量说到底就是教师的质量。教师的一言一行都会对学生起作用，不是正面的，就是负面的，不可能是零。学生越小，教师的影响就越大，潜移默化，点点滴滴在心头。我做过多次的观察和调查，小学低年级学生心目中的老师简直是"圣人"，无所不知，无所不能，一句话比家长十句话还管用。因此，师范学校的师生特别要注意素质的培养、师魂的铸造。

我们以"一身正气，为人师表"为全校师生的座右铭。我们这个古老的民族历经内忧外患，而今自立于世界民族之林，以巨大的发展业绩使世人刮目相看，这是由于党的领导，由于一代代志士仁人继承和发扬了爱国主义精神。爱国主义是中华民族赖以生存发展、兴旺发达的精神支柱，民族气节是我们的民族魂。在几千年的风风雨雨中，我们民族历经挫折而不屈，屡遭坎坷而不回，披荆斩棘开辟道路，奋然前行。这种自强不息的奋斗精神和炽热的爱国精神构成了中华民族的浩然正气。教育代表未来，教师是未来的塑造者、先驱者，必须以这种精神、这种正气来塑造自己的灵魂。

为此，我们反复学习小平同志的教导，"要特别教育我们的下一代下两代，一定要树立共产主义的远大理想，一定不能让我们的青少年做资本主义腐朽思想的俘虏，那绝对不行"，以此来统一师生的认识，统一步调。反复讨论师范学校的培养目标，讨论社会主义的师范学校应具备怎样的形象，当代师范生追求的目标是什么。在学校弘扬社会主义道德风尚，排除社会上不良影响对师生的干扰，以改革开放的巨大成果和模范人物的先进思想、先进事迹教育师生，提供精神上的养料。师范生是明日的教师，一跨进师范学校，就要以教师的标准来严格要求自己。明日教师，今日做起，两代师表一起抓。学校有了向心力、凝聚力，良好的校风也逐渐形成。肩负着历史的使命和民族的希望，许多教师以"挖山不止"的愚公精神，刻苦钻研，勤奋教学，在学生心中撒播知识的种子，撒播做人的良种。

二、建设教师"希望工程"，满腔热忱地培养青年教师

9年前，我一接校长的工作，第一件想到的事就是青年教师的培养。几十年当教师正反两方面的经验教训，使我深深懂得一名优秀的教师能把智力一般的学生教聪明，而一名不合格的教师会把孩子教愚蠢，甚至会把人才扼杀在摇篮里。一所学校质量高不高，关键在有没有德才兼备的优秀教师，有多少名德才兼备的优秀教师。"山不在高，有仙则名；水不在深，有龙则灵。"教师质量高，社会对学校的信任度就高，学校就能出高质量的学生。因此，教师队伍建设是学校至关重要的大事。

学校师资队伍建设的突破口是抓青年教师的培养。学校教育教学的后劲寄托在青年教师身上，他们是学校的希望所在，是教师队伍的希望所在，对他们进行培养是教师队伍建设中的"希望工程"，须竭尽全力抓实抓好。自己是从青年时代走过来的，教课时的粗糙、懵懂，教育学生时的捉襟见肘，至今记忆犹新。每想到这些，对学生内疚的感情就会萦绕心头。我深切体会到学历水平不等于岗位水平，工作岗位上要磨炼，有人指点就能少走弯路，缩短成熟的路程。一流教育是由许许多多一流学校组成，一流学校又由许多一流教师组成，一流教师中应该有相当数量是从

青年教师中产生的。教育需要快出优秀青年教师，多出优秀青年教师，作为一校之长，挑起培养青年教师的重担义不容辞。

建设这项"希望工程"，首先要有"四心"，即真心、诚心、精心、耐心。青年教师是学校的宝贝，希望一颗颗教育新星从他们当中升起。不管你有没有意识到，学校的未来是他们的，学校未来的教育质量是由他们主宰的。作为年长的教师，要千方百计交好育人的接力棒。其次要明确培养青年教师的标准定位定在哪里。简单的"老带新"远不能适应现代的要求，不能以老教师的模式框青年教师的培养。老教师从思想作风、工作责任心到教育经验，有很多宝贵的财富，但由于时代的进步，又会显露出许多不足，比如我自己，创新意识不强，开拓能力差，科研能力弱，电脑不会操作，等等。青年教师往往给我很多启发。因此，青年教师的培养要定位在现代教师的标准上，应该是老教师教书育人的优良传统与现代意识、尤其是改革创新精神的最佳结合。再次是形成培养网络，充分发挥中老年教师的骨干作用，运用合力有计划、分层次地培养。最后是把思想好、业务精的青年教师推到教研组长、年级组长的岗位上摔打、锻炼。经过这些年的引导、帮助、培养，青年教师中出现了一批教育骨干和教学骨干的苗子，他们带的班级风气正，讲的课深受学生欢迎。近些年来，青年教师在上海市、华东六省一市以及全国教育教学比赛、教学论文比赛中获一等奖、二等奖及优秀奖的有26名，"希望工程"大有希望。

三、建立激励机制，优化教职工队伍，提高办学效益

师范学校没有升学率的外部压力，教育质量提高很大程度上

取决于教师自觉的内驱动力。因此，改革内部机制，建立激励机制尤为必要。

从 80 年代后期开始，学校通过教代会充分讨论，实行结构工资制，贯彻按劳分配原则，克服平均主义、论资排辈的倾向，使贡献大的、教育质量高的教师有较多的工资收入。根据教职工心理承受能力和以学校教学秩序稳定为前提，改革采取了小步走、不停步的办法，重新核定各学科工作量，抓目标管理，抓教学全过程管理，加强评估、测定，教与学双向反馈，双向评估，按工作的量和质核定结构工资额，让责任心强、教学业务能力强的教师工作量满负荷，优质优酬，多劳多得。通过结构工资，全员聘任，鼓励工作冒尖、业务冒尖，以适应五年制师范教育教学工作的需要，适应面向 21 世纪的需要。

学校人员不流动就会死水一潭，缺乏勃勃生机。求静态平衡，只能在一个平面上移动，出不了好质量。"出国热"及经济上的诱惑，必然有部分人员要转向。堵是堵不住的，只能在顺其自然中把握主动权。流水不腐，在流动中择优补充，优化队伍。在进进出出的过程中，分别不同对象采用多种方法做工作，解决了一二十年来遗留的一些老大难问题，基本卸下了历史的包袱，队伍的整体素质有所提高。

尽管师范学校课程门类多，技能技巧课程又有特定的训练要求，但通过一系列的改革，师生比提高，大大提高了办学效益。

学校管理是一门专门的学问，自己知之甚少甚浅。由于认识水平和能力水平所限，缺点、错误屡见不鲜。然而，我毫不气馁，全身心地投入。社会主义的信念给予我无穷的力量，将学生培养成跨世纪小学教师的中坚力量的高度历史使命感，鞭策我奋力前进，丝毫不敢懈怠。我深深懂得，作为一名真正的教师，是用生命在歌唱，用生命在实践。生命促进了常青的教育事业，促进了民族素质的培育，其价值、其意义难以用数据来衡量。我当了一辈子的教师，虽九死而不悔；假如我有第二次生命，我仍然毫不犹豫地选择教师这崇高而神圣的职业，因为"给"永远比"拿"愉快。

让生命与使命结伴同行 *

50年来，我一直追求的就是德、才、识、能全面素质的提高，而最为重要的就是人格的力量。几十年来我追求教师人格的力量，做了以下三方面工作。

自我认识

清醒地认识自己，是追求教师人格力量的前提。中国有句古话："人贵有自知之明。"因为认识自己很难，所以才可贵。我有两把尺子，一把尺子量别人的长处，一把尺子量自己的不足。我的教育教学经验说到底，都是学大家的，或者说是"偷"大家的。我每听一节课，包括听我徒弟的、听青年教师的课，都是张开我的感官，运用我的思维器官去学习，因为我信奉"博采众长"。一个人的智慧是有限的，大家的智慧才是无穷的。我听报告，跟人家谈话，总是要拿这把尺子量别人的长处。比如，在"文革"

---

* 本文发表于《中国小学语文教学论坛》2002年第2期，是作者2001年9月在"于漪教育思想暨从教50周年学术研讨会"上的发言。

前,我长期教高二、高三,粉碎"四人帮"之后,教了一届高中后,因为要培养青年骨干教师,我又带初中。我第一次听高润华老师的课,发觉她的学生在课上背古诗词背得那么熟,心中很震撼,心想我怎么就没想到呢。古诗词是我们中国优秀文化的精华,应该用它来哺育学生成长。因此我常常这样问自己:我怎么没有想到呢?我怎么没有想得那么深呢?我怎么就不懂呢?又如,我觉得教母语一定要与外国人教母语比较,但是我只停留在一些零零碎碎的、片断的比较上,比如中国人怎么学母语,外国人怎么学汉语,外国人怎么学他自己的母语,中国人怎么学外语。我想得很多,也做了一些零星的比较,不成系统,认识肤浅。有一次我看到洪宗礼先生主编的中外母语比较研究的洋洋大作,深感汗颜。他怎么就想得那么深、那么细?那是因为努力呀!还有把尺子,是量自己的不足。我自认为教课是认真的,课前认真备课,真有点像张志公先生讲的那样着了魔。我先拼命钻研教材、研究学生,然后把上课的每句话都背出来,再口语化。我洗衣服时思考,择菜时思考,乘车时也在思考,乘过站是常有的事。怎么讲,学生听得才舒服,学得才愉快?可每次上完课,我还是觉得这里不行、那里不行,都是不足和缺陷,于是我再写下"教后记",就是记下学生学习的闪光点,记下自己教学的不足。这样用两把尺子量,我就能清醒地认识自己。又如,有的应该属于常识问题,我长时间用错而不知。讲音乐,说"下里巴人"是通俗的、低级的,说"阳春白雪"是高级的、高雅的,可是有一次我读宋玉的《对楚王问》,才发现我理解得多么不精确。他说"客有歌于郢中者",唱到《下里》《巴人》的时候,"国中属而和者数千人",唱到《阳春》《白雪》时,"属而和者"不过数十人,而"引商刻羽,杂以流徵"的时候,"属而和者"不过数人而已。因此"阳春白雪"是次高级,我一直就认为它是最高级,可见自己知识很浅薄。在教课时,我一直告诫自己不能错,因为你一错,孩子就跟着错,有时会错一辈子。因为基础教育是伴随人终身的,它教的是知识的核,你错了,有的时候学生改不过来就错终生。由于自己的认识水平有限,自己的学识浅薄,往往只知其一不知其二,毛病很多。在长期的教学实践中,我深深体会到教师的字典里永远没有一个"够"字,说我已经够了、不错了,这是不可能的。教育是为未来培养人才,要跟着时代前进,怎么会够呢?正是由于这样,所以我横比竖比,量别人,量自己,越比越觉得自己有向前奔跑的动力。我觉得做老师,别人的教育是其次的,最重要的还是自己内在的动力。

自我挑战

我要追求人格的力量,就要不断自我挑战,这是形成人格力量的途径。德国教育家第斯多惠说:"教育者必须在他自身和自己的使命中找到真正的教育的最强烈的刺激。"这最强烈的刺激就是自我教育。故应把自我教育作为终身的任务。做了一辈子教师,一辈子学做教师,我能不能做一名合格的教师,就看我一辈子怎么努力学做教师。我一辈子学做教师有两根支柱:第一根支柱是勤于学习,第二根支柱是勇于实践。两根支柱的聚集点就是不断反思。教育事业,是非常丰富又是非常复杂的,现在做教师一定要有时代活水。有这样一个比喻:"给学生一杯水,教师要有一桶水。"我是不大同意这个比喻的,因为你这桶水是不是陈旧了，是否有污染，恐怕很值得研究。我们学过的东西随着时代的发展有些已经束之高阁，大量新的信息、新的知识要自己掌握，因此教师学习必须如长流水，教师一定要有丰富的智力生活，不断学习。"半亩方塘一鉴开，天光云影共徘徊。问渠那得清如许，为有源头活水来。"自己不天天学习、月月学习，哪里来的源头活水？

第一，学习。首先，重要的理论要反复学。重要的理论是精神支柱和精神食粮，要学懂。每次学小平同志的"三个面向"、江总书记的"三个代表"和"四个坚持"，我总是热血沸腾。我们的教育一定要面向世界，面向世界就一定要跟人家比，跟先进的、卓越的比，比民族的志气和民族的自尊。靠谁？靠每一个有志青年、每一个有志的教师和学生。其次，要紧扣业务深入学。有时我觉得对某些问题好像是懂了，其实不然，读了一些大学者、大专家的文章，才茅塞顿开。钱锺书先生学问博大精深，哪怕讲一个诗句也会使你感到别有洞天。他说苏东坡有一个写牡丹花的诗句"一朵妖红翠欲流"。牡丹是红的，怎么是"翠欲流"呢？这位学贯中西的学问家是这样分析的，他说，诗里用颜色的字好像用兵一样，虚虚实实、实实虚虚，红是实的，翠是虚的，虚实交映、红绿错综，就造成一种幻觉，这就是文字艺术的功力，文字艺术的巧妙比造型艺术还要强得多。我读后大为感叹。学问真是如海洋，我体会到教海无涯学为舟。作为基础教育的老师，学问不要求高深，但要求基础扎实广泛。最后，要开阔视野广泛学。我们那时学物理是牛顿，后来爱因斯坦做了挑战，而现在霍金又做了新的挑战。我想作为教师不仅要有人文知识，而且要有自然科学知识，否则就无发言权，就没办法与学生沟通。

　　第二，实践。教师每天耕耘是实践，在实践中我不断反思自己的不足。我记得教 1966 届高一时，有名学生在作文中写一个老头，他为刻意求工，想把这个人写得很形象，就用了一个比喻，说老人的胡子像牡丹花一样很美。比喻用得不当，讲评作文时我就把这件事说了，说用比喻一定要恰当。事隔几年，他已是名律师，他对我说："于老师，您这句话让我掉到冰窟里了。如果当时有地洞，我一定钻进去。"我怎么也没想到我不经意的一句话就这样挫伤了学生，这就成了我终生的遗憾。教育过去就过去了，难以弥补，不是衣服破了打个补丁。开始我在教语文时也认为语文是交际工具，就是培养学生的语言文字能力。但随着时代发展，我的认识就不一样了，我觉得自己的认识很肤浅，语言文字和思想、情感同时发生，它就是文化的组成部分。仓颉造字，"天雨粟，鬼夜哭"，从此人类社会进入文明，我怎么能只把它看作技能技巧呢？我就自我否定。语言文字里有民族的情结，我们中华几千年优秀文化的精华积淀在我们的语言文字中，因此它是民族文化的根，是我们民族的命根子。我不断反思，这样一个人文的学科，千万不能把它教成技能技巧，重术轻人。所以我教了一辈子，一辈子在反思。正如罗曼·罗兰所讲，这累累的创伤就"标志着前进的一步"。我确实是累累创伤，我随便打开自己的文章、教案，可以讲出很多不足和缺陷，但正是这些缺陷、不足，激励我向前奔跑。"思想升华，感情净化"，我追求这八个字，力求做到教师要有人格的力量。当然，自我挑战是一个很长的过程。

自我超越

做教师一定要与学生一起成长，这样才能成为学生的老师。因此，我要不断追求，自我超越，达到一个个新的境界。"欲穷千里目，更上一层楼"，每个阶段有每个阶段的目标。如开始做语文教师时，为了能在课堂上站下来，我追求八个字——"胸中有书，目中有人"，也就是教材要如出自己之口，如出自己之心。一定要研究学生，不研究学生怎么能教他们呢？我是育人啊，教学是为育人服务的，因此我追求这个境界，书要滚瓜烂熟，上课不看教材，都在肚子里。

第二步，我领悟到我是教语文的，带领学生要学习规范的语言文字，自己要做榜样，所以下决心锻炼自己的口头表达能力，力求出口成章，下笔成文。要学生写文章，你自己就要写。为了力争做到出口成章、下笔成文，我就用以死求活的笨办法，把上课的每句话写出来，然后修改再背出来，背出来再口语化。我每天上班要走一刻钟路才到车站，这一刻钟，每天脑子里都像过电影，怎么教学生能吸收，教学内容怎么开展，怎么让学生进入兴奋状态、掀起高潮，教完后再写教后记。教师的教学语言不是大白话，要有文化含量，要有相当大的词汇量，要有文化气质。学生既学规范的书面语言，又学教师规范的、生动的、流畅的语言，课堂教学效率就可能提高一倍。接着，我又追求激发学生兴趣，使学生乐学爱学。我觉得学生学习太苦，一天坐七八节课，我坐在那里也要累得够呛，教师要设身处地地为学生想。数学、物理等学科到了高中，逻辑思维很强，我想语文这人文学科能否让学生有点艺术享受，于是我追求教学中春风化雨、充满艺术享受。20世纪70年代末，我就考虑如何用知识含量高、能打开心扉的导语来调动学生的学习兴趣，因为兴趣是最好的老师，学生有兴趣，入了迷，就不以为苦、不以为累，爱学乐学。我对课堂教学节奏、讲和练的角度方式以及课结束应该怎样余音缭绕等做了一番研究。教课是很有趣、很有味道的，如果学生两节课上下来说"呀，怎么这么快就结束了"，我就开心了。如果把它记下来，应是师生共同创造的一篇优美的散文。

学生愿学乐学只是开始，而以学生为本，我还没有真正做到，于是在80年代，我拼命探索的是师生互动、综合效益。课堂里单打一对学生培养远远不够，一定要提高综合素质。我体会到语文教学是以语言文字能力的培养为核心，有机融合了德育和美育，三育一体，课就立体化了。立体化多功能，就是对人进行多方面培养，教学效率、教学质量能明显提高。在整个从教的过程中我原来只考虑一身正气，师风考虑得较多，这还不够，要带领学生学习，特别是现在这个时代，新信息如潮涌，因此学尤为重要，于是我又提出八个字——"师风可学，学风可师"，努力攀登。作为教师，身上要有正气，师风可学，以正压邪，同时学风也应该是学生的榜样，否则只是叫学生学，自己不学，不钻进去，就无发言权。所以要"师风可学，学风可师"。

我想就这样不断自我否定、自我超越，希望达到一个合格的教师境界。我所理解的"合格"的"格"不是用量化的指标来衡量的，而是国家的要求、人民的嘱托。国家把自己的希望交给我们，人民把自己的子女交给我们，这个"格"的要求是很高的。

所以我一辈子追求教师的人格力量，一辈子用两把尺子量，靠两个支柱支撑，聚焦在反思上，不断地自我否定、自我超越，力求做一名合格的基础教育的教师。那天到华东师范大学继续教育学院上课，遇到一名1951年的学生，离休干部，她叫我于漪老师，她说当初您是打着小辫子给我们上课的，现在一晃50年了。真是不堪回首话当年。一个人的生命是有限的，作为一名教师，把有限的生命融入常青的、伟大的、辉煌的教育事业中，对此我觉得是此生有幸。

学会追求,学会拒绝[*]

一辈子做教师,我有八个字的秘诀:"学会追求,学会拒绝"。

一、学会追求

对于教师来说,思想道德素质是十分重要的,所以我说教师要学会追求。

1. 教师需追求的素质

社会上不是任何人都可以做教师的,要做教师,有几点是必须明确的。

第一,选择了教师职业就是选择了高尚。社会上有各种各样的职业,而教师必须是思想高尚的人来做。教师为国家培养未来的人才,国家把自己的希望交付给了教师,教师的一言一行都会对孩子产生影响。

第二,做教师必须德才兼备。古人讲,什么人才能做教师,"智如泉源,行可以为表仪者,人师也"。教师的智慧像泉水一样涌出,

---

[*] 本文发表于《现代教学》2006年第9期。

教师的言行仪表可以作为别人的榜样。我们中国古人扬雄认为教师就是模范。欧洲各国认为教师就是榜样。教育就是以人格教育人，因此教师必须德才兼备。

第三，作为教师必须要有谦虚的品德，作为教师必须与时俱进。现在的教师与20世纪六七十年代的教师不一样，有很多学的东西，尤其是大学时学的东西几乎没用了。作为一名教师就必须不断学习，与时俱进。21世纪的学生，与我们那时候的学生完全不一样。教师对学生内心世界的了解十分重要。记得教20世纪80年代的学生，我要把足球队员的名字背出来，足球队员的站位、任务我要把它搞清楚，因为你要教学生，就必须和他们有共同语言。现在孩子喜欢什么？动漫、卡通，初中学生喜欢《还珠格格》、"超女"。那么高中学生心中的偶像是谁呢？是周杰伦。这个周杰伦起码可以吸引我们80%的高中生。你搞不清楚周杰伦唱的歌有什么好，但学生就是那么着迷。周杰伦一首歌可以使学生如痴如醉。你要教育他，就要进入他的心灵世界。我对学生讲，其他流行歌曲也很好，比如韩红唱的《青藏高原》，那种嘹亮、高亢的曲调多么好听。腾格尔唱的《我的家乡》，多么感染人。可学生就觉得周杰伦好。为什么呢？因为他唱的别人学不会。学生的标准就是别人学得会就不好，学不会的就好。周杰伦有些中文底子，又了解西方的摇滚，又会作曲，因此把中西方文化融合在一起，又唱又跳。这大概是他受欢迎的原因。做一名教师，谦虚十分重要，你不可能什么都知道，你要教现代学生，你必须要学习。德国教育家第斯多惠说："要使得你的工作富有勃勃生机，你就一定要找到生命最强烈的刺激——自我教育。"这个对教师来说太重要了。作为教师，只有不断学习新的东西，你的教育教学工作才有生机。

谦虚好学十分重要。因为一个人一旦志足意满，就会视而不见，听而不闻。我遇到过许多教师，其中有两位教师由于性格上的差异，一个就学得比较好，另一个认为自己很不错了，从二十几岁到五十几岁都差不多，他忘了一个教师终身学习是多么重要。如果不学习就没有新鲜的东西，课堂上就没有时代活水，又怎么能吸引学生呢？所以，作为教师，这三条十分重要。

2. 教师需要学习的榜样

我有很多学习的榜样。一个人成长一定要有榜样，20世纪60年代初，我们学雷锋，从校内学到校外，那时风气很好，夜不闭户，路不拾遗。现在孩子心中有榜样，是什么样的人？大多是偶像。我的一生将很多前辈作为榜样，我不断地和他们做比较，找身上的差距。比如鲁迅先生，他救国救民的思想，对青年、对莘莘学子的炽热之心，钻研学问的严谨态度，是我的榜样。又比如闻一多先生，他上课那种吸引力、辐射力，我一辈子都学不完。他在国立西南联合大学上课时，教室十分破烂，灯光非常昏暗，他教屈原《九歌》，说："黄昏时分，从四面八方辐辏而来的鼓声近了，更近了，十分近了；神光照得天边透亮，满坛香烟缭绕……"破烂的教室里坐着的学生分不清课堂上讲课的是闻一多，还是两千多年前的屈原大夫。两千多年前的屈原大夫，由于闻一多的创造性教学活在了现代人的心里。因此我想教学就要有这样的魅力，它就像磁石吸铁一样，把学生牢牢吸引住。我脑子里不断有这些前辈的榜样，经常拿来比一比，自己就进步了，这是我做教师一辈子的追求。

3. 教师需有精神上的追求

作为教师,在当今时代非常不容易,现在外面的世界太精彩,对我们的诱惑很大,对孩子们的诱惑也很大。一个人总是要有追求的,作为一名教师,他今生的追求非常重要,为什么?第一,教育的本质——培养人,中国人的教育本质就是培养有中国心的人,有中国心的现代文明人。用古希腊柏拉图在《理想国》中说的话讲就是"把人从洞穴里引出来,把灵魂向上牵引"。这就是提升人的精神世界,达到真实的境界,知识与能力是攀登精神世界的阶梯。我们从事的事业是精神世界的事业,精神世界讲的是真善美,"四书""五经"里有很多这样的话。打开《大学》,第一句话就是:"大学之道,在明明德,在亲民,在止于至善。"陶行知"千教万教,教人求真"。这一点如忽略了,人的精神世界就会变异。人的内心世界非常重要,人不能自然成才,要靠培养,而在学校教育、家庭教育、社会教育中,学校教育应该是最主流的、最重要的、最健康的。

4. 教师需追求立体的教学

作为教师要清醒地认识自己。人往往以己之长比人之短,这是很容易的,特别是现代思想进来了,特别是美国的个人主义思潮,样样都说自己的好,说自己的好要有信心。自信心能够使自己更出类拔萃,但是自信心并不等于自我感觉良好,如果什么时候都自我感觉良好,就会故步自封。要清醒地认识自己,我觉得这一点是非常重要的。现在的知识比过去多很多,因此我提出了教学要立体化,课要多功能。相同的时间,特定的空间,教学效果大相径庭，孩子学到的东西不一样，受益也完全不同。为什么课是立体的？任何一篇文章都有文字训练的功能，因为文字本身也是文化。如《岳阳楼记》中的"先天下之忧而忧，后天下之乐而乐"，我们教这篇课文，并不只是认识这几个字，教句子的同时，思想就进入孩子的心里。登岳阳楼的诗人可能有很多，为什么范仲淹的文章就流传千古？因为他"不以物喜，不以己悲"。孟子的"与民同乐"就很了不起了，而范仲淹是"先天下之忧而忧，后天下之乐而乐"，超越了他同时代人的精神境界，因此就变成了民族精神的精华，流传千古。在教这个语句时，这个思想就要教下去，这不就是教育功能吗？

我们课文中有些国外的东西也有认识功能。学了《瑞恩的井》，感受了孩子的善良，这篇课文就有了审美的功能。一节课是线性的还是立体的，对孩子的教育是不一样的，孩子要多方面地接受教育。上海市"二期课改"提出了立体的三个维度：一个是知识与技能，一个是过程与方法，还有一个是情感态度与价值观。其实，20世纪90年代，我们就提出要学习小学语文的课改，要让中学教师听听小学教师是怎样上课的，空的虚的都没有了，它很实在。而当时的《一课一练》这些教辅材料铺天盖地，已经把我们的语文教材"碎尸万段"了，这个看一个手指头，那个看一个脚指头，那不叫语文，而叫肢解。

5. 教师应追求完美，不断完善自己

不断追求，归根结底是为了我们的孩子，从事孩子的教育事业是功德无量的事。一个孩子遇到一名好教师，他一辈子得益；遇到一名不合格的教师，他就倒霉了。我记得那个时候，"五讲四美"要做报告，上海我也分到一讲。当时，孙道临老师和我做一期讲座。尽管他是一位著名表演艺术家，但遇到吃不准的字，他还是认真查字典，我想正因为孙道临老师这样严谨的作风才使他成为一位表演艺术家。作为一名教师就要这样追求完美，不断克服自己的不足，不断向"污点"进攻。学会追求是为了孩子，他的学习根基越深厚越广泛，发展就越好，所以，基础教育十分重要。我真是佩服小学一年级的语文教师，我就教不来。适合的才是最好的，讲得高深不一定好，讲得对了，学生有兴趣了，他学会了，这就是最好的。

6. 语文教师需追求全能

语文教师要是全能专家。要做到全能就要学会找突破口。一个大目标是做一名合格的教师，在朝着大目标努力的过程中，要找准小目标，找准突破口，不断进步，要做到八个字：胸中有书，目中有人。胸中一定要有书，教材一定要烂熟于心，就好像是你写的，如出自己之口，如出自己之手。这样的话，你教书就能够左右逢源，否则学生问个问题，你可能就不知道了。备课要有突破，要有鲜明的个性，条条大路通罗马，殊途同归，教师要发挥自己的优势。另外，作为一名语文教师，用语要规范、丰富、生动。口头语言对学生的影响也很大，不要有口头禅。

二、学会拒绝

1. 教师应拒绝诱惑

人的一辈子会碰到很多挫折、很多诱惑，有精神的，有物质的。我做过师范学校校长，我做校长只抓两样东西。一抓校风，校风是凝聚人心的，是道德层面的而不是法规，道德是需要提倡的。二抓教师培养，抓年轻教师培养，有教师才有学生，校长要依靠教师。

我这人最大的优点就是爱学生，看着孩子们渐渐长大、懂事，就觉得没有白活，自己的心血没有白费，非常快乐。我从校长的位置上退下来后没有闲着，我审教材，从小学到高中，上百条建议没有马虎过，我累死了，每天晚上到11点多睡觉，我都77岁了。人不可能同时做好几件事，一个人的能力是有限的，时间是有限的，因此要学会拒绝乱七八糟的诱惑。

2. 教师应拒绝跟风

英语从来没有像现在这样疯狂过，我认为有些地方搞双语教学是用来赚钱的。哪一个民族母语能用外语来教学？是非不分。但现在到处刮双语风，我们要明辨风向，拒绝不合理的。上海市"二期课改"，理念从整体上讲是不错的，因为上海市"二期课改"总的指导思想是马克思主义哲学，培养全面发展的人，以人为本，这是很大的进步。因为我们长期以来是以知识为本，以知识体系为本，如今追求以人为本，那就是个进步。我们提倡以人为本，因材施教。那么怎样才是以人为本，因材施教？有的人语言智能比较好，有的人文字智能比较好，有的人形体智能比较好，每个孩子发展都不一样，我们应对他们进行多元评价。但多元评价并不是把标准去掉，而应该有一定衡量标准，不能对学生产生误导。教知识是不允许有丝毫差错的，你作为教师不规范，学生可能就一辈子不规范。

感悟、诵读，自古就有，东方文化本来就是整体的，西方文化是讲究科学分析的。现在有些东西跟我们以前讲的整体感悟有所不同，我们没有把这些东西从教育哲学上弄清楚，因此，就会把有些东西无限扩大，整个课堂就是讨论、讨论，教师没有发挥自己的作用。课堂需要教师的引导，名师出高徒，教学手段要趋利避害，不一定都要用多媒体。对这些东西，教师要有自己的看法，学会拒绝。现在教育领域各种口号很多，各种风刮得也很大，这个时候我们更需要优秀教师，需要独立自主思考，不要一窝蜂。任何发展都要实事求是，从上海的教育实际出发。

学会追求，学会拒绝，是教师提高教育的有效性和可行性的真谛。

师德·责任·与时俱进*

上海市教育委员会领导嘱我对市全体在职特级教师谈自己的成长经历,我深感惶恐与惭愧。我已是一名退休的教师,能有机会与在职的特级教师进行交流,光荣感、幸福感油然而生。

下面谈两点认识与做法,恳请批评指正。

一、意外的惊喜,清醒的定位

1978年,在全国教育工作会议上,邓小平同志提出:"要采取适当的措施,鼓励人们终身从事教育事业。特别优秀的教师,可以定为特级教师。"根据邓小平同志的讲话,当时的教育部、国家计划委员会制定颁发了《关于评选特级教师的暂行规定》,在全国开始了评选特级教师的工作。

最早只在报纸上看到北京评出了小学特级教师的喜讯,人数少之又少,万里挑一,那是很神圣的事,从未与自己联系起来。

一天,突然接到区委办公室通知,说区委书记要来我校,接

---

* 本文是作者2006年12月在上海市全体在职特级教师大会上的发言。

我去市政府大礼堂开会，说我评上特级教师了，要参加颁发证书的仪式。那时没有自己申报特级教师的手续，尽管开过不少座谈会，听过不少课，但我全然无知，上面保密工作做得好。如此大的荣誉意外地落在自己的头上，我又惊又喜，兴奋不已。当时颁证的场景历历在目。兴奋的同时，不得不冷静思考：凭什么天上掉下这么大的馅饼给我，对我特别青睐？中学各学科教师共评8名，其中7名来自市重点的名校，唯独我从教的学校是区重点，名不见经传。被评上，有相当的偶然性，相当程度是机遇。

我简单地分析了原因，可能是自己所带的77届年级组，所教的班级在1977年恢复高考中取得很好的成绩，年级组团队被评上市先进单位；可能是"文革"后电视首次直播语文课上课情况，我应当时需要，上了高尔基的《海燕》，受到好评；也可能因为"文革"前积极投入教学改革，上了很多公开课；也可能因为"文革"中尽管挨斗，没有趴下，把一个个乱班带好。但这些都是稀松平常的事，是一名教师应尽的责任。其实，课教得好的教师很多，有学问的老教师也很多，我不过是有了上公开课的机遇，有了上现场直播课的机遇罢了。世界上没有绝对公平的事，评上的不一定是最好的，最好的也不一定能评上，其中有种种的偶然。我想，既然好运降临到我身上，我就不能让荣誉蒙上灰尘，一定要让偶然性为必然性开辟道路，加倍努力，真正起特级教师应起的作用。

特级教师在德、才、识、能诸方面有全面要求，要成为"师德表率、育人模范、教学专家"，是教师队伍中的佼佼者，一定要起榜样作用、引领作用，不辜负组织的培养，学生、家长、社会的期望。而今迈步从头越，一切从零开始，边干边学，边学边干。面对落在自己头上的天大的恩泽，我下了这样的决心。

二、追求卓越，孜孜不倦地缩短"实"与"名"的差距，向名副其实的目标奋然前行

用一句话说：近30年的辛苦不寻常，夙兴夜寐，孜孜矻矻，走了一条老老实实学做特级教师的路。其中艰辛一言难尽，有四个问题一直叩问我的灵魂，迫我深入思考，认真对待，以实际行动毫不含糊地回答。

1. 压力

我还是我，就是那点水平，可是冠以"特级教师"以后，别人对我的要求一下子高了起来，高很多很多。一切教育行为、一切思想言行都在众目睽睽之下，似乎你什么都应该懂，什么都应该做得十全十美。一下子怎么做得到呢？因而，压力极大。

面对压力，要么被压垮，要么变压力为动力，坚强地挺立起来，其他别无选择。德国教育家第斯多惠说得好，一名教师要使自己的教育工作勃勃有生机，必须找到自身最强烈的刺激，那就是自我教育。清醒地看到自己工作中的不足、缺点，一点一点改正、提升，每做一件事，都要有长进，力求做得好些，更好些，更完美些。自己鞭策自己，挑战自己。有了自我教育的内驱动力，就会精神振奋地往前奔。与此同时，学习至圣先贤的教导，从中国优秀传统文化中汲取精神养料，汲取力量。《周易》中说："天行健，君子以自强不息。"人就要像苍天、像日月星辰一样刚健运行，自强自立，奋勇拼搏，毫不懈怠。三十而立，四十而不惑，四十多岁的人不能再稀里糊涂，应建立清晰的内心价值系统，把社会给予的压力变为一种生命张力，心志奋发，态度从容，以敞亮的胸怀、无限的热忱迎接来自各方面的挑战。

比如，立刻要出版教学成果的书，经验录、教案选。实在腾不出手来，我就采用讲的办法，每周六讲半天，《上海教育》两位记者把录音整理成文。书出版，我不想冠以自己的名字，起了个《中学语文教学探索》的名字。对我来说，也是梳理思想，梳理教学经验，提高认识。两位记者听了许多课，开了一些座谈会，与我讲的内容找到对应，找到结合点。至于教案，"文革"中已被烧毁，因为"知识越多越反动"，作为罪证被烧了，只好从现在的备课笔记中选出付印。

又比如，每一节课都有同行听课，有的师范大学教授拎了录音机来听，听后整理成实录发表。听课少则二三十人，多则几百人，压力极大。课教完，还要解说，还要介绍。为了对得起学生，对得起远道而来的教师，我不敢懈怠，备课全身心投入，天天明灯伴我过半夜，前后上了近2000节公开课，阅读、写作、作文批改等都在同行的监督与促进之下，形成了严谨、一丝不苟的好习惯。

再比如，全国语文报刊约写文章，有些几乎是"命题作文"，而且要"立等可取"，这就逼得自己勤思考、勤动笔，锻炼了运用语言文字表情达意的能力。其他如经常录课，审教学大纲、教材，社会兼职多，会议又多，忙得真是不亦乐乎。诸多事情，诸多活动，包括上课、录像，我都看作难得的学习机会、锻炼机会。我总认为人的视觉有两种功能。向外，拓展世界。有机会学习，参加活动，就是拓展世界、增长见识。向内，发现内心。"吾日三省吾身"，检查自己的动力、动机、行动，始终有个永不满足、奋勇向前的好心情。

2. 辐射

"一花独放不是春，百花齐放春满园。"

特级教师应是有行动能力、有人格魅力的人，既有理想主义的天空，又有现实主义的大地，心中燃烧着热爱教育事业、热爱学生的圣火，这种炽热要辐射，要带动队伍共同前进。

要做到这一点，我努力克服思想上的障碍：自己那么多事情根本来不及做，书来不及读，哪来那么多精力？其实这种想法是愚蠢的表现。"一花独放不是春"，更何况自己不是什么名贵的花，顶多算是草花一小朵，教育园地要繁花似锦、万紫千红，才能春色满园。教师是个体脑力劳动者，个体质量很重要，但又是群体效益，须有良好的团队精神，二者完美的结合，队伍建设才有好质量。因此，每名成员都应为队伍建设出力，更何况特级教师！

为此，我悉心培养青年教师，采用师带徒的方法。本校的、外校的，本区的、外区的，大学毕业生当助教，脱产住我校跟班学一年，这些年轻教师除了听课，每周我还得做专题讲座，还得听他们的课，课后讲评。

我悉心带教研组，从备课、听课到参加区里、市里的教学竞赛，到作文批改、考试命题，无不交流、研讨、指导，全方位，全天候。看到他们一个个成长，教学竞赛获奖，心里比吃了蜜还要甜。

全国各地的教师，特别是青年教师，凡在语文业务上要探讨的，要推荐文章的，乃至出书写序的，我都尽力而为，有求必应。

对个别教师文风不正的，我也真诚地指出。任职校长期间，我的主要精力放在培养青年教师上面。青年教师是教育的未来、教育的希望，在师德、师能，在专业水平方面着力培养，成立学校专门培养的组织，落实措施，一步一个脚印，在学校营造青年教师健康成长的良好氛围和空间。比如听课后的评课，就不是简单地判别这节课的是非得失，而是从理论和实践结合的高度探讨学科教育观、学生观、质量观，探讨教学的规律。听一节课，至少用两三节课时间评论，畅所欲言，集思广益，共同提高。抓科研能力培养也是如此，舍得花时间，花精力，力求有实效，而不是走过场，搞形式。

我之所以在扎扎实实、坚持不懈上下功夫，是因为从思想上解决了两个问题。

（1）为我，还是为学生？

为自己就觉得不合算，得不偿失。为学生就觉得忙得应该，忙得其所。一名青年教师在岗位上获得良好的培养，就可成长、成熟，成为优秀教师；而一名优秀教师就能恩泽许多学生，乃至使他们受益终身。我这名教师生命中最大的事就是一心为学生，因而培养青年教师与培养学生一样，是我应尽的天职。

（2）付出，还是提升？

送人玫瑰，手有余香。看起来付出的是时间和精力，实质上是互相学习，互相促进。学习使我了解了许多信息、许多知识，学习到别人教学中的许多优点和教育智慧，思维受到启迪，视野大大开阔，自己得到了提升。当一名教师付出的劳动对同行有些作用时，觉得有天地之气凝聚在心中，心灵得到安慰，深感无穷的快乐和幸福。

3. 诱惑

人生活在社会上，总是会碰到各种各样的诱惑，如何对待，确实是叩问灵魂的事。

为教育经费、为教师待遇和地位，我在市人代会、市人大常委会等多种场合，不遗余力地呼唤、呐喊，但对物质生活总严于律己，不敢有丝毫松懈。教师是人中的模范，要有清醒的头脑、坚定的意志，不为物质生活所累，才能保持心境的纯正与安宁，做好育人的工作。

我也是食人间烟火的人，有些事情对我也有不小的诱惑，我也左想右想，最后才做了正确的选择。比如20世纪80年代中期，金山石化二中需要校长，想在质量上打翻身仗。石化二中当时是上海师范大学与石化总厂联办的。为此，上师大校长和石化总厂党委书记多次来我家，希望我兼任校长，并许诺一周只要去两三天，配一部车子和一套住房。这对我不是没有诱惑，我一直住在爱人分到的房子里，局促得很。但我是上海市第二师范学校的校长，一所被"文革"破坏得千疮百孔的学校，好不容易才由乱而治，若不全力以赴，又怎能带出队伍，全面提高质量？人的精力是有限的，必须专心致志，才能做好工作，为此，我一再婉言谢绝。又比如，市人大常委会领导关心我的身体，一再找我谈，希望我脱离工作岗位做人大专职委员，从事教科文卫工作。这种关怀我由衷感激，但我想到特级教师的基本条件是终身从教，再说从感情上，我实在舍不得我的学生和教师，因此，我也婉言辞谢了。将要从校长岗位退下来时，高价校长的诱惑也不断向我袭来。

20世纪90年代初有集团创办民办学校，用20万年薪请我当校长，90年代中期，用60万年薪请我当某个规模宏大的民办学校校长，我都毫不犹豫地谢绝了。至于高价到全国巡回上课，不是我架子大，而是我不愿做知识贩卖者，人和金钱之间一旦画上等号，人格也就扫地了。

对待这些问题，须有个总的看法、总的感情。20世纪西方哲学界的有识之士一直忧心忡忡的是人的异化、物化，是科技进步、道德沦丧。莱辛说：现在出现了高学历的野蛮人。其实《礼记·乐记》里早就深刻指出："夫物之感人无穷，而人之好恶无节，则是物至而人化物也。人化物也者，灭天理而穷人欲者也，于是有悖逆诈伪之心，有淫泆作乱之事。"

人总是有物欲的，因为要生存、要发展。但君子爱财要取之有道，追求的目标是人格的完美。印度的泰戈尔曾说，鸟的翅膀一旦系上黄金，就永远也不能飞腾起来。人之所以为人，是因为有精神世界，有精神支撑。读书求知为什么？为明理，为明做人之理，明报效国家之理。教师是教圣贤书的人，当然，应是做人的表率。

特级教师代表教师群体形象，不能因个人不当行为影响教师整体。负面影响总是不胫而走的。极少数不体面的家教损害教师的形象，降低教师威信，使教师的社会认可度下降，这是令人痛心的。

4. 超越

教师身上要有时代年轮，要努力学习，不断提升认识，开阔视野，跟随着时代奋勇前进。

教师专业也要不断发展，才有生存的空间。专业不向前发展，知识结构不适应时代需求、教育需求，生存空间就越来越小，发言权就越来越少。

教育的特点是前瞻性和滞后效应的结合，教师要有超前意识，又要脚踏实地耕耘，要教在今天，想到明天，以明日建设者的需求衡量、指导今日的教育教学工作。教师要学会站在教育战略的制高点上思考一些问题，以做到心明眼亮；更要不断地挑战自我，超越自我，追求教育的高尚的理想境界。

比如课堂教学，根据课程目标和自己的实际情况，不断制定努力的小目标，一个一个台阶上，一步一步攀登。第一步，做到"胸中有书，目中有人"。教材要烂熟于心，如出自己之口，如出自己之心，决不搞参考资料搬家，人云亦云。目中有学生，对学生经常、深入、全面地了解，知心才能教心，才能有的放矢。我花了好几年工夫，基本做到了这一点，上课心里才踏实，有时也会出现一语中的、左右逢源的好气象。第二步，狠抓自己教学语言的修正、锤炼。教学语言无吸引力、感染力、无文化含量是无法吸引学生并取得良好的教学效果的。我是教语文的，在使用语言文字方面应给学生做榜样，于是我提出了出口成章、下笔成文的小目标，在语言的规范、生动、鲜明上下功夫。我用以死求活的方法，教学写详案，每一句话都写下来，再通篇修改，再口语化，用比较规范的书面语言改造不规范的口头语言，去除语言中的语病、杂质。花了两年多的功夫，提高了口头与书面表达能力，基本做到了说话、写文章不打草稿。第三步，研究课堂教学的节奏与容量，怎样的教学节奏与教学内容的分量，学生最易接受，最能满足心理需要，而不打疲劳战。第四步，研究课堂教学的多功能与立体化，发挥学科教学的实用功能、发展功能、审美功能，以学科智育为核心，融合德育、美育，使教书育人落到实处，改变只是传授知识的线性思维。研究如何调动每个学生的学习积极性，组织到教学的情境之中，把传统的教学结构的直线往复转换成网络式的辐射型。教师的教作用于每个学生，每个学生的学反馈到教师，师生之间交流、促进。学生全神贯注后，总有几个人能超水平发挥，他们的认识、理解辐射到其他学生身上，能者为师，水涨船高，推动教学向深处开掘，往广处开拓。小目标一个个攀登，不断超越自己，修正或否定原先自己不合时代前进步伐的想法和做法。

在学科教学发展的重要时刻，出于教师的良心，出于对学生的热爱，出于对祖国的忠诚，我总是直言不讳地提出自己的看法。比如20世纪70年代末提出的"水到渠成"问题，认为语文教学只要注意思想教育质量就下降，只能是"水到渠成"。我是不同意的。教育是有计划、有目的地培养人，哪有什么听其自然。于是我写了《既教文，又教人》的文章，发表在语文刊物上，得到了大家的认可。又如80年代，乃至前几年，有人提出语文初中三年过关。对此我不同意。语文能力、语文素养和认识水平、学习经历、生活经历、文化底蕴等密切相关，初中娃娃和高中学生就有很大区别，思维能力、理解能力很不一样，学语文怎可能过关？除非把语文只看作识几个字、写几篇短文，是日常生活中生存的实用工具。教育教学是有其规律的，不以人的主观意志为转移的，正如春季过了立即是秋季，办不到。民族语言文字是民族文化的根，语文是学好各门功课的基础，会陪伴人的一辈子。基础打不好，会碰到种种困难。现在学生语文能力下降，错别字屡见不鲜，言不及义，已成不争的事实，令人焦心。其实，何止是学生？媒体、社会方方面面都有语文水平不合要求的问题。再如关于语文学科的性质、特点问题，针对教学中的弊端，我写了《弘扬人文　改革弊端》一文，剖析了语文的学科性质，工具性与人文性的关系。新世纪全国进行课程改革，在制定的语文课程标准中写入"工具性与人文性的统一，是语文课程的基本特点"，这一观点得到越来越多的语文教师的认同，我十分高兴。

　　总之，作为一名特级教师，肩负育人重任，必须与时俱进。日本哲人池田大作曾说，人生一辈子都是建设，没有建设的人生是失败的人生。几十年的教学生涯让我深深懂得，对自己应做的事，要燃烧起满腔热情。对现在应当做的事不全力以赴的人，没有资格谈未来。只有切实地站稳脚跟，才会有接着的大飞跃。

　　满腔热情，全力以赴，站稳脚跟，争取飞跃，愿与老师们共勉。

教师的使命[*]

选择教师，就选择了高尚。汉代韩婴在《韩诗外传》中说得好："智如泉源，行可以为表仪者，人师也。"教师德才兼备，人格高尚、完美，对学生才会有感染力、辐射力，教育效果才会良好。我做了一辈子教师，数十年如一日，在教育征程中努力跋涉，不敢有丝毫懈怠。做了一辈子教师，在教学第一线摸爬滚打，虽有些微经验，但更多的是遗憾与教训，体会最深的，如果用一句话来概括，那就是：一辈子学做教师，让生命与使命结伴同行。

一、精神追求与专业诉求

古希腊哲人柏拉图在《理想国》中借苏格拉底之口，通过"洞穴中的囚徒"这个著名的隐喻，阐明教育是把人、把人的灵魂和精神引向真理世界，从黑暗引向光明。教育事业是引领学生追求真善美的事业，教师清醒地认识到这一点，精神追求才有方向，教学的诸多思考、诸多做法才有根有魂，才不会堕入虚幻浮夸的泥淖。

---

[*] 本文发表于《全球教育展望》2008年第4期。

（一）语文教育的独特性

语文是一门最具有民族性的学科，任何其他国家的语言模式均不可照搬照抄，它具有地地道道的中国特色，其教与学的规律非我们自己在川流不息的语言长河里探索不可。

语文教育有其独特性。汉语特别具有灵性，它是具象的、灵活的、富有弹性的，创造的空间特别大。汉字是平面型的方块字，由形、音、义构成。"形"是关键，笔画在二维平面里多向展开，笔画种类多，组合样式丰富，字的结构复杂，数量繁多。汉语组词灵活，词法句法没有多少强制的规矩，教学中更要注意约定俗成，更要注意规范。汉语的文化性特别强，具有深厚的文化底蕴，具有很强的熏陶感染作用。为此，我追求的不仅是自己要具有一定程度的汉字文化，具有理解与运用语言文字的能力，而且要激发学生热爱祖国语言文字的感情，在培养学生语文能力的同时，把民族情结、民族文化和民族精神撒播到学生心中，打好做人的基础。

早在 20 世纪 60 年代，语文教学就有文道之争。当时自己很幼稚，说不出多少道理，总觉得各执一词，有失偏颇，二者并非完全对立，可融合起来。"文革"以后，逐步清除了"左"的思想路线对语文教学的干扰与破坏，还语文学科以本来面目，明确了语文学科是中学课程建设中的"基础中的基础"，这就挽救了语文学科的生命。作为对"文革"期间语文课上成政治课的一种否定，20 世纪 70 年代后期语文教育十分强调工具性，甚至有些纯工具论的倾向，当时我写了《既教文，又教人》，对"水到渠成"的看法谈了自己的观点，认为片面地强调工具性，不利于全面地、比较完美地实现语文教育目标。较长时间以来，语文教学的道路曲曲折折，在工具性与思想性之间摇摇摆摆，常因政治气候的变化而变化。尽管到20世纪70年代末80年代初，多数人认为，任何一篇课文都是思想内容和语言形式的统一体，思想性是语文的固有属性，它蕴含在语文教材里，贯串于语文训练中。但语文的本质属性、基本特点必须探讨得更清楚一点，更清楚、更清醒，也就更接近真理。教学中如能较好地把握学科的本质特征，学生就能多受益。

　　语文学科具有工具性，这不言而喻。语言的本质属性确实是工具性。所谓语言是文化的载体，载体者，也就是工具的意思。这个观点马克思主义经典著作早就阐述清楚了。"语言是人类最重要的交际工具"（《论民族自决权》），是列宁说的。"语言是思想的直接现实"，"语言和意识具有同样长久的历史；语言是一种实际的，既为别人存在并仅仅因此也为自己存在的、现实的意识。语言也和意识一样，只是由于需要，由于和他人迫切交往的需要才产生的"（《德意志意识形态》），这是马克思和恩格斯说的。我以为，语言又是具有物质基础的。意识（精神）注定要受物质的"纠缠"。物质在这里（在有关意识的关系上）表现为振动的空气、声音，简言之，就是语言。思想是通过语言表达的，因而"语言是思想的直接现实"。语言是工具，然而又不是一般的工具，是一种与锄头、榔头等不一样的工具。语言和人是俱在的。语言不是独立于人而存在的一种工具，而是人类，也只有人类自身才能拥有的工具。语言这一工具与其装载的文化、思想不可分割，语言不能凭空存在。"语言是思维的外壳"，"外壳"与"内核"是不可分离的一个整体。

20世纪80年代，世界人文科学的一次最大的革新就是语言科学的突破；语言不再是单纯的载体，反之，语言是意识、思维、心灵、情感、人格的形成者。由此，我反思道："思想性"的提法对语文教学而言有局限，它不能涵盖语文学科的丰富多彩。语文学科许多内容除了具有思想性，更具有道德的、情操的、审美的特征。语言绝不是没有感情的符号，它蕴含着民族文化的感情。语文不能只理解为语言文字、语言文学，还应理解为语言文化。割裂语言和文化的教育倾向与当今世界语言教育的发展趋向背道而驰。此时，我的脑海里升起了"人文性"的想法，它的涵盖要比"思想性"丰厚得多，也更接近语文的本质。

有这些想法主要源于：（1）读了有关语言学、文化语言学及人文科学等方面的书，打开了认识语文的另一个视角；（2）语文教育现状令人焦心。为了应试，一套套肢解文章的练习题汇成海，学生在题海中浮沉，不堪其苦，但学生的读写能力仍然上不去，学生在知、情、意方面有多少收获要打个问号。看似是教学方法问题，实质上是错误的语文教育性质观在起作用。

教学行为受教育观念支配。在语文教育观念体系中最为核心的是性质观，它统率语文教育的全局，决定语文教育的发展方向，由此而引发出目的观、功能观、承传观、教材观、质量观、测评观等一系列观念。我之所以不懈追求，寻寻觅觅，是想接近真实，让学生在语文学科学习中，既感受到祖国语言文字的魅力，学到语文的真本领，又受到语文内容中真、善、美的熏陶，健康成长。

（二）语文教师的文化底蕴

语文教师心中要有点汉字文化、经典文化和人类进步文化。汉字符号表达性能的复杂、感性信息的丰富，绝非西方拼音文字符号所可比。"视而可识"使得文字的象形部分栩栩如生，跃然纸上；"察而见意"更是充满了想象力、象征性的丰富。汉字笔画多样，结构复杂，音义错综，字又多，难学；但又有易学的一面。掌握了基本笔画和常用构件，写起来就不难。且不说象形、会意，仅数量众多的形声字，记住形符和声符，就会触类旁通，记住一批字。汉字每一个符号都是一件艺术品，都具有生命力，都与自然及社会相连。人的心灵、心态、思维方式与语言文字互为内外，相互激发，相互依存。把握了这一点，就会注意开发阅读教学中立体的审美功能。

语文课本中选了一定数量的中华经典诗文，就文论文，往往一知半解，乃至发生错讹。读一点经典，打一些底子，情况就不一样。中华文化博大而精深，凝聚了先民生活的经验和民族特有的智慧，散发出东方特有的异彩。紧扣教学需要，深入学一点经典作品如《论语》《孟子》《庄子》等，可认识中国文化精华，涵养品德。经典恒久而弥新，吮吸中华文化源头养料，能开启智慧，体悟人生。与此同时，要专心致志研读几部大作家的著作，随着他们的人生足迹走一遍，真正领会他们的心路历程，领会他们生命的光辉，使自己增长见识，提升思想认识，不断完善人格。为此，我前后通读了辛弃疾、杜甫、陶渊明的著作，走入他们的精神世界。读经典作品，对作者也不能只知其一，不知其二，否则难以做到知人论世，知世论人。如读《岳阳楼记》，会对范仲淹的"先天下之忧而忧，后天下之乐而乐"的恢宏旷达、炼词造句的华瞻精妙心悦诚服，胸中涌起的是忧国忧民的文人形象。读《渔家傲》等作品，会真切感受到作者守边数年，受人敬畏，呼为"龙图老子"，称其"胸中有数万甲兵"，武功值得称道。作品苍凉悲壮，开宋代豪放词之先河。不仅如此，灾荒之年饿殍遍地，他修建庙宇、筑路赈灾，无人饿死。人是有血有肉活生生的，当作者一个个形象丰满地站在你面前时，你才开始对他、对他的作品有所认识与理解。

信息渠道畅通的今天，对教师的要求更高。教师不可能是万能博士，但必须开阔视野、广泛学习，尽量读得多一点，了解得多一点。世界名著的涉猎当然是应有之义，自然科学、音乐、艺术也要多加关注。语文教师知识仓库里的货物不能不杂，但要杂而有章。广泛阅读不是滥，而要有所选择。学要思，学而不思，只是"对书"，徒然是"劳倦"眼睛，收获甚微。

学然后知不足，教然后知困。做了一辈子教师，一辈子都在惶恐之中。每次课后，我总要扪心自问："这样教，学生有收获吗？对得起学生吗？"青春是生命中最为宝贵的年华，托付给教师，这是历史赋予我的使命，责任大如天。

二、学生差异与仁爱之心

初当教师，"爱"只是空泛的概念，是挂在嘴边的口号。心中真正喜爱的是两类学生：一是反应敏捷、非常聪明的，我讲上句，他下句已能回答，教起来十分省力；二是长得很可爱，像洋娃娃。我后来才明白，天工造物十分奇妙，每个学生都有自己的独特性，不要说是长相，他们的禀赋、性格、文化基础、兴趣爱好等均有所不同，因而，必须热爱每一个学生，每个学生的生命都值得尊重，都必须关心。

要真正做到爱每一个学生，教师自己必须有仁爱之心，心地善良。仁而爱人，有"恻隐之心""不忍人之心"，就会悲天悯人，对别的生命寄予无限的同情。同情是爱的基础。胸中有"仁爱"这个"源"，爱学生的"流"就会川流不息。心中没有这个"源"，就不可能有大胸怀、大气度、大力量，就不可能对学生有坚韧的爱，更不可能在教育教学中年年月月、任劳任怨，引着、拽着、扶着、托着、推着学生向前，引领他们不断增强自觉性、自主性，健康茁壮地成长。

（一）走进学生的世界

早在两千多年前，孔子就说过教学生要"视其所以""观其所由""察其所安""退而省其私"，也就是说要观察学生的日常言行，观察学生所走的道路，考察学生的意向，考察学生私下的言行，实际上就是要了解学生的学习世界、生活世界、心灵世界。知之准、知之深，充分发展学生自身积极向上的因素，因势利导，激励、赞扬，学生向前迈步的劲儿就势不可当。为了提高语文教学的实效性，我在了解学生、分析研究学生方面下了一些功夫。一看二听三问四查，神态、表情、动作、口头语言、书面作业，课内的、课外的，学校的、家庭的，独处的、集体的，等等，时时，处处，做有心人。了解的过程是培养师爱的过程，也是和学生多接触多交往、亦师亦友的过程。做一名语文教师，不仅要认清学生富有时代气息的共性，而且要审视学生之间的差异，把握各自的个性，采用多种多样的教学方法，保护和调动各类学生的积极性。尽管所教学生在同一所学校、同一个班，但由于遗传因素、家庭情况、周围环境、成长经历的种种不同，学生的思想、性格、行为、习惯、志趣、爱好、学习基础、接受能力均有明显的差别。教师胸中既要有班级学生的全局，又要有一个个学生的具体形象，他们是主体的、活泼的，不是一个个抽象的名字，而是变化着的、发展着的。教学中用"一刀切"的办法对待个性迥异的学生，说到底是缺乏爱心的表现。

以口头表达能力为例。班上有四个学生说话都含糊不清，断断续续，有的非但不能成段，连句子都说不连贯。乍看，是口吃的毛病，但仔细调查辨别，又各有不同。第一个是说话时舌头似乎短了一点，经再三谛听、分析，终于找到了口齿不清的症结所在。第二个是家庭语言环境差，父母又十分娇惯，把中学生的儿子视为幼儿，话不成句，规范性差。第三个是学口吃开玩笑，形成了习惯。第四个是思维比较迟钝，对外来信息不能迅速反应，说起来嗯嗯啊啊，疙疙瘩瘩。弄清楚他们口头表达能力差的各自原因，寻找最佳方案纠正、提高。第一个先从生理上解决，手术治疗舌头下面的一根筋，然后进行说话训练。对第二个，与家长联系，改善家庭语言环境，注意说话的完整与通顺，再让同学帮助进行单句说话训练，一步一步提升。对第三个学生注意用"稳定剂""安慰剂"，逐步消除他说话时的紧张心理，纠正不良习惯。第四个学生，就口头表达抓口头表达难有成效，则抓思维训练，促口头表达。在日常学习、生活中注意训练其思维的灵敏度，坚持不懈，收到了良好的效果。尊重每一名学生，施以适合他们实际情况的教育，细心、精心，看似是教学方法问题，实则是教师爱的奉献。

（二）触摸心灵的琴弦

理解是教好学生的基础。学生在学习语文过程中的种种难处，教师须换位思考，千万不能埋怨、责怪。责怪、出言不逊，往往是无能的表现。教育家苏霍姆林斯基曾说过这样一段精彩的话："在每个孩子心中最隐秘的一角，都有一根独特的琴弦，拨动它就会发出特有的音响，要使孩子的心同我讲的话发生共鸣，我自身就需要同孩子的心弦对准音调。"

要对准音调，须在发现上下功夫。例如，同样对学习语文，有的学生没有兴趣，有的是恐惧，见到写作文就哭；有的是"仇恨"，看到语文就"恨"，就像看到仇敌一般；有的是无所谓，认为学不学一个样，永远是中不溜……有些想法还能理解，有的想法令我吃惊。怎么会把语文作为仇敌呢？怎么会那么恨呢？探索这隐秘的一角，才发现冰冻三尺，非一日之寒。自从学写字起，一次次挨骂，一次次挨揍，都与语文紧密相连，红杠杠、红叉叉、不及格，罚重抄、罚重做，乃至被语言羞辱，无不与读、写、说有关，因而，看到语文，感情上就条件反射。伤害非一天形成，抚平伤痕当然不可能一蹴而就。字写得像蟹爬，错别字连篇，文句不通，对这样的学生而言，语文不可能引起其共鸣，只能另辟蹊径。寻找他最感兴趣的事，打球，到池塘里、小河边捉小鱼、小虾，探讨球艺，探讨捕捉的细节，指导仔细观察。共同语言多了，学生就不但能袒露心扉，而且愿意把看的、想的、做的写下来。以趣消恨，教师的语言开始拨动其心弦，音调逐渐对准。

（三）转化爱的力量

师爱，不能停留在情感层面，要转化为教育的力量，促使学生自主成长。

有个个性极强的"假小子"，闯祸不断，搅得班级不得安宁。对班主任的教育不仅充耳不闻，且脸上常常带着几分鄙夷的神情。为了解决师生之间的矛盾，调换她到我教语文的班级。起初，她不与班级任何同学讲话，也拒我于千里之外，一下课就飞跑出教室。我耐着性子，不贸然找她，等待时机。一次，她下课仍然飞奔出教室，一本书从裤袋里掉到地上。我赶紧跑上去，捡起来，眼睛一扫，是本介绍国画的书，令我惊讶。抓住这个契机，打破坚冰，开始了师生对话。从书卷得不成样子委屈了书，谈到《芥子园画传》对初学国画的人有帮助，谈到家里有不少介绍国画的书，欢迎她来看。她面带微笑，一溜烟地走开。其实，我心里暗藏的喜悦远超过她。有了良好的开端，事情就好办。时间是孵化器，一节节生动的语文课孵化出了感情，有时她会和其他同学一样，情不自禁地举手质疑，回答问题不仅有板有眼，且喜争论，从不服输。冰雪融化，她竟然来我家，读书议书，看画评画。由于寄居在外祖父家，她只能以书为伴，外祖父会画国画，使她受到熏陶。令我吃惊的是她书读得真不少，涉猎范围甚广，还做点摘抄。难怪她对教师的教学有种种挑剔，难怪她桀骜不驯，难怪她对有些事、有些问题有自己独特的看法。知之深，教得才会适切。既对优点、长处加以肯定、激励，又要指出问题与不足。千人千样，对有个性、有潜能、资质优良的学生，同样需要用水磨的功夫进行教育，要唤醒他们自觉，长善救失，引领他们有信心、有能力自主发展。

一个学生就是一本丰富的书,一个多彩的世界。学生是活泼的生命体,每个人的成长都是独一无二的。尊重他们的人格,尊重他们的个性,对他们满腔热情、满腔爱,是我身为人师的根本所在。几十年来,我教过各种类型的学生,面对这些丰富的"书",我一本一本认真读,一点一点学习、领悟,兢兢业业探索、实践,逐步懂得师爱的真谛、仁爱之心的博大,也品尝到亦师亦友有无穷乐趣。

三、教学预设与课堂生成

语文教学要实实在在培养学生理解与运用祖国语言文字的能力,提高语文素养,在今后的学习与工作中仍能深受其益。为此,必须聚焦课堂教学。课要教到学生身上,教到学生心里,成为语文素养的一部分。

(一)课要上得一清如水

课要上得一清如水。语文课最不可"糊",也最容易"糊",似乎字、词、句、篇、修辞方法、写作方法、文学知识等什么都有,又好像都未能落到实处。一堂课教什么,怎么教,为什么这样教,教师心中须一清二楚。跟着教材转,跟着教学参考"飘",必"糊"无疑。教材里有什么,就要学生学什么,一股脑儿搬出来,唠唠叨叨,目的不明,内容多而杂,学生学起来如堕五里雾中。

课要上得一清如水,首先,教师要沉到文本之中,认真钻研,正确解读。从语言表达形式到课文的思想内容,从思想内容到表达形式,反反复复推敲。钻研教材钻研到文字站立在纸上,自己能跨越时空和作者对话,与编者交流,才真正洞悉文章的来龙去脉,体会语言表情达意的独特个性。对所教文章洞若观火,心中就会透亮。其次,要反复推敲教学目的、教学内容。教学目的不能停留在教案上,教学过程中所有教学行为均应为教学目的的实现而选择、而组织、而展开。要准确把握住课文独特的个性,自己须深入课文底里,有真切的感受。胸中有书还不够,须目中有人,根据学生的学习实际,确定明确的教学目的。这堂课究竟让学生学到什么须十分明确,并要根据教学目的对教学内容精心剪裁,处理详略,突出重点。根是根,枝是枝,叶是叶,千万不能搅和在一起。一搅和,面目必不清。再者,教学思路要清晰,教学线索要分明。抓一把芝麻满地撒,东一榔头西一棒子,学生会丈二和尚摸不着头脑。围绕教学目的,拎起教学线索,教学思路逐步展开:或层层推进,或步步深入,或由具体到一般,或由一般到具体,或浅者深之,或深者浅之,轨迹清晰,轮廓分明。思路清晰是教课的基本要求,教学流程清晰,学生学起来心中才明白。当然,教师的教学语言也要清楚明白,不颠三倒四,不拖泥带水,不语病丛生。须在要言不烦、一语中的上下功夫。教师语言规范、准确、生动,不含糊其词,学生听起来声声入耳,清晰可辨,就容易入心。课由"糊"到"清",看似教学的技能技巧,深思一番,就可知晓其中蕴含的丰富。

(二)课要上得生命涌动

　　文章不是无情物,都是作者生命的倾诉。追求真理,探究社会,品味人生,无不在语言文字里蕴含着对生命的理解、尊重、珍惜、热爱。学生是一个个鲜活的生命体,学习、求知,听、说、读、写是生命活力的展现；教师上课热情洋溢，激情似火，用生命歌唱，才能点燃学生求知的火焰。"我见青山多妩媚，料青山见我应如是。情与貌，略相似。"（辛弃疾《贺新郎》）课堂教学出现这样的境界，师生生命涌动，对文本深入探讨，心灵之间的沟通就畅通无阻。课上要生命涌动，须做到"三激一实"，即激情、激趣、激思，主动积极进行语言实践。"情"忌外加，忌矫揉造作，忌滥。"情"是文章内在的、固有的，贵在咀嚼语言文字，对它们所传递的情和意深有领悟。教师只有自己真正动情，才能传之以情，以情激情，感染学生。这种情是真挚的、高尚的，学生耳濡目染，就会受到熏陶。教师引领学生进入与教学内容相应的情境之中，情感激发，沉醉于文本之中，朗读时会情不自禁，讨论时会精心寻找"惊人"的语言表达自己的看法。兴趣往往是学习的先导。"知之者不如好之者，好之者不如乐之者"，教师在教学全过程中着力启发学生"好之""乐之"，初则萌发热爱的感情，继则求知的欲望在心中激荡，终则进入徜徉美文佳作之境，咀嚼品味，乐在其中。

（三）课是师生共同的脑力劳动

教学过程是师生共同参与的脑力劳动过程。思维和语言的学习锻炼同等重要，教师与每个学生之间、学生与学生之间平等对话，共同琢磨讨论，学生的发现能力、质疑能力、思考探究能力、口语交际能力就会得到有效的锻炼。要积极创造让学生生疑、质疑、辨疑的条件，营造探究问题的气氛，让学生有思考问题的时间与空间。课堂气氛宽松、和谐，学生身心解放，无拘无束，无心理负担，就能勇于求知，寻根究底，对文本的阅读与学习就不浮在表面，而会纵向深入、横向扩展，形成发自内心的独特体验与感受。师生之间、同学之间思想碰撞、激发火花，学生可从不同层面、不同角度各自受到启迪。学生是学习的主体，课堂是学生听、说、读、写、运用、实践语言文字的场所，教师千万不能越俎代庖。施教之功在于引导、启发、点拨、开窍，学生身历语言文字表情达意的场景，就能识得语文的真滋味，与如临其境、隔岸观火的效果必然大相径庭。

语文课让学生感受到艺术享受，那就是极大的成功。教学内容的充实，教学语言的精湛，课堂教学结构的多维，教学节奏的张弛起伏，教学的预设与生成，学生学习过程中"神来之笔"的孕育，课堂充满人文关怀，等等，均为探讨的必要课题。学生学语文，深感一堂堂课学得有兴趣、学有所得、学有追求、学有方向、学有快乐，那就不会浪费青春。教学原本是教师的即席创作，需要热情，需要功底，需要智慧。三尺讲台虽小，演绎的却都是古今中外经典著作中的社会更替、人生感悟、思想结晶，博大、深邃，需要教师一辈子学习、探寻。

复旦精神谱就我生命的底色 *

我这名已年过八十的校友今日能获得"第八届复旦大学校长奖"的殊荣，感到无上的光荣与幸福。

大学毕业离开母校走上工作岗位已整整一个甲子。岁月流逝，60年一晃而过，但当年复旦的许多老师上课的精彩情景仍历历如在眼前。子彬院、A教学楼、B教学楼，我们奔着上课，抢座位，对知识的渴求难以言表，至今，许多老师的谆谆教导仍常在耳畔回响、萦绕。母校的培育之恩刻骨铭心，永志难忘。特别是母校"博学而笃志，切问而近思"的复旦精神谱就了我生命的底色，激励我一辈子锐意进取，奋勇直前，将自己的生命和教书育人的使命结伴同行。

人无志不立。人有了脊梁骨才能直立行走。人没有志向，没有理想信念，没有精神支柱，就不可能成为名副其实的人，脱离卑琐的动物状态。复旦精神"笃志"教育了我四年。志，要一心

---

* 本文发表于《复旦学报》（2011年9月29日），是作者在"第八届复旦大学校长奖"颁奖会上的发言。

一意地立，专心致志地立。在复旦精神的感召下，在许多优秀老师的教育下，我立下了这样的志向：一辈子从事基础教育，做人师，做一名合格的人师。这个"格"，不是打分，不是量化；这个"格"，是国家的期望、人民的嘱托。我做教师，把孩子交给我，要让党和国家放心，要让千家万户的老百姓放心。我怎样才能不做知识的二传手，而是人师呢？智慧要如泉水一样喷涌而出，思想言行能为别人做榜样的德才兼备的人，方能为教师。为此，我刻苦修炼，要求学生做到的自己一定率先做到。教师对学生的影响不可能是零，不是正面影响，就是负面影响，为了学生的健康成长，我必须努力做到德才兼备，带领学生打好做人的基础，有一定的文化积淀。基础教育的基础打得好，高校教育就能起万丈高楼。

我教过中学各个年级，各个层面的学生都教过，特别是"文化大革命"期间，说我是"修正主义教育路线吹鼓手"，除了挨斗挨批，罚我带乱班、乱年级。我都把他们带好，包括被家长赶出去的孩子都培养得健康成长了。这是复旦精神"笃志"要我做的事情，是党和国家交给我的任务，因为教师一个肩膀挑着学生的现在，一个肩膀挑着国家的未来。今日的教育质量，就是明天的国民素质。

教育教学工作中碰到许多困难，有的时候真是问题成堆，怎么从困境中走出来，克服那些困难？又是复旦精神"博学"指引我，使我开了窍。做教师，要提高教育教学的有效性，身上必须有时代的年轮，跟随着时代前进。为此，我不断学习，努力学习，摆脱无知，增长才干。有人问我：您做了一辈子教师，有什么经验？

我告诉他：与其说我一辈子做教师，不如说我一辈子学做教师。为了可爱的学生，为了他们的成长、成人，我一辈子在学：怎么立德？怎么修身？怎么求知？怎样才会有比较丰厚的文化积淀？怎样才能有娴熟的教学艺术？

孩子只有一个青春，青春是无价宝。每个学生都是国家的宝贝、家庭的宝贝，工作中我不敢有丝毫的懈怠。复旦精神"切问而近思"常给我鞭策。我经常叩问自己的灵魂："你尽责了没有？尽心了没有？你耽误了学生的青春没有？"中学生进学校求知，一天要上七八节课、九节课，生命的大量时间是在课堂里度过的，因此，课的质量会影响学生生命的质量。课如果只教在课堂上、教在黑板上，就会随着你声波的消逝而销声匿迹。课要教到学生身上，教到学生心中，成为他们优良素质的因子，才尽到了责任。因此，每堂课下来，我都要反思，寻找和记下自己教学的不足及错误，探求学科教学的规律，探求育人的规律。我的几百万字的文章，如《于漪文集》《于漪新世纪教育论丛》都是教学反思、探索学科性质功能、探求教育教学规律的表述。正如罗曼·罗兰所说，累累的创伤，就是生命给你的最好的东西，因为它标志着你前进的步伐。我做了一辈子的教师，上了近2000节的公开课，反思下来，没有一节十全十美的课，有的还创伤累累，为此，我必须不断学习，刻苦学习，这种永不衰败的内驱动力来自于复旦精神的支持与哺育。

基础教育不像高等教育那么尖端，但是基础教育是每个孩子都必须接受的，关系到国民素质的提升。我们中华民族的伟大复兴，不仅要靠物质文明，还要靠精神文明，国民素质的提高至关重要。

  我一辈子承受母校的教育之恩，难以言说。现在尽管我已82岁，还在做些工作，为审查上海中小学12个年级的语文教材，基础型的、拓展型的、教学参考，初审、复审、复核，来来回回多达几百本次。又为基础教育培养中青年骨干教师，教育的希望在中青年教师身上，一名优秀教师，就能恩泽莘莘学子。为此，我尽心尽力带教，带出了三代特级教师、特级教师团队。我有限的知识、有限的精力，能为基础教育做一点奉献，是我此生荣幸。

  即使到现在，我仍然承受着母校的教育之恩。报纸上，校刊上，校友杂志上，只要有老师的发言、校长的讲话，我都会认真学习，特别是一些育人的真知灼见，阅读时总抑制不住心中的激动。高等教育确实应该是时代的良知，智能的火把，自强不息、追求卓越的教育精神的代表。衷心祝愿学校在新时代弘扬复旦优秀传统，大力开拓创新，为国家培养各个领域的优秀人才、杰出人才做出巨大贡献。

一辈子做教师，一辈子学做教师^{*}

我做了一辈子教师，自 1951 年从复旦大学毕业后，一直工作在基础教育领域。我深深地体会到，选择教师就是选择了高尚，就是选择了跟我们国家前途命运紧密联系的伟大的教育事业。不是什么人都可以做教师的，因为教师这个工作是育人的工作，教师要用自己高尚的人格去引领学生形成健全完美的人格，要以自己的真才实学启发学生旺盛的求知欲。汉代韩婴在《韩诗外传》中曾讲过："智如泉源，行可以为表仪者，人师也。"做教师一定要德才兼备，自己的思想言行要给孩子做榜样。教师的人格对学生的影响是非常大的，它无时无刻不在潜移默化影响着学生。我一辈子的理想就是做一名合格的人民教师，这里讲的"格"，不是指电脑上的排位，而是国家的期望、人民的嘱托。国家把后代交给我们教师，国家就放心了；老百姓把自己的子女交给我们教师，他们就放心了。这才是合格。

---

* 本文是作者 2010 年 9 月 26 日在上海市教卫党委、上海市教委举办的"全国教书育人楷模于漪老师报告会"上的发言。

一、学历水平不等于岗位水平：清醒地认识自己

做教师，身教远远重于言教。《论语·子路》中讲过："其身正，不令而行；其身不正，虽令不从。"我经常和年轻教师讲，教师对学生的作用，绝不会是零。教师工作无时无刻不是你世界观、人生观的亮相，你整天和学生在一起，你有什么样的思想观念，自然会对学生产生相应的影响。要成为一名合格的人民教师，不辜负党和人民的期望，自己首先必须做一个一身正气、有中国心的堂堂正正的中国人。在此基础上，才谈得上教师的专业发展、教育教学的技能技巧。在我心中有很多榜样，苏步青、谢希德先生那样为国为民、忧国忧民的优秀人物始终是我学习的榜样。我是一名平凡的普教老师，但是我想，千里之行，始于足下，我也可以一步一步攀登，一步一步修炼，成为一名合格的、学生爱戴的、人民放心的教师。所以，第一步就是要清醒地认识自己，这是塑造自己人格魅力的前提。

我 22 岁大学毕业做教师，不知天高地厚。做了教师以后我才发现，学历水平不等于岗位水平。学历水平只能说明职前接受教育的程度，岗位上是要有综合素质、综合能力的。有两件事情一直让我刻骨铭心。讲到阳春白雪、下里巴人，我就这样和学生讲，下里巴人就是通俗的，而阳春白雪是高雅的。后来读宋玉《对楚王问》才发现，我教的是多么不准确。原来它是这样的：有客到楚国郢中唱《下里》《巴人》曲子的时候，属而和者数千人；唱到《阳春》《白雪》曲子的时候，属而和者不过数十人；而到了引商刻羽、杂以流徵的时候，属而和者数人而已，因此曲弥高

和弥寡。我由于治学不严谨，误把第二等的作为最高的。基础教育是不能有半点差错的，因为它是伴随人的终生的，小学学的字、对数字的概念，一辈子都在用。当时我非常内疚，对学生讲，我讲错了。我是改行来教语文的，因此要用五倍、十倍的力气来学。天天学习，明灯陪我过半夜。每晚9点以前工作，9点以后自修。我用了三年的时间，把大学中文系的全部课程学完。我想做教师非常重要的一条，就是要谦虚谨慎，好学不倦。

当时，我们语文组有18名老师，我是唯一的女教师。那个时候听老教师一堂课很难，不像今日，现在党和国家对青年教师的关爱和期望是我年轻时候没有感受到的。我们那个老组长很有学问，有一天他来听我的课，我清楚记得上的是王愿坚的小说《普通劳动者》，讲的是将军和士兵的故事。课上完后，我向他请教，他先表扬了我几句，接着说道："不过，语文教学的大门在哪儿你还不知道呢！"我简直像五雷轰顶一样，晕了。他说："人物分析有像你这样分析的吗？将军平易近人，热爱劳动，这是贴标签。"他的这句话激励了我一辈子：既然做教师，我不仅要把大门找到，而且要登堂入室。

从此，我下定决心要拜众人为师，两把尺子伴随自己的人生，一把尺子专门量别人的长处，一把尺子专门量自己的不足。

一把尺子量别人的长处。每次开教研组会，我都拿本子记。每个人思考问题都会有很精彩的地方，我用心听，认真记。我体会到教师要学会借脑袋，要博采众长，把别人所有的长处、思考问题的结晶都学过来。别人会从各个不同的方面给自己以启发，所以我向教研组所有的老师学习。我不断地"照镜子"，寻找自己的不足。

一把尺子量自己的不足。每一次课上下来我都有"教后",每堂课都要反思。"教后"主要记两点。一是记学生的闪光点。当孩子学习全神贯注的时候会超水平发挥,往往超过我备课时的所思所想,这是孩子创造的火花,我要把它记下来。二是记自己的不足。不管备课的时候多么认真,但是当孩子的主动性发挥出来以后,就会发现自己的准备总有这样那样的漏洞,因此我就记下自己的不足。不用长篇大论,一二三四五写他几点,这样长期下来就掌握了教与学的规律。

二、一辈子自我教育:学而不厌,勇于实践

教育事业真是遗憾的事业,我一辈子没有上过一堂十全十美的课。罗曼·罗兰说过,累累的创伤,就是生命给你的最好的东西,因为每个创伤上面都标志着前进的一步。每次课上下来认真思考,都会看到自己的不足乃至错误,因此不敢有丝毫的懈怠。教师的成长与发展最重要的是内心的深度觉醒,就是把日常平凡的琐碎的工作与我们党未来的事业、与千家万户紧密联系在一起,这样每件事情就会有育人的非凡意义,就会满怀激情千方百计做好。在我的教育生涯当中有两根支柱,一根支柱是学而不厌,一根支柱是勇于实践,两根支柱的聚焦点是反思。

第一,学而不厌。要诲人不倦,首先要学而不厌。一个教师学不好,就无法担当教书育人的重任。关于学而不厌,我想有这样几个方面。

一是重要的理论要反复学。一定要武装自己的头脑,要有正

确的世界观、人生观。现在教育问题纷繁复杂，不用辩证唯物主义、历史唯物主义的观点来思考，就会非常茫然。比如，学习小平同志讲的"三个面向"——面向现代化、面向世界、面向未来，当联系很多具体材料学习这个理论时，我就觉得重任在肩，坐立不安。20世纪六七十年代，西方发达国家对教育的重视程度是惊人的。撒切尔夫人曾经讲过，办教育要有救火一样的紧迫感。美国总统克林顿执政时，发现小学生的阅读能力很差，因此他就花十年时间来进行一个特种阅读挑战，花了15亿美元，动用100万中小学教师、10万大学生半工半读来提高中小学学生的阅读能力。我们学校曾和英国牛津大学教育学院、美国密歇根大学教育学院搞了个跨国研究课题，研究职初教师培训"师带徒"的方法。我们的优点是，中国师带徒教育的技能、技巧是三个国家中最强的。但是我们带徒弟的视野明显落后于美国，师生之间关系的密切程度也不如人家，这使我不得不思考一些问题。我们课题组里有个斯坦福大学的博士后，他的孩子在硅谷小学读书，上四年级的时候，我问他暑假作业是什么，他说没有书面作业，就是读40本书，其中就有儿童版的《水浒传》和《西游记》。每个理论的后面，都有丰富的内涵，要联系国内外实际去思考问题，这样就会更加清醒。

　　二是要紧扣教材深入学习。我经常想，假如教师的教和学生的学是在同一层面移动的话，学生怎么会有求知欲？教师起码要提高一步，要紧扣教材深入学习。教要教在学生不知道的地方，教在他似懂非懂之处。比如，教《木兰诗》，"东市买骏马，西市买鞍鞯，南市买辔头，北市买长鞭"，用"东西南北"方位词写木兰替父从军购物准备出征的繁忙。于是，我紧扣这一点深入学习，其他诗词里面是怎么用方位词的呢？《楚辞·招魂》中是这样的："魂兮归来！东方不可以托些……魂兮归来！南方不可以止些……魂兮归来！西方之害，流沙千里些……魂兮归来！北方不可以止些……"四方不可以留，楚怀王的灵魂要回归故里，这是表现屈原忠君爱国思想的。这和《木兰诗》里面用法不一样。在曹植的《游仙诗》里面又是另外的用法，"东观扶桑曜，西临弱水流，北极登玄渚，南翔陟丹丘"，东西南北都堵在那里，无路可走，表现曹植受到猜忌，郁郁寡欢。《捕蛇者说》里面是结合起来用，"叫嚣乎东西，隳突乎南北"。还可以有打油诗的用法，在《儒林外史》里面，落拓知识分子杨执中屋里壁上的对联是"三间东倒西歪屋，一个南腔北调人"。教师一定要紧扣教材深入学，不断增加自己的文化积淀。什么叫作备课？备课不是让字躺在纸面，而是钻研到让它站立起来跟你对话，那你就不仅知道字的表面意义，而且知道字的后面作者为什么这么用词造句、谋篇布局，不仅知道工具的使用，而且知道工具背后的情和意，用现在的话来讲就是蕴含的情感、态度和价值观。《后汉书·列女传》中讲："一丝而累，以至于寸，累寸不已，遂成丈匹。"我就是用古人讲的这种精神来学习的。学习是光荣的荆棘路，教师没有丰富的智力生活是不可能点燃孩子旺盛的求知欲的，是不可能让孩子在每一堂课都兴味盎然地吮吸到精神养料的。

第二，勇于实践。教育事业是实践的事业。教育不是说出来的，而是做出来的，因此，怎么做，用什么教育理念来指导，非常重要。我一辈子上了近2000节的公开课。1978年第一批评上特级教师，堂堂课有人听，少则几十人，多则几百人。所有的事情都在众目睽睽之下。这也有个好处，使我养成了严谨的习惯，不敢有丝毫的懈怠。还有就是做班主任。我各个层面的学生都带过。比如，1977届的学生乱到全校没有办法上课，我们年级组有三十几位教师，女教师除了我没有哭过以外全部哭过。我担任年级组长，天天早上6点多到学校，一直到晚上9点多才走。有一个阶段，我还上三个班的语文课。我当时就想，一定要抓好各个班级的小干部，把他们抓在手里培养。我把各个班的小干部集中起来，每周集中培养两次。一个下午专门学习理论，把学生的思想理论底子打好，学理论其实也在学文化；还有一个半天，因材施教，发挥学生的特长，搞各种各样的课外小组、课外活动。粉碎"四人帮"后，1977届学生参加"文革"后首届高考，两个快班百分之一百考取大学。因此，做老师的一定要教在今天，想到明天，孩子是有未来的，一定要为孩子的未来着想。虽然当时我顶着"修正主义教育路线吹鼓手""反动学术权威"的帽子，但我想，在一个文盲、半文盲充斥的国家是无法建设社会主义的，这种状况是一定会改变的。

我年轻时多病，唯一的一个儿子，身体极差，生了很多病，小孩子有一年住了七八次医院，两次是病危，一次是败血症。我是班主任、教研组长，教两个班级的语文，工作一直超负荷。孩子胸口生了一个疖子我都不知道，后来发展为败血症，住进了二军大医院。上半夜我爱人陪，下半夜我陪。一天夜里，医生找我们谈，说药用了没有明显效果，要我们有思想准备。他说现在只有一个办法，要用一个健康男子的血液给他输进去，看看能不能救过来。谁没有亲子之爱？我求求医生救他的命。我每天早上离开医院时，把他扶起来，他总吐得我一身，嘴唇都烧焦了，头用冰袋敷着。每次走他都要哭，问我会不会死，让我不要走。我说这里的叔叔阿姨都很好，一定会救你的命。其实我心里非常难过，但我不是医生，我不会救孩子的命，我咬咬牙还是去学校上课了。那时正值高考复习，考大学确实影响到一个人的人生道路，我不去上课，谁来代课？我想，我一定要忠诚党的教育事业，全心全意爱学生。什么叫懂道理？懂道理不是写在纸上、说在口里的，身体力行做到，才是真正的懂。所以，我几十年来，没有为家庭私事脱过一节课、请过一次假。我孩子的命最终救过来了，但人一直抖，一年未能读书。后来我们老书记说你这么困难为什么不说？我说我不是医生不会治孩子的病，但我是老师，学生在高三最后一个月复习，我走了，谁来带？我们的事业要千秋万代，国家的未来、人民的嘱托，这是沉甸甸的历史使命，要有责任感和使命感，要负起责任来。因此，我觉得一辈子肩上都挑着千斤重担，一个肩膀挑着学生的现在，一个肩膀挑着国家的未来。今天的教育质量就是明天的国民素质，所以我不敢有丝毫懈怠。

三、"胸中有书、目中有人"：不断追求教育的理想境界

教师要努力攀登，追求理想境界，也就是说要不断地自我超越。人最大的敌人是自己。大学毕业、研究生毕业去做老师，满腔热情。四五年下来，就会有些懈怠。有的评上了高级教师，就产生"高原现象"。我觉得，作为教师，一定要追求高尚的理想境界，不断地努力攀登。我对自己有八个字的要求，即"胸中有书、

目中有人"。胸中一定要有书,这个书不是教本、学本,而是书要烂熟于心,如出己之口,如出己之心。

我上课是从来不带教案的,拿着教案怎么面对全体学生?你要察言观色,眼观六路,耳听八方,观察每个学生的学习情况,因此备课的时候要备得十分熟练。备课要目中有人,我们所有的学科都是为了育人,这是教育的本质。教育就是为了促进每个学生的终身发展,通过教师的开发把学生蕴藏的潜能变成现实。我体会到,一个班教一二十个学生,教出来是不稀奇的,要教好每一个学生,那是千难万难的。因此一定要深入了解,目中有人,不仅要走进学生的知识世界,而且要走进他们的生活世界和心灵世界。你只有了解学生,知心才能教心。不知心,他就会觉得你讲的都是假的和老八股。因此,了解学生、研究学生非常重要。

要研究学生的心灵世界,我连周杰伦的歌都研究,为什么?现在学生上老师的课不感动,开班会不感动,而一个"还珠格格"就把初中女生全部打倒了,周杰伦起码打倒了80%的高中女孩子。于是,我把周杰伦的带子买回来,听听到底好在什么地方。我找了些女生聊天,我说我不反对流行歌曲,韩红的《青藏高原》,激昂高亢,歌颂青藏高原,她们说不好,太露了;腾格尔的《天堂》,歌唱家乡,那种浓浓的乡情,她们说也不好。我说周杰伦好在什么地方啊?她们说,流行歌曲是容易学的,但周杰伦的歌就是学不像,好就好在学不像。这我怎么也没有想到,我们想的和学生的距离有多大啊!后来我再和她们聊,觉得也是有道理的。周杰伦的歌词有它的文化含量,如《青花瓷》《双截棍》等,都有中国文化的元素。还有就是,他的歌是又说又唱,很适合现在的孩子。

第四篇 师道修为的觉醒与坚守

现在的孩子条件好了，回家一个人一个小房间，爸爸妈妈忙得没有办法和他们交流，但是孩子要成长、要诉说，所以又说又唱是很合适他们的。做老师无论如何都不能误解孩子，不能随便对孩子说"不"，"不"是最没有力量的。"不"是否定，否定一百遍也不等于"行"。我教课也是如此。学生作文写不好，不能说你怎么怎么不行，而是要精心地指导，教他怎么写就能好，就能行。要正面引导，让他们饮琼浆，对他们灌醍醐，让他们有精神养料。所以一定要目中有人，走进学生的世界。教育确实是春风化雨，和学生有共同的语言才可能逐步地引导向前，绝不能高高在上。

我所写的几百万字的文章，都是教育教学中学生帮我出的问题。针对教育教学中出现的问题，我要思考、要学习、要探讨、要实验。有一次，学校请人做报告，报告内容很好，我跟学生说，"今天报告很好"。谁知一个学生说："好什么呀？"我看他的笔记，一个字也没有记，画的全是"正"字。他说这个人一共讲了150多个"这个"，我都给他统计好了。我听了很震动，简直没想到，这样的一个语病竟然影响了孩子对报告内容的吸收。我马上反躬自省，我有没有？我是江南人，也有语病，脑子转不过来时就来一个"呃"，或者"但是"，其实是不要转折的。我想，既然教语文，我不仅要带领学生学习规范的书面语言，而且课堂就是活的语言学习的场所，我自己的语言必须规范、生动、优美，词汇丰富。怎么纠正？当时我年纪轻，有股劲，就用以死求活的办法，用比较规范的书面语言改造自己不规范的口头语言。我就写详细的教案，把自己上课要讲的每一句话都写下来，然后认真修改，把可有可无的字去掉，把不符合逻辑的地方去掉，最后把它背出来再口语化。我每天都要走一刻多钟才能上公交车，于是就利用这一时间在脑中过电影。我怎么用精彩的导语激发学生的兴趣，然后这堂课怎么铺开、怎么发展、怎么掀起高潮、怎么收尾，一个个环节都考虑好。就这样用以死求活的办法大概进行了两年，力求"出口成章，下笔成文"。教师的思路十分清晰，教课才能一清如水。我自己的体会是，当我对问题理解透彻的时候就能一语中的，因为我对这个问题认识得很深刻；如果我对这个问题有些含糊的时候，也是我废话最多的时候。废话一多，学生就倒霉了，如堕五里雾中。我一直和年轻教师讲，你一路走过去，教育脚步有深有浅，你要停下来，深入思考哪些是对的，哪些是错的，哪些是不足的，久而久之就能摸到规律了。

课堂教学是要深入研究的。教师绝不能做教书匠，不能只是灌输知识。在传授知识、培养能力的同时，要发展智力，熏陶情感，要育人，我在20世纪80年代就在课堂教学中实验了，绝对不是"我讲你听""你问，我回答"。课堂教学要多功能、立体化。要以学科智育为核心，融合态度、情感、价值观的教育。教学是立体的，育人和求知应该互相渗透。语文教学不仅有实用功能，还有教育功能、发展功能、审美功能。比如，《岳阳楼记》中的名句"先天下之忧而忧，后天下之乐而乐"，难道只是讲字句知识吗？不是。它不知道哺育了多少代志士仁人。因此，智育和德育是紧密结合的，学校全面贯彻教育方针绝不是班主任管德育，教务处管智育，体育老师管体育，课堂教学本身就应该全面贯彻教育方针，以学科智育为核心，融合德育、美育、体育。教师是给学生的心灵滴灌智性与德性的，智性是学生生存和发展的本领，而德性是其做人的底线。二者是一而二、二而一的，不是外加的、分离的。因此，所有课程都要能够立体化施教、全方位育人，人人都是德育工作者。

改革开放以后，我多次面临调动工作的诱惑，包括从政、到高校，但我舍不得三尺讲台，我说三尺讲台就是我生命闪光的地方。上课，我是用生命在歌唱，因为我觉得每节课都影响到孩子的生命质量。课如果只是教在课堂上，随着声波的消失也就销声匿迹了，课要教在学生身上、教到学生心中，成为他们良好素质的一部分。

四、教师责任大于天：教育的希望在青年教师身上

退休以后，我主要抓教师教育。教师教育可以说是我的一个期盼，从70年代末开始我就一直带青年教师。教育的希望在青年教师身上，所以多少年来我对教师教育非常重视，手把手地教。我做第二师范学校校长时就是这样的。校长是培养教师的第一责任人。我要求学生明日教师今日做起。良好的习惯能形成良好的素质，良好的素质能造就高尚、完善的人格。因此习惯的培养非常重要。我做校长，最大的事情就是培养青年教师。我出入课堂听课，听完课就评，听一节课，起码评两三节课，要站在理论和实践结合的高度来评课。我倡导的是"活的教育学"，要让教师觉得上这堂课是师生都有收获的，要知道好在哪里，为什么好；不足在什么地方，为什么不足，怎样改进。人是要靠培养和鼓励的，不足的地方，我们具体指导，因此我们年年有提高、有发展。

我一辈子做基础教育的教师，教师的生命是在学生身上延续

的，教师的价值是在学生身上体现的。有位诗人在读了屈原的《离骚》之后，写了这样几句诗："你埋下了一坛老酒，酒坛上的红纸沉沉地写着黑字——魂。每当到了汨罗江悲怆的那一天，那酒坛里就溢出芦叶的清香，回荡起亘古不变的激昂，路漫漫其修远兮，吾将上下而求索……几千年了，喝过这坛酒的人，都醉成了龙的脊梁。"我一辈子上下求索，就是为了做一名合格的教师，将学生培养成龙的脊梁。生命是有限的，我毕竟是81岁了，但是教育事业是常青的。我们的希望在中青年教师身上，他们手里掌握着国家的未来。中华民族的伟大复兴，不仅在物质文明方面，还要用高度的精神文明来向世界展示，那才是真正的中华民族的伟大复兴。我们教师最大的心愿就是学生健康成长，学生成人成才，能够出现数以亿计的素质良好的建设者，能够出现以千万计的拔尖人才，特别要出卓越人才，不仅要对我们的民族国家做贡献，还要对人类做出贡献。育人先育己。我一辈子走的是与学生一起成长的路，在教育学生的同时首先教育自己，教育自己成为一个堂堂正正、表里如一、言行一致、有中国心的中国人，成为一个能和学生知心、能教心的老师。

我说一辈子做教师，一辈子学做教师，绝不是一句空话，我一辈子都在学，不断完善健全自己的人格。我不断地反思，我一辈子上的课，有多少是上在黑板上的，有多少是教到学生心中的。我梦寐以求的是，上海的教育兴旺发达，在全国有广泛的影响；我希望中青年教师人才辈出，创造教书育人新业绩。为了每一个孩子的终身发展，通过我们的艰苦奋斗，把这个理想变成光辉的现实，理想实现之时，就不仅是全国的创新，在世界上也是了不起的创新。